छत्रपति शिवाजी महाराज

(शोधपूर्ण जीवनी)

काशीनाथ जोशी

यूनीकॉर्न बुक्स

प्रकाशक
यूनीकॉर्न बुक्स
F-2/16, अंसारी रोड, दरियागंज, नई दिल्ली-110002
☎ 23275434, 23262683, 23250704 • Fax: 011-23257790
ई-मेल: info@unicornbooks.in • वेबसाइट: www.unicornbooks.in

शाखा : मुम्बई
23-25, जाओबा वाड़ी, ठाकुरद्वार, मुम्बई-401002
☎ 022-22010941, 022-22053387

ISBN: 978-81-7806-217-4

संस्करण : 2020-21

मुद्रक: परम ऑफसेटर्स, ओखला, नई दिल्ली-110020

'मैं अपना राजा आप ही बनाऊँगी'

इस संकल्प को पूराकर दिखानेवाली
माता जीजाबाई शहाजी भोंसले

जन्म स्थान	:	सिन्दखेडराजा, जिला–बुलढाणा
जन्म दिनांक	:	12 जनवरी (पौष पूर्णिमा) सन् 1598
विवाह	:	1605 में
मृत्यु दिनांक	:	17 जून 1674
मृत्यु स्थान	:	रायगढ़ किले की तलहटी का गाँव पाचाड

''शिवाजी मराठा राज्य को बनाने वाले ही नहीं थे अपित मध्यकालीन भारत के चतुर रचनात्मक व्यक्ति थे। उनकी राजनीतिक विचारधारा ऐसी थी, जिसे आज भी बिना किसी परिवर्तन के अपनाया जा सकता है।''

–सर यदुनाथ सरकार

छत्रपति शिवाजी का अपने सैनिकों को सन्देश

6 जून 1684 को शिवाजी का राज्याभिषेक होना था, पर इसके लिए शिवाजी रायगढ़ पर बँधे हुए नहीं रहे थे। उनके अपने सैन्य अभियान चल ही रहे थे।

इसी के अधीन उन्होंने 9 मई 1684 को अपने सैनिकों के नाम एक रुक्का भेजा। पत्र (रुक्का) मराठी में होने से और अब उसकी भाषा भी पुरानी पड़ जाने के कारण उसका संशोधित अंश जो अनुशासन की दृष्टि के साथ प्रजावत्सलता भी स्पष्ट करता है-यहाँ दिया जा रहा है-

'तुम मनमाने ढंग से दाना, चारा माँगोगे, जब तक होगा तब तक विवेक खोकर चराओगे। समाप्त होने पर भरी बरसात में वह नहीं मिलेगा। फिर भूखे रहोगे। तुम भी, तुम्हारे घोड़े भी भूख से मरे नहीं, वह तुमने मारे ऐसा कहना गलत नहीं होगा। तुम अधिकारियों को कोसोगे, फिर किसानों के पास जाओगे। वहाँ से दाल, आटा, नमक, सब्जी, जलावन लाओगे। रोज-रोज ऐसा होगा, तो जान बचाकर निवास करता हुआ किसान भाग जायेगा। कुछ मरने लगेंगे। ऐसा होगा, तब यही कहा जायेगा कि इनसे तो मुगल ही अच्छे थे।

सारा कुछ तुम्हारा ही किया कराया, पर बदनामी राजा की होगी। इसलिए हमेशा ही ऐसा चलो कि जिससे न तो किसी की हाय लगे, न किसी की शिकायत हो। अभी गर्मी है। बाहर व्यवहार आप सब करोगे। कभी आग सुलगाओगे, कोई बिना सोचे चूल्हे जलायेंगे, कोई तम्बाखू के लिए आग लेने जायेंगे, नीचे चारा पड़ा होगा, उसपर से आग लाओगे, चारे पर आग गिरी, हवा चली तो क्या होगा? एक जगह आग लगते ही चारे की सारी गंजियाँ जल जायेंगी। फिर चाहे किसानों के गले काटो, तो भी लकड़ी का एक टुकड़ा भी न मिलेगा।

इसलिए अधिकारियों को चाहिए कि वे छावनी में घूम-घूम कर निगाह रखें। रात में जलती बत्ती चूहे भी ले जाते हैं और उससे बड़ा कहर हो सकता है। इसलिए बहुत सावधान रहें।

शाहजी राजे ने भविष्य के छत्रपति के लिए एक राजमुद्रा तैयार करवायी। इस अष्टकोणीय राजमुद्रा पर लिखा था–

प्रतिपच्चंद्रलेखेव। वर्धिष्णु विश्ववंदिता।
शाह सूनोः शिवस्यैषा। मुद्राभद्राय राजते।

अर्थात् 'प्रतिपदा से बढ़ते जाने वाली चन्द्रकला के समान विश्व जिसका वन्दन करे, ऐसी शाहजी के पुत्र शिवाजी की यह कल्याणकारी मुद्रा है।'

छत्रपति होने के बाद लगभग सन् 1964 में शिवाजी द्वारा चलाया गया ताँबे व स्वर्ण का सिक्का।

अनुक्रम

प्रस्तावना

शिवाजी नाम के बालक का जन्म 19 फरवरी 1630 ई. में महाराष्ट्र में हुआ। भारतीय इतिहास कहता है कि शिवाजी के जन्म के पूर्व के सात सौ वर्ष भारत इस्लामिक शासकों का गुलाम देश था। ये इस्लामिक शासक भारत के उत्तर-पश्चिम में स्थित मार्ग से भारत में आते रहे थे। भारत के उत्तर-पश्चिम में तब बर्बर, विस्तारवादी, अति क्रूर लोगों के कबीले थे। जिस किसी कबीले के सरदार की तलवार और कलाई में जोर रहता, जो मरने-मारने और घर छोड़ अज्ञात में जाने को तैयार लोगों को इकट्ठा कर लेता, वह भारत को लूटने, तोड़ने-फोड़ने, भोगने, बर्बाद करने के लिए भारत पर आक्रमण कर देता।

मुसलमानी धर्म की स्थापना जिस देश में हुई, वह देश भी भारत के उत्तर-पश्चिम में स्थित था और उसकी स्थापना भी अपने ही लोगों में भयंकर मारकाट के बाद ही हुई थी। मुसलमानी धर्म को मारकाट के बाद स्वीकार करने वालों को उस धर्म का विस्तार करने के लिए भारत के उत्तर-पश्चिम में स्थित बर्बर लोगों को एक नया बहाना या हथियार मिला। मुस्लिम धर्म को फैलाने व सारी दुनिया को मुस्लिम बनाने के लिए वे मदान्ध हो भारत आने लगे। उन्होंने दिल्ली पर कब्जा किया और वे इस देश के शासक बन बैठे।

उस समय के भारतीय शासक उन मदान्धों की बर्बरता, अत्याचार, क्रूरता, धन और रक्त की प्यास के आगे हारते गये। उन्हें इतने भीषण अत्याचारों और क्रूरताओं के आगे हारना ही था। समय (काल) भी उन क्रूर, मदान्ध, धर्मान्ध लोगों के पक्ष में था।

मुस्लिम धर्म के संस्थापकों ने अपने धर्मावलम्बियों की संख्या बेहिसाब बढ़ाने के लिए 'गाज़ी' शब्द की रचना की। 'गाज़ी' इस्लाम धर्म का सर्वश्रेष्ठ अलंकरण था। सर्वश्रेष्ठता का सूचक यह अलंकरण प्राप्त करना हर बहादुर मुसलमान शासक का जीवन-लक्ष्य होता था।

भारत का हर मुस्लिम शासक यह चाहता था कि वह 'गाज़ी' बने। पूरे भारत को मुस्लिम देश बनाये, इसलिए गाज़ी बनने की इच्छा से शासक नित नये अत्याचारों से भारतीय जनता को कुचलना, लूटना और उन्हें मुसलमान बनाना अपना धर्म मानता था। पर वे भारतीय अस्मिता को मिटा नहीं पाये। सारे देश को मुस्लिम देश बना नहीं पाये।

शिवाजी ने अपने अतुलनीय पराक्रम से सात सौ वर्षों से चला आ रहा यह प्रवाह रोक दिया। इतिहास की क्रूर धारा बदल दी। सात सौ वर्षों के अन्धकार को चीरकर भारत को उज्ज्वल प्रकाश से भर दिया।

कविभूषण ने कहा-

कासी हूँ की कला जाती मथुरा मसीन होती।
शिवाजी न होतो तो, सुनति होत सबकी।।

'मुसलमान बनाने के लिए पुरुषों की सुन्नत करने की विधि अपनायी जाती है।' भयंकर वेदना से भरी यह काव्य पंक्तियाँ भूषण लिख गये, पर शिवाजी को पूरी तरह जानने का प्रयास महाराष्ट्र को छोड़कर भारत में अन्यत्र नहीं हुआ।

वैसे दुःख के साथ लिखना पड़ता है कि शिवाजी को उनकी भूमि के लोगों ने भी भुला दिया था। अर्थात् यह समय की बलिहारी ही थी। युगद्रष्टा लोकमान्य तिलक ने गणपति-उत्सव को स्थापित करने के बाद सार्वजनिक रूप से शिवाजी-उत्सव भी मनाने का मन बनाया और एक तरह से शिवाजी का पुनरुत्थान हुआ। उनके जन्म से लेकर उनके सारे पराक्रम के यथार्थ की खोज प्रारम्भ हुई। शिवाजी को समझने, उसे उजागर करने का जीवन संकल्प लिये बहुतेरे कर्मयोगी महाराष्ट्र में अब हैं, पर भाषा की दीवार के कारण उनके प्रयास पूरे भारत को ज्ञात नहीं हो सके और पूरे भारत के सन्दर्भ में अल्पज्ञात छत्रपति शिवाजी केवल किंवदन्ती बने हुए हैं।

यह स्थिति मुझे खलती रही। भारतीय प्रज्ञा को और जन-जन को शिवाजी का यथार्थ परिचय करा देना मेरे लिए अनिवार्य हो गया।

शिवाजी के चित्र में हम उन्हें हाथ में तलवार लिये देखते हैं, इसके उलट महान् दम्भी और क्रूर सुलतानों के हाथ में फूल दिखाये जाते हैं। मुझे यहाँ यह स्पष्ट करना आवश्यक लग रहा है कि वास्तव में चित्र उलटा है। शिवाजी ने निश्चित ही अपने हाथ में तलवार उठायी और चलायी, पर उनके तलवार के पराक्रम से सौ गुना अधिक पराक्रम उनकी चतुराई ने किये। पर, चतुराई भी

उनके अक्षय गुणों में से एक गुण था। उन्हें पूरी तरह जानने के लिए तो उनके सम्पूर्ण चरित्र को ही बारीकी से समझना आवश्यक है।

विश्व इतिहास के इस मेरुमणि का जीवन चरित्र मैं उनके जन्मकाल से प्रारम्भ न कर, उनके किशोर वय में किये गये एक चमत्कारी समर-प्रसंग से कर रहा हूँ।

वह समर-प्रसंग शिवाजी जैसा ही स्वयं प्रकाशी है। शिवाजी के अधिकतर योद्धा गुण उस एक समर-प्रसंग में प्रकट हुए हैं। इस एक समर-प्रसंग को जान लेने के बाद शिवाजी को हर तरह से जानना, समझना और हृदय में बसा लेना आसान हो जायेगा, ऐसा मुझे विश्वास है।

फिर भी शिवाजी के जीवन की वह पहली समर-कथा पढ़ने के पूर्व शिवाजी के काल में मुस्लिमों की आततायी सत्ता द्वारा देश किस तरह रौंदा जा रहा था, उसको जान लेना जरूरी है।

भूषण का कहना है-

देवल गिरावते फिरावते निसान अली,
ऐसे डूबे रावराने सबी गये लबकी।
गौरा गनपति आप औरन को हरत ताप,
आपनी ही बार सब मारि गये दबकी।
पीरा प्यगम्बरा दिगंबरा दिखाई देत,
सिद्ध की सिद्धाई गई रही बात रबकी॥

ऐसे भयंकर काल में मुस्लिमों का दमन करने का प्रयास शिवाजी के पूर्व भी अनेकों ने किया था। राणा प्रताप का उदाहरण तो बहुत ही प्रमुख था, पर वे प्रयास, शौर्य और त्याग के उदाहरण होकर रह गये। मुस्लिम सत्ता-पिपासा की बाढ़ को रोक, उसे पीछे हटाने में वे समर्थ न हो सके।

शिवाजी ने शौर्य के साथ अपूर्व साहस, युक्ति, चातुर्य के साथ राजनीति के दाँव भी जोड़े और शत्रु को परास्त किया। शिवाजी का सबसे बड़ा कार्य जन-जन में अस्मिता और स्वतन्त्रता की ज्योति जलाने का था और इतिहास साक्षी है कि छत्रपति शिवाजी द्वारा जलायी गयी स्वतन्त्रता की ज्योति भारतीय मानस में आज भी चैतन्य है।

❑❑❑

1

शिवाजी–पराक्रम : पहली कथा

शिवाजी के पिता शाहजी राजे को पुणे (महाराष्ट्र) में एक छोटी जागीर आदिलशाह की ओर से दी गयी थी। दक्षिण भारत में वैसे तो कई मुगल सत्ताएँ थीं, पर आदिलशाही और निजामशाही–ये दो सत्ताएँ प्रमुख थीं। शाहजी राजे की जागीर का असली शासक आदिलशाह था। आदिलशाह उस प्रदेश पर अपने सूबेदार के माध्यम से शासन चलाता था।

शाहजी राजे की जागीर सँभालने के लिए ही बालक शिवाजी को साथ लेकर माँ जीजाबाई पुणे आयी थीं। वैसे जागीर सँभालना एक दिखावा था। जीजाबाई के मन में कुछ और ही खदबदा रहा था। जो जीजाबाई के मन में खदबदा रहा था, वही शिवाजी के पिता शाहजी के मन में भी था। प्रयास उन्होंने भी किये थे, पर 'हिन्दवी–स्वराज्य' की स्थापना का कार्य शून्य से ही बड़े धैर्य से किया जा सकता है, यह माता जीजाबाई ने अन्तर प्रेरणा से जाना था और उसे ही मूर्तरूप देने वह पुत्र शिवाजी को लेकर पुणे आयी थीं।

माता–पुत्र को सलाह और साथ देने का काम शाहजी राजे ने अपने एक विश्वसनीय वरिष्ठ साथी दादोजी कोण्डदेव को सौंपा था। अर्थात् वे भी स्वराज्य स्थापना के ध्येय से जुड़े एक वीर, अनुभवी राजकर्मचारी थे। दादोजी कोण्डदेव उसी क्षेत्र के आदिलशाही दरबार से नियुक्त सूबेदार थे। शिवाजी की जागीर उन्हीं के अधीन थी। इस तरह दादोजी कोण्डदेव पर दोहरा दायित्व था, जिसे उन्होंने बड़ी ही चतुराई से सँभाला था। पुणे आ जाने के बाद जीजाबाई, शिवाजी और श्री दादोजी कोण्डदेव इन तीनों ने स्वराज्य की स्थापना के अपने ध्येय को प्राप्त करने के लिए आदिलशाही को कुतरने के प्रयास आरम्भ किये।

शिवाजी के द्वारा किये जाते किसी उत्पात की सूचना आदिलशाही दरबार तक कोण्डदेव को ही देनी होती थी। पर वे हर उत्पात को राज्यहित में किया गया कार्य कहकर या आवश्यक बता कर दरबार को सूचित करते थे।

कोण्डदेव की छत्रछाया में उनके जीवित रहते शिवाजी ने सम्भव हो सके, इतने पैर पसारे। स्वराज्य की नींव भरने का काम जारी रखा। उसका हल्ला-गुल्ला दादोजी कोण्डदेव के कारण नहीं होता था। शिवाजी का हौसला निरन्तर बढ़ रहा था। दादोजी की कृपा से वह अपने क्षेत्र के राजा हो गये थे। मित्र मण्डली इकट्ठा हो गयी। उन लोगों ने रोहिडेश्वर नामक एक शिवमन्दिर पर जाकर स्वराज्य-स्थापना की प्रतिज्ञा भी ली। कुछ पैदल और घुड़सवार सेना भी भर्ती की गयी।

उस समय का शासन किले पर से चलता था। इस क्षेत्र पर 'कोण्डाणा' नामक किले का अधिकार था। अत: अपने काम को फैलाने (मजबूती देने) के लिए कोण्डाणा पर कब्जा करना शिवाजी को आवश्यक लग रहा था। यह आवश्यकता कोण्डदेव की मृत्यु के बाद अधिक हो गयी, क्योंकि उनके जीवित रहते किले से किये जाने वाले काम सहज ही हो जाते थे।

कोण्डाणा पर कब्जा करने के अवसर की ताक में शिवाजी जब थे, तब उन्हें समाचार मिला कि आदिलशाही दरबार के बड़े अधिकारियों को कर्नाटक भेजा गया है। कर्नाटक के बँगलूर नगर में ही शिवाजी के पिता शाहजी का निवास रहता था। आदिलशाही के बड़े अधिकारियों को कर्नाटक भेजे जाने का समाचार मिलते ही शिवाजी ने कोण्डाणा के हवलदार को अपनी ओर मिलाकर कोण्डाणा पर कब्जा कर लिया। इधर कर्नाटक गये आदिलशाही अधिकारियों ने शाहजी राजे को 25 जुलाई 1648 में कैद कर लिया। उन पर बगावत का सन्देह था।

कोण्डाणा पर कब्जा करना खुला विद्रोह था। ऐसा विद्रोह करने वाले को दण्डित करने के लिए आदिलशाही कार्यवाही करेगी, यह बात शिवाजी को ज्ञात थी। अतएव ऐसे किसी शाही आक्रमण को रोकने के लिए शिवाजी ने एक विलक्षण व्यूह-रचना की।

कोई भी शाही कार्यवाही सीधे कोण्डाणा तक आने का अर्थ प्रजा का रौंदा जाना था। उस समय आक्रमणकारी ऐसा ही करते थे। प्रजा रौंदी न जाये, इसलिए स्वराज्य के दरवाजे पर ही सम्भावित आक्रमण को रोकना बुद्धिमानी थी। स्वराज्य के दरवाजे पर ही आदिलशाही का 'पुरन्दर' नामका दूसरा किला था। शिवाजी ने तात्कालिक रूप से उस पर कब्जा करने हेतु किलेदार को निवेदन किया। वृद्ध किलेदार शाहजी का मित्र था और मित्र के पुत्र का साहस उसके कौतुक का विषय था। उसने शिवाजी को किले में ले लिया। किले पर इस तरह कब्जा होते ही शिवाजी ने उसे युद्ध की दृष्टि से मजबूत किया। इतना ही नहीं, पुरन्दर के दक्षिण में स्थित एक जमीनी किला 'सुभानमंगल' पर भी अपना कब्जा जमाया।

जैसाकि अपेक्षित था आदिलशाही ने शिवाजी को दण्डित करने के लिए अपने एक सरदार फ़तह ख़ान को भेजा। 1648 के बरसात समाप्त होते-होते फ़तह ख़ान अपनी बड़ी भारी फौज लेकर शिवाजी को दण्डित करने आया।

पुरन्दर से पूर्व में दस मील दूर 'बेलसर' नामक स्थान पर उसने अपना डेरा जमाया। बेलसर के ठीक दक्षिण में शिवाजी द्वारा कब्जाया गया जमीनी किला सुभानमंगल था। एक त्रिकोण के तीन शीर्ष कोणों पर ये तीन स्थान-बेलसर, पुरन्दर और सुभानमंगल थे।

शिवाजी के शक्ति की परीक्षा लेने और अपने शक्ति का प्रदर्शन करने के लिए फ़तहख़ान ने बेलसर पर डेरा जमाते ही सुभानमंगल किले को जीतने के लिए अपने एक सरदार बालाजी हैबतराव को भेजा।

कदाचित् सुनियोजित ही था, इसलिए सुभानमंगल किला हैबतराव ने जीत लिया। जीत के डंके बजने लगे, फ़तह ख़ान तक हरकारे दौड़ाये गये और एकाएक मानों एक अन्धड़ चला और हैबतराव को मारकर शिवाजी की सेना ने सुभानमंगल किला फिर से जीत लिया।

किसी स्थान को जीतने के बाद उस पर कब्जा पक्का करने में काफी कुछ समय लगता ही है और जीत की खुशी में तो कब्जा बनाने में अधिक ही समय लगता था। मुस्लिम सत्ताधारियों के इस दुर्बल बिन्दु की जानकारी शिवाजी को थी।

सुभानमंगल जीतने का समाचार जब तक मिलता, तब तक किला हार जाने का और हैबतराव के मारे जाने का समाचार फ़तह ख़ान को मिला, तो हार के समाचार के साथ अपने एक सरदार हैबतराव की मृत्यु के समाचार ने तो जैसे उसके होश उड़ा दिये।

पर, जैसे इतना ही काफी नहीं था। शिवाजी की सेना की एक नयी टुकड़ी ने फ़तह ख़ान के डेरे बेलसर पर ही सीधा हमला बोल दिया। यह सब आँधी के वेग से हुआ। बेलसर पर फ़तह ख़ान की ताकत अधिक थी। फ़तह ख़ान ने उस टुकड़ी की पिटाई आरम्भ की पर, यह सब किसी योजना से ही हो रहा था। इसलिए कुछ देर सामना करने के बाद टुकड़ी पीछे मुड़कर भागने लगी। फ़तह ख़ान की सेना को जोश आ गया और वह शिवाजी की सेना का पीछा करने लगी तथा पीछा करते-करते पुरन्दर के किले तक ही पहुँच गयी। शिवाजी की सेना की टुकड़ी पुरन्दर के किले में घुस गयी।

पुरन्दर का किला खड़े पहाड़ पर था। उसको बड़ी तैयारी के साथ ही जीता जा सकता था। पर, यहाँ तो फ़तह ख़ान की फौज और अधिकारी टुकड़ों में

बँट-बँटकर ही आ पाये थे। पालकियाँ और घोड़े छोड़ उनको पैदल आगे बढ़ना था। सारांश यह कि फ़तह ख़ान बुरी तरह पिट गया और उसे 1648 के अन्त में राजधानी लौट जाना पड़ा।

शिवाजी अपने जीवन की उस पहली लड़ाई के समय केवल 19 वर्ष के थे। उनके पितातुल्य मार्गदर्शक दादोजी कोण्डदेव एक वर्ष पूर्व (7 मार्च 1648 को) स्वर्ग सिधार चुके थे। और, उधर 25 जुलाई 1648 को उनके पिताजी शाहजी राजे को कैद कर लिया गया था। स्वाभाविक ही माता जीजाबाई भयंकर मानसिक कष्ट में थीं। पति कैद में थे और शाहजी को कैद कर लेने के बाद उनके बड़े पुत्र सम्भाजी को घेरने के लिए एक बड़ी फौज भेजी गयी है, यह भी समाचार जीजामाता को मिला था।

शिवाजी ने एक चमत्कार कर आदिलशाह जैसी बड़ी सत्ता को शिकस्त दी थी। पर अब आदिलशाह उनका खुला शत्रु हो गया था और उनका नन्हा-सा स्वराज्य शक्तिशाली साम्राज्य के घोषित शत्रु की भूमिका में आ गया था। अब लुकछिप, कर डरते-सहमते स्वराज्य का विस्तार करने की आवश्यकता नहीं थी। पर, ऐसा वे कर नहीं सकते थे, क्योंकि उन्हें अपने पिताजी को प्राणदण्ड से बचाना जो था।

उत्तर का मुगल दरबार दक्षिण की राजनीति में हमेशा जोड़-तोड़ किया करता था। दक्षिण की निजाम और आदिलशाही इन दोनों सत्ताओं को समाप्त कर अपना साम्राज्य स्थापित करने की उसकी लालसा प्रारम्भ से ही थी। अत: कभी इससे मिलकर उसे समाप्त करने की योजना बनती, तो कभी उल्टा होता रहता था।

मुगलों की इस राजनीति से सभी परिचित थे और समय-समय पर उससे लाभ भी उठाते रहते थे। अपने पिता शाहजी को मृत्युदण्ड से बचाने के लिए शिवाजी ने मुगलों का दामन पकड़ा। उस समय दिल्ली पर शहंशाह शाहजहाँ का राज था और उसका पुत्र मुरादबक्श दक्षिण का सूबेदार था।

शिवाजी ने इसी मुरादबक्श को अर्जी लिखी कि वह स्वयं आकर मिलने और मुगलों के साथ मिलकर आदिलशाह के विरोध में सेवा करने के लिए तैयार हैं।

इस राजनीति के सफल होने का साक्ष्य मार्च 1649 में तब मिला, जब शाहजी राजे को उनके कट्टर शत्रु अफ़ज़ल ख़ान ने 25 जुलाई 1648 में कैद कर और लोहे की जंजीरों से बाँधकर, हाथी पर पूरे नगर में घुमाते हुए दरबार में पेश किया। बादशाह ने अपने कैदी को तुरन्त 'झिन्दाने इब्रत' (विचाराधीन) में भेज दिया। सारा दरबार यह आस लगाये बैठा था कि शाहजी राजे के कत्ल का फरमान जारी होगा, पर हुआ उल्टा। कैदी को प्राणदण्ड से मुक्ति मिली।

इतिहासकार मौन हैं, पर मुरादबक्श को अर्जी पेश करने के पूर्व युवा शिवाजी द्वारा किये गये चमत्कार का प्रभाव निश्चित ही मुरादबक्श पर पड़ा होगा। धीरे-धीरे बात बनी और शाहजी राजे को मृत्युदण्ड के स्थान पर आठ माह की कैद के बाद मार्च 1649 में कुछ शर्तों पर छोड़ दिया गया। शर्तों में बँगलूर, कन्दर्पी और कोण्डाणा किला आदिलशाह को वापस करना था। दूसरे उन्हें राजधानी में ही रहना था।

कोण्डाना शिवाजी के स्वराज्य में एक दिल की तरह था। उसको लौटाते समय शिवाजी को बड़ी वेदना हुई। पर राजनीति का शिकंजा बड़ा जबरदस्त था।

अपने जीवन के पहले समर-प्रसंग में शिवाजी ने जिस अतुलनीय साहस, कूटनीतिक चतुराई, धीरज, दूरदृष्टि, मजबूती और बाज पक्षी या चीते जैसे वेग से प्रहार करने की अपनी शक्ति का प्रदर्शन किया, वैसा भारत के पूर्व इतिहास में अपवाद रूप में भी नहीं मिलता। इसलिए शिवाजी नहीं, शिवाजी राजा भारतीय इतिहास का मुकुटमणि नायक बन गये और भारतीय इतिहास के अन्त तक बने रहेंगे।

❑❑❑

2

उल्कापात

आदिलशाह की ओर से भेजे गये, अव्वल सरदार फ़तह ख़ान की नाक काटकर वापस भेजने की जीत की कहानी यदि हम ढंग से पढ़ें, तो एक बात सहज ही ध्यान में आती है कि यह किसी चमत्कार से कम नहीं था।

शिवाजी ने अपने जीवन में ऐसे कई चमत्कार किये और उनका हर चमत्कार अपने ढंग का अलग ही रहा था। ऐसे में शिवाजी के चमत्कार-प्रकृति के मूल कारण की खोज करना, शिवाजी को जानने के लिए आवश्यक है। इस हेतु को पूरा करने के लिए शिवाजी द्वारा किये गये चमत्कारों के बीज की खोज करें। साक्ष्य के आधार पर लिखे जाने वाले इतिहास के लेखकों के लिए ऐसी यह खोज बेमानी होती है। उनके लिए एक दूसरी खोज भी बेमानी होने से किसी इतिहासकार ने उस पर कोई विचार नहीं किया। वह दूसरी खोज में एक उल्लेख है, वह यह कि शिवाजी को जन्म देने के बाद जीजाबाई अपने शिशु को साथ लेकर तीन वर्ष लगातार 'शिवनेरी' किले पर ही बनी रहीं।

उपर्युक्त दोनों तथ्यों के उत्तर आपस में गुँथे हुए हैं और एक खोज का हल दूसरी खोज का भी हल है। इसलिए हम केवल उल्लेख का ही हल खोजने का प्रयास करते हैं। परन्तु पहले उस परिस्थिति का खुलासा करना आवश्यक है, जिसके होने के कारण जीजाबाई 'शिवनेरी' में ही बनी रहीं।

'शिवनेरी' का किला राजनीतिक या सामरिक दृष्टि से बहुत ही महत्त्वहीन किला था। यह आज के पुणे जिले के सुदूर उत्तर में 'जुन्नर' के पास है और शिवाजी के चरित्र में उसका जन्मस्थान होने का गौरव प्राप्त होते हुए भी दूसरी बार उसका उल्लेख इतिहास में अपवाद में ही मिलता है।

'शिवनेरी' जीजाबाई का न तो मायका था न ससुराल। ऐसे में मात्र किसी संयोग से 'शिवनेरी' में आने और पुत्र को जन्म देने के बाद जीजाबाई का वहाँ तीन वर्ष लगातार रहना अनेक प्रश्नों को जन्म देता है। परन्तु इतिहास ने इतनी-सी

सपाट टिप्पणी की है कि "शिवनेरी में शिवाजी को जन्म देने के बाद जीजाबाई वहाँ तीन वर्ष लगातार बनी रहीं।"

इतिहास कहता है कि जीजाबाई और शाहजी अपने बड़े बेटे 'सम्भाजी' के विवाह के लिए 'शिवनेरी' आये थे। 'शिवनेरी' के किलेदार की कन्या जयन्ती के साथ 'सम्भाजी' का विवाह नवम्बर 1629 में हुआ। अर्थात् शिवाजी का जन्म 19 फरवरी 1630 के कोई तीन महीने पूर्व हुआ। स्पष्ट है कि जीजाबाई उस समय 6-7 माह की गर्भवती थीं। इतिहास का कहना है कि शाहजी-जीजाबाई के नये समधी ने उनसे निवेदन किया कि जीजाबाई की प्रसूति होने तक वे दोनों उनके साथ ही 'शिवनेरी' में रहें। दोनों ने वह प्रस्ताव स्वीकार किया। जीजाबाई शिवनेरी में ही रह गयीं और शाहजी अपने बड़े पुत्र सम्भाजी को लेकर 'शिवनेरी' से चले गये।

इतिहास में कथित उपर्युक्त तथ्य इतने सपाट नहीं थे।

तो वे क्या थे, कैसे थे? यह जानने के लिए थोड़ा पूर्व इतिहास जानना आवश्यक है।

शिवाजी के जन्म के पूर्व जीजाबाई के पाँच प्रसव शाही ठाठ से सम्पन्न हुए थे। दुर्भाग्य से उसमें से एक पहला सम्भाजी ही बच रहा था।

जीजाबाई के पिता लखुजी जाधव ने तीन सौ वर्षों की मुस्लिम गुलामी में हिन्दू पराक्रम को पहले अर्थात् सन् 1576 में स्वबल से स्थापित किया था। जीजाबाई अपने पिता की लाडली इकलौती कन्या थीं।

लखुजी जाधव के विकट पराक्रम का लाभ लेने के लिए ही दक्षिण की निजामशाही ने उन्हें अपने यहाँ बड़े ओहदे पर रखा था। लखुजी जाधव ने निजामी सत्ता की चालीस साल तक लगातार सेवा की।

पर जाने क्या, दरबारी राजनीतिक छल की बिसात निजाम दरबार में बिछी कि एक दिन (24 जुलाई, 1629 को) जब लखुजी अपने लड़कों के साथ बड़े रुतबे से निजामशाह को मुजरा करने पहँचे, तब उन्हें और उनके दो पुत्र व एक नाती को भरे दरबार, भरी दोपहरी में तलवार से मार डाला गया। लखुजी के साथ दरबार तक गये उनके साथी, कुटुम्बियों को प्राण बचाकर भाग जाना पड़ा।

यह हत्याकाण्ड जब घटित हुआ, तब जीजाबाई गर्भवती थीं और शाहजी के साथ परिण्डा (जिला उस्मानाबाद) नामक किले में सुख-निवास में थीं। परिण्डा कभी निजामशाह की राजधानी थी और शाहजी भी कभी वहाँ रहे थे।

उपर्युक्त उल्कापाती समाचार जब परिण्डा में पहुँचे होंगे, तब जीजाबाई-शाहजी के मन क्रोध से उबल पड़े होंगे। पिता, भाई, ससुर-साले की हुई क्रूरतम हत्या ने जीजाबाई-शाहजी को झकझोर दिया। शाही सुख भोगते दोनों में क्रोध का संचार हो गया।

शाहजी ने निजामशाही के साथ ही आदिलशाही से भी सम्बन्ध तोड़ लिये। दोनों राजसत्ताओं को ठुकराकर वे मानों स्वतन्त्र हो गये, बगावत कर उठे और निजामशाही का साम्राज्य लूटते, विध्वंस करते वे दोनों पुणे की ओर बढ़े। पुणे के आसपास अपनी सत्ता प्रस्थापित की और निजामशाह के दरबारियों को फोड़कर निजामशाह को त्रस्त किया।

जैसा कि ऊपर कहा गया है पिता लखूजी जाधव की हत्या के समय जीजाबाई तीन माह की गर्भवती थीं। इसके पूर्व भी मुसलमानी सत्ता द्वारा किये जाते छल-कपट से उन्हें गुस्सा आता ही रहा होगा, पर इस दारुण घटना से उनके गुस्से में जो उबाल आया होगा, उसमें से जरूर ही किसी संकल्प की किरण निकली होगी।

सारांश यह कि शिवाजी को जन्म देने के पूर्व जीजाबाई का मुसलमान सत्ताधारियों से पूरी तरह मोहभंग हो गया होगा, और उसकी जगह एक तेजस्विता ने जगह बनायी होगी। अब तक भोगे सुख के ऊपर उठकर उन्होंने मन ही मन में कुछ संकल्प लिये होंगे, जिसका प्रभाव उनके तीन माह के गर्भ पर अवश्य पड़ा होगा।

ऐसी मनोदशा में उनका आगमन शिवनेरी के किले में हुआ। इसके साथ ही शाहजी के सत्ताच्युत होने से उनके ठहरने रहने का पक्का प्रबन्ध भी नहीं हुआ था। ऐसे में समधी का प्रस्ताव तो एक तरह से ईश्वरीय प्रसाद के रूप में आया था।

एक विशेष तथ्य की ओर पाठकों का ध्यान केन्द्रित करना मैं अपना कर्तव्य समझता हूँ, और वह यह कि अबतक की कथा से यह स्पष्ट हो जाता है कि गर्भ में शिवाजी के आने के बाद से जो कड़वे अनुभव उनकी माँ जीजाबाई को भोगने पड़े, उससे तो उनके गर्भ में पल रहे पिण्ड पर असगुनी होने का सहज आरोप लग सकता था। पर, जीजाबाई ने वैसा नहीं माना। ना, ही उनके द्वारा किसी ज्योतिषी से पूछताछ करने, देव-देवी को मनौती मनाने का संकेत इतिहास में मिलता है। जीजाबाई के चरित्र की दृढ़ता यहीं से सामने आ जाती है, जो विलक्षण, आदरणीय और अनुकरणीय भी है। आज माताएँ बात-बात पर

आशंकित, आतंकित होकर जाने कैसी-कैसी मनौतियाँ मानती रहती हैं। पर, यह माता ऐसा कुछ भी सोचती नहीं थी।

आइये! अब उस उल्लेख पर विचार करें, जिसमें यह कहा गया है कि शिवाजी के जन्म के बाद शिशु शिवाजी को लिये हुए जीजाबाई तीन वर्ष लगातार शिवनेरी में रहीं।

प्रसूति की आकस्मिकता को देखते हुए उनका शिवनेरी में रहना आपत्तिजनक नहीं कहा जा सकता था। परन्तु प्रसूति के बाद कुछ दिन, माह नहीं, तीन वर्ष लगातार एक तरह से पराये घर में रहना प्रश्न उपस्थित करता है। कोई भी भारतीय स्त्री अपने स्वभाव, संस्कार के कारण अपने समधी के यहाँ इस तरह दीर्घकाल तक नहीं रह सकती है।

प्रसूति के बाद वह अपने घर नहीं जा सकती थीं, तो वह अपने मायके जा सकती थीं। उनका मायके जाना वैसे भी पिता की मृत्यु के बाद आवश्यक कर्तव्य था। वहाँ जाकर विधवा हुई माँ की सान्त्वना वह करतीं, नानी की गोद में नाती को डालना भी उनका कर्तव्य ही था। पर, वह कठोर बन शिवनेरी में ही बनी रहीं।

जीजाबाई की उपर्युक्त कथित कठोरता उनके स्त्रियोचित व्यवहार के बिल्कुल विपरीत होने से अनेक प्रश्नों को जन्म देती है। सामान्य स्त्रियों को तो विवाह के बाद बच्चों को लेकर मायके में ही रहना अखरता है। ऐसे में पराये घर शिशु शिवाजी को लेकर वह क्योंकर रहीं? कौन-सी ऐसी अनिवार्यता थी? यह परिस्थितिवश स्वीकारी हुई स्थिति भी नहीं लगती और न ही इसे सहज घटित घटना ही माना जा सकता है, क्योंकि यह सामान्य स्त्री के स्वभाव के बिलकुल विपरीत है।

फिर जीजाबाई कोई सामान्य स्त्री भी नहीं थीं। वह तो कठोर स्वाभिमानी स्त्री थीं। ऐसे में वह समधी के यहाँ तीन वर्ष कैसे रहीं? समधी का घर हर तरह से पराया घर ही होता है। पराये घर रहना अर्थात् मान-अपमान के खून के घूँट पीना। अर्थात् कड़ी परीक्षा देना। ऐसी कड़ी परीक्षा की स्थिति में वैसा ही कड़ा संकल्प न होता तो वह कैसे रह सकती थीं? किसी तरह की लाचारी की बात भी यहाँ लागू नहीं थी। शाहजी राजे उस समय के बहुत ऐश्वर्यशाली पुरुष थे। शिवाजी के जन्म के कोई छह माह पूर्व ही उन्होंने दक्षिण की दो प्रबल सत्ताओं को लात मारी थी और शिवाजी के जन्म के समय तो वह मुगलसत्ता से बड़े ही शाही अन्दाज में मिल गये थे।

उपर्युक्त तर्कों के आधार पर ही हमें यह अनुमान पक्का करना पड़ता है कि जीजाबाई अपने पुत्र के पीछे कोई तपोबल खड़ा करने, किसी तरह तप या साधना करने के लिए ही शिवनेरी में रहीं।

जैसा कि पहले ही कहा गया है, शिवनेरी बड़ा एकान्त स्थान था। वहाँ 'शिवाई' नामक एक देवी का स्थान था और अब यह इतिहास मान्य है कि 'शिवाई' के नाम के आधार पर ही जीजाबाई ने अपने पुत्र का नाम शिवाजी रखा। ऐसे एकान्त स्थान पर सिवाय अपने पुत्र के एकमात्र कुटुम्बीय बन्धन के वह बन्धनमुक्त रह सकती थीं। किसी तप या साधना को करने के लिए शिवनेरी आदर्श स्थान था।

शिवाजी के चरित्र में आगे हम देखेंगे कि उन्होंने बड़े से बड़े संकट का सामना भी बड़े सहज ढंग से किया और विजयी हुए। चमत्कार तो उन्होंने कितने ही किये। इस सब ठोस आधार पर यह कहना पड़ता है कि जैसे किसी पुण्य प्रताप की कृपा उनकी माँ जीजाबाई की उस साधना या तप के कारण उत्पन्न हुई होगी, जिसे तीन वर्ष लगातार जीजाबाई ने मनोयोग से पूरा किया।

जीजाबाई ने रामायण, महाभारत पुराणों आदि धार्मिक ग्रन्थों का श्रवण किया था और राक्षसों का नाश करने के लिए अतिरिक्त बल प्राप्त करने के लिए तप किये जाने की अनेक कथाएँ उन्हें ज्ञात थीं। उनके पिता लखुजी जाधव तीन सौ वर्षों की मुस्लिम गुलामी में अपने पराक्रम से चमकता सितारा बने थे, तो उसका नाती (दौहित्र) क्यों न स्वराज्य संस्थापक हिन्दू महाराज बने, यह लालसा जीजाबाई के मन में न उठती? विशेषकर पिता की नृशंस हत्या के बाद तो यह आश्चर्य की बात होती।

पर, आश्चर्य की बात तो यह है कि शिवाजी के चरित्र के खोजी किसी भी शिवचरित्रकार की दृष्टि में यह बात नहीं आयी। मैंने उसका समाधान ऊपर प्रस्तुत किया है, जो जीजाबाई के चरित्र को हिमालय तक उठाता है।

❑❑❑

3

जीजाबाई पुणे की ओर

जैसा कि पूर्व में कथित है-शिवनेरी में तीन वर्ष लगातार रहने के बाद जीजाबाई अपने लाड़ले को लेकर अपने मायके आयीं। उनका मायका 'सिन्दखेड़ राजा' नामक किले पर था। यह स्थान आज के महाराष्ट्र में बुलढाणा जिले के दक्षिण में जालना जिले के सरहद के पास है। शिवनेरी से पूर्व में यह कोई 163 मील दूर होगा।

मायके में जीजाबाई की माँ और परिवार था। पिता और भाइयों के बेरहम कत्ल के बाद यह परिवार बुरी तरह अस्त-व्यस्त था तथा जीजाबाई और शिवाजी का आगमन वहाँ चार वर्ष बाद एक आनन्द पर्व की तरह आया और वैसा ही मनाया गया।

शाहजी राजे इन पाँच वर्षों में धुँआधार राजनीतिक जोड़तोड़ में लगे रहे थे। शाहजी के विद्रोह को दबाने और उनको विद्रोह का मजा चखाने आदिलशाह ने मुरारपन्त नामक वजीर को भेजा। उसने पुणे नगर का कोट तोड़ा, शाहजी के निवास जलाये, पुणे को खण्डहर बनाया, हल में गधे जोतकर भूमि को अपशगुनी बनाया, उस भूमि के बीच एक लोहे का खम्भा गाड़ा और उस पर फटा जूता लटकाया।

शाहजी को यह समाचार शिवनेरी में ही मिल गया था, परन्तु उन्होंने उसकी ओर ध्यान नहीं दिया और दक्षिण की तीसरी शक्ति मुगलों से सम्पर्क बनाया। बात बन गयी। दिल्ली के बादशाह ने उन्हें अपने यहाँ रख लिया, पंच हजारी मनसब (उपाधि) दी। साथ में पोशाक, रत्नजड़ित खंजर, निशानी, घोड़ा, हाथी और खर्च के लिए दो लाख रुपये देकर उनको आदर के साथ आश्रय दिया। इसके स्पष्ट अर्थ हैं कि शाहजी की शक्ति और पराक्रम की धाक मुगलों की नजर में आ गयी थी।

मुगलों का दक्षिण में दखल आदिलशाह और निजामशाह दोनों ही सत्ता केन्द्रों को खा जाने की नीयत से होता था। मुगलों ने शाहजी राजे के पुत्र सम्भाजी और चचेरे भाइयों को भी तीन-चार हजार की मनसबें दीं।

अपनी स्वतन्त्र सत्ता प्रस्थापित करने के लिए निजामशाही व आदिलशाही की नौकरी को लात मारने वाले शाहजी को मुगलों की मातहती स्वीकारनी पड़ी। यह समय की महिमा थी। मुसलमानी जकड़ इतनी मजबूत थी कि उससे शाहजी राजे जैसा संकल्पवान योद्धा भी अपने को स्वतन्त्र नहीं कर सकता था।

खैर! शाहजी मुगलों के लिए काम करने लगे। मुगलों की स्पष्टनीति दक्षिण की दो मुसलमानी शक्तिशाली (निजाम-आदिल) सत्ताओं को कुतरने या समाप्त करने की थी। इस हेतु वे कभी निजाम का हाथ पकड़कर आदिलशाही पर प्रहार करते, तो कभी उलट आदिलशाही का हाथ पकड़कर निजामशाह को समाप्त करने या उसके टुकड़े करने का प्रयास करते थे।

मुगलों की चाकरी में आने के बाद शाहजी राजे को निजामशाही को समाप्त करने के काम में लगाया गया। इसके लिए वकीलों को दौड़ाकर आदिलशाह का हाथ भी थामा गया।

पर, दक्षिण की इस समय की राजनीति पल-पल बनती-बिगड़ती रही। इस कारण शाहजी और मुगलों में एक वर्ष में ही अनबन हो गयी। असल में शाहजी को मुगलों द्वारा दिये गये राज्य में से ही कुछ हिस्सा काटकर फ़तह ख़ान को दे दिया गया। पर, शाहजी राजे बलवान होते गये।

इसी समय मुर्तज़ा निजामशाह की मृत्यु हो गयी। उसके वजीर फ़तह ख़ान ने एक बालक हुसैनशाह को उसकी खाली गद्दी पर बैठाया। राजनीतिक आपाधापी के इस समय में शक्तिशाली सरदारों से सलाह-मशविरा कर शाहजी राजे ने भी एक-दूसरे बालक को निजाम की गद्दी पर बैठाया। 'जीवधन' नामक स्थान को अपनी राजधानी बनाया अर्थात् इस नये राज्य के प्रमुख वजीर स्वयं शाहजी राजे ही थे। मुगलों की चाकरी छूट गयी।

बालक निजामशाह को स्थापित करने के लिए शाहजी ने आदिलशाह से हाथ मिलाया। दौलताबाद पर कब्जा करने की योजना बनायी। दूसरे पक्ष ने दौलताबाद को बचाने के लिए मुगलों से हाथ मिलाया।

दौलताबाद मुगलों ने जीत लिया और आदिलशाह व शाहजी हार गये, पर किला जीतने के बाद भी उस पर कब्जा किसी को न मिला। शाहजी राजे का मुकाम इस समय नासिक त्र्यम्बक में था। उन्होंने अपनी शक्ति को बढ़ाना जारी रखा। उनकी चाकरी में इस समय 6000 घुड़सवार थे। इस शक्ति के बल पर अपनी स्थापित निजामी सत्ता को आदिलशाह से अधिकृत मान्यता कराने के उन्होंने प्रयास किये। प्रयास सफल रहे। 1633-34 में आदिलशाह ने शाहजी राजे द्वारा

स्थापित बालक निजाम को अधिकृत मान्यता दे दी। एक तरह से शाहजी राजे के जीवन में एक स्वर्णिम क्षण आया। तीन सौ वर्षों की मुगलिया कालरात्रि के बाद उदित हुआ यह हिन्दू-गौरव का दिन था। पर, वह मुसलमानी सत्ताधारियों को फूटी आँखों भी सुहा नहीं सकता था।

निजामशाह के राज्यारोहण-समारोह के बाद शाहजी राजे अधिक बली हो गये। बारह हजार सैनिकों की फौज उन्होंने खड़ी की। निजामशाही राज्य पर कब्जा करना आरम्भ किया। मुगलों ने यह देख उन्हें परिण्डा किले पर घेरा। शाहजी राजे और बीजापुर की सम्मिलित शक्ति से मुगलों की भारी हार हुई। पर, जिस बीजापुर सत्ता का साथ लेकर शाहजी राजे बलवान हो रहे थे, उस सत्ता में राजनीति का कुछ ऐसा जोर चला कि शाहजी के खास मददगार ख़्वासख़ान व मुरारपन्त मारे गये। शाहजी शक्तिहीन हो गये।

इसी समय 9 मई 1636 को आदिलशाह व मुगलों में ऐतिहासिक सन्धि हुई। उसमें एक कालम यह भी जोड़ा गया कि शाहजी राजे के निजामशाह की मान्यता रद्द की जाये। शाहजी ने मुगलों के जिन किलों पर कब्जा किया है, उन्हें वह मुगलों को लौटायें और जबतक यह नहीं होता, आदिलशाह उन्हें अपनी नौकरी में न रखें। शाहजी को अन्त में 'माहुली किले' में घेर लिया गया। शाहजी ने तलवार नीचे रखी और अपने बारह हजार घुड़सवारों के साथ आदिलशाह की नौकरी स्वीकार कर ली।

अब शाहजी राजे एक सत्ताकेन्द्र के स्वयंभू वजीर थे, किसी के आश्रित नहीं थे, अपना स्वराज्य स्थापन करने की महत्त्वाकांक्षा की ओर बढ़ते एक मजबूत सीढ़ी पर खड़े थे। उनके द्वारा स्थापित मुसलमानी सत्ता-केन्द्र को हिन्दू सत्ता-केन्द्र में बदलने की योजना वह बड़े उमंग से बना रहे थे, तब उन्होंने पत्नी-पुत्र को सिन्दखेड़ से 'माहुली' बुला लिया था।

पर, नियति को कुछ और ही मंजूर था। शाहजी के हाथ से सत्ता की गोटियाँ सरक गयीं और फिर आदिलशाह की नौकरी उन्हें स्वीकारनी पड़ी। यह उलटफेर पत्नी-पुत्र, जीजाबाई शिवाजी के सामने ही घटित हुआ। एक बड़ी महत्त्वाकांक्षा असफल होने का जितना मलाल शाहजी को हुआ होगा, उससे कई गुना अधिक खेद जीजाबाई को हुआ होगा। और शीर्ष पर परिवर्तन घटित करने की जिद शाहजी छोड़ें और मूल से जड़ पकड़कर यह परिवर्तन घटित करने के लिए जीजाबाई को अवसर दें, यह बात जीजाबाई ने पूरे जोर से रखी होगी और अपनी संकल्पशक्ति को पूरा करने के लिए वह शिवाजी को लेकर पुणे, जहाँ उन्हें पैर जमाने को एक जगह प्राप्त थी, चल दीं।

शाहजी राजे ने जीजाबाई के संकल्प को मान्यता देने के साथ पुणे के सूबेदार दादाजी कोण्डदेव को उनका अभिभावक और राजनीतिक सलाहकार नियुक्त कर स्वदेश-स्थापना के जीजाबाई के संकल्प को बड़ा बल प्रदान किया। जीजाबाई शिवाजी व कोण्डदेव पुणे की ओर, तो शाहजी राजे अपनी दूसरी पत्नी तुकाबाई व पुत्र सम्भाजी को लेकर बँगलूर चले गये। यह घटना सन 1637 की है।

❑❑❑

4

जीजाबाई और शिवाजी पुणे में

जीजाबाई और शिवाजी अपने स्वराज्य-स्थापना की पूर्ति के संकल्प की ओर मजबूती से कदम बढ़ाने के लिए शाहजी की पुणे वाली जागीर में आये। यह जागीर नब्बे मील लम्बी और बारह से चौबीस मील चौड़ाई की पट्टी भर थी। यह सह्याद्रि पर्वतमाला के पूर्व में पूर्व की ओर ढालू थी। सह्याद्रि पर्वत की यह ढाल बड़ी ही कठिन है। कहीं इसमें गहरी कन्दराएँ हैं, तो कहीं बड़े ऊँचे शिखर हैं, जिनकी खड़ी ऊँचाई दिल दहलाने वाली है। इस क्षेत्र में वन भी इतने घनघोर हैं कि जिसमें घुसना दिल कँपा देता है। वर्षा यहाँ मूसल जैसी मोटी धार से बरसती है और यहाँ का वर्षाकाल भी बहुत लम्बा होता है। यहाँ के लोगों को बहुत कठिन जीवन जीना पड़ता था। इसी कारण वे निडर भी होते थे।

इस सारे क्षेत्र को 'बारह मावल' का क्षेत्र कहा जाता था। सैकड़ों वर्षों से यहाँ का शासन देशमुखों के हाथों में था। ये अपने-अपने क्षेत्र के राजा ही होते थे। राज्य पर शासन करने वाली सत्ता मुस्लिम थी। पर यहाँ वह नामधारी सत्ता ही रहती थी। हर देशमुख दूसरे को दबाने की नीयत रखता था और उसके लिए सेना रखता था 'जिसकी लाठी उसकी भैंस' यहाँ का नियम था। सैकड़ों वर्षों से ऐसा ही चल रहा था। प्रजाजन और बलिष्ठ बहुत स्वार्थी व क्रूर हो गये थे। जीवन दिशाहीन था। देश, धर्म जैसी किसी बात से किसी को कोई सरोकार न था। 'जिसकी लाठी उसकी भैंस' के क्रूरतम दो उदाहरण यहाँ प्रस्तुत करना अप्रासंगिक न होगा। 'जेधे' परिवार और 'खोपड़े' परिवार के बीच पीढ़ियों से वैर चला आ रहा था। 'बीदर' के पातशाह से देशमुखी के वतन का फरमान लेकर 'जेधे' आ रहे हैं-यह समाचार कितना ही छिपाने के बाद भी खोपड़े परिवार को मालूम हो गया और 'खोपड़े' परिवार के लोगों ने 'जेधे' को एक सँकरे स्थान पर पकड़ कर काट डाला। जेधे परिवार को जब इस हत्या का पता लगा, तब पूरे परिवार ने इसका बदला लेने की ठान ली। मौका देखते रहे पूरी एक पीढ़ी तक और एक विवाह में दाँव साधकर पूरी बारात काट डाली, औरतों-बच्चों को भी नहीं छोड़ा।

दूसरा एक उदाहरण 'जेधे' व 'बान्दल परिवार' का देखें। इसमें तो दोनों परिवारों ने खुल्लम-खुल्ला युद्ध करने की ठानी। युद्ध के लिए स्थान निश्चित हुआ। उस स्थान की पहचान के लिए एक खम्भा गाड़ा गया। युद्ध के लिए मुहूर्त निकाला गया। एक तरफ से साढ़े बारह सौ लोग, तो दूसरी तरफ से सात सौ लोग इस युद्ध में उतरे। भीषण लड़ाई हुई। दोनों तरफ के तीन सौ लोग इस युद्ध में खेत हुए। शवों को पहचाना गया, जातिवार अलग-अलग किया गया। घरों को तोड़कर उसकी सूखी लकड़ी से शवों को जलाया गया। इतना हो जाने पर गलत किया हुआ कब्जा 'बान्दल' परिवार ने छोड़ा और दोनों परिवारों का वैर मिट गया।

एक अन्य क्रूरतम उदाहरण तो ऐसा कि अपनी कन्या ब्याह कर दूसरे परिवार से रिश्ता जोड़ा। फिर दावत के लिए आये लोगों को भोजन में जहर मिलाकर खिलाया। अपनी लड़की के विधवा हो जाने की चिन्ता नहीं की, क्योंकि दामाद मरे, तो लड़की का तो जायदाद में हिस्सा बनेगा, उसी को बाप भोगेगा।

ऐसे विकट समय में जीजाबाई का बालक शिवाजी को लेकर पुणे में आगमन हुआ। सारे मावल देशमुखों और प्रजा को संगठित कर उन्हें एक दिशा, एक हेतु देना था। ऐसा कई वर्षों बाद होना था। यह कार्य बिना साम, दाम, दण्ड और भेद के नहीं हो सकता था। यह दादोजी कोण्डदेव को अच्छी तरह ज्ञात था। वह उस भूमि के आदमी और सरकारी अधिकारी थे। लोगों की नस-नस से वे परिचित थे। यही साम-दाम दण्ड और भेद का प्रत्यक्ष व्यवहार उन्हें शिवाजी व जीजाबाई को सिखलाना था। शाहजी ने एक समर्थ व योग्य व्यक्ति को चुना था।

परन्तु सबसे पहले पुणे को शुद्ध करना था। कोण्डदेव ने सोने का एक हल बनवाया। लोहे के उस खम्भे को जिसपर फटा जूता लटकाया गया था, उखाड़ा गया और शिवाजी के हाथों जनता-जनार्दन के सामने सोने का हल चलाकर भूमि को जोता गया। भूमि को शुद्ध किया गया। जीजाबाई ने एक पुरातन गणेश मन्दिर का जीर्णोद्धार किया। उसके नियमित पूजा-अर्चना की व्यवस्था की, वैसे ही ज्ञानदेव की आलन्दी की पूजा-अर्चना के लिए भी व्यवस्था की। धीरे-धीरे निवास बनवाये गये। व्यापारियों को बहुत मना-मनाकर सुविधाएँ देकर बसाया गया। वैसे ही जहाँ प्राचीन अन्नक्षेत्र थे, उन्हें चालू करवाया। पुणे के दरगाह और मसजिदों को भी लावारिस नहीं रहने दिया। 'मता' नाम की एक कलाकार के भोजन-पानी की व्यवस्था की। पुणे में आने के बाद ही शिवाजी की शिक्षा-दीक्षा की खोज-खबर जीजाबाई और दादोजी कोण्डदेव ने ली। निवास की व्यवस्था भी करनी थी। दादोजी कोण्डदेव ने इसके लिए उपयुक्त भूमि प्राप्त की और जीजाबाई तथा शिवाजी के बढ़ते जाने वाले परिवार के लिए निवास बनाये।

जीजाबाई और शिवाजी पुणे में सन् 1637 में आये थे। देखते ही देखते यह घटना तीन वर्ष पुरानी हो गयी। शिवाजी दस वर्ष के हो गये। उस जमाने में महाराष्ट्र में इस आयु में लड़कों के विवाह कर दिये जाते थे। अतः शिवाजी का विवाह भी 16 अप्रैल 1640 को कर दिया गया। उनकी पत्नी का नाम सईबाई था। शाहजी राजे की अनुपस्थिति में यह विवाह हुआ और पूरा समाचार उन्हें भेजा गया। परन्तु कुछ ही काल पश्चात् शाहजी राजे ने सबको बँगलूर बुला लिया। फरवरी 1641 को वे सब बँगलूर गये, तब पुणे की देखभाल का जिम्मा 'सिद्दी अम्बर याकुती' के पास था। यह विशेष ध्यान में रखा जाने योग्य तथ्य है। 'याकुती' 14 माह तक शिवाजी की उस जागीर को पूरी ईमानदारी से सँभाले रहा।

शिवाजी के साथ दादोजी व जीजाबाई बँगलूर पहुँचे, तब शाहजी आनन्द विभोर हो गये। उन्होंने अपनी नयी बहू को देखा। विशेष यह कि जिस संकल्प को लेकर जीजाबाई शिवाजी को लेकर गयी थीं, उसमें वह खरी उतरी थीं। यह राजे शाहजी ने जाना, अनुभव किया। निश्चित ही पति ने पत्नी के मुख पर विलक्षण तेज देखा होगा। वे बहुत अधिक उत्साहित हुए। उन्होंने बँगलूर में शिवाजी का दूसरा विवाह करवाया। दूसरी पत्नी का नाम 'सोयराबाई' था।

शाहजी राजे ने भविष्य के छत्रपति के लिए एक राजमुद्रा तैयार करवायी। इस अष्टकोणीय राजमुद्रा पर लिखा था-

प्रतिपच्चंद्रलेखेव। वर्धिष्णु विश्ववंदिता।
शाहसूनोः शिवस्यैषा। मुद्रा भद्राय राजते।

अर्थात् 'प्रतिपदा से बढ़ते जाने वाली चन्द्रकला के समान विश्व जिसका वन्दन करे, ऐसी शाहजी के पुत्र शिवाजी की यह कल्याणकारी मुद्रा है।'

इसके साथ ही शाहजी ने अपने नाम की पुणे की जागीर 'सिऊबा' (शाहजी-जीजाबाई शिवाजी को लाड़ से सिऊबा कहते थे) के नाम कर दी। साथ ही एक स्वतन्त्र राजा की तरह उन्होंने अष्टप्रधान भी शिवाजी के साथ दिये, जिसमें शाहजी को ज्ञात पीढ़ीजात विश्वसनीय व राजकार्य में पटु लोग थे। साथ में अपने महाराजा को स्वतन्त्र ध्वज भी दिया।

ऐसा लगता है कि शाहजी को शिवाजी के रूप में प्रत्यक्ष एक महाराज-एक छत्रपति दिखा था और इसलिए अपनी तरफ से उन्होंने उनको मुद्रा, ध्वज, अष्टप्रधान देकर राज्याभिषेक भी कर दिया। स्वप्नद्रष्टा तो शाहजी थे ही।

14 माह बँगलूर में रहकर लौटीं जीजाबाई का आनन्द कितना हिलोरें मार रहा होगा, इसकी कल्पना भी नहीं की जा सकती। उनके संकल्प और पराक्रम

को समझा गया था, उन्हें अपने मन की करने की जो इच्छा थी, उसका उन्होंने भरपूर उपयोग कर एक नयी सृष्टि निर्मित की थी। उन्हें उनके पति ने शिवाजी को ध्वज, मुद्रा, धन-सम्पत्ति आदि देकर पूरे मन से सराहा था।

छत्रपति की शिक्षा-दीक्षा

जीजामाता और उनके पुत्र शिवाजी जन्म से लेकर छह वर्ष अखण्डित रूप से साथ रहे। जीजाबाई के मन में जिस शक्तिपुंज शिवाजी का चित्र बना था, उसके अनुसार उसे गढ़ने में जीजाबाई को भरपूर समय मिला और उन्होंने अपने पुत्र को वह शिक्षा-दीक्षा दी, जो निश्चित ही किसी भी भारतीय पुत्र को नहीं मिली।

सार्वजनिक अनुभव की बात यह है कि जीवन के विकास में 'दृष्टि' का स्थान अनुपम रहता है। 'दृष्टि' में जीवन का सार है। एकाग्रता उसका प्रमुख तत्त्व है ही, परन्तु वस्तु, व्यक्ति, स्वभाव, प्रकृति में भेद भी दृष्टि से ही आता है। स्वाभिमान और दासता भी वास्तव में 'दृष्टि' का ही खेल है।

सारा राजपुताना अपनी बेटियाँ मुगल हरम में पहुँचाने के बाद भी मूँछें ऐंठता रहता था। परम दासता उसकी दृष्टि में स्वाभिमान रहा था, जबकि शिवाजी तो शिवाजी, उनके बाबा, दादा या ससुर-साले ने मुस्लिम सत्ता की नौकरी करने के बाद भी अपनी बेटियाँ अपने मालिक मुसलमान शाहों के यहाँ नहीं पहुँचाई। उनकी दृष्टि में यह घृणित कार्य था।

इस तरह की व्यापक सोच वाली दृष्टि तैयार करने की प्राथमिक और अनिवार्य शिक्षा जीजाबाई ने ही शिवाजी को दी। चातुर्य और धीरज की शिक्षा भी किसी विद्यालय में नहीं मिलती, न मिल सकती है। वह भी माता की ही शिवाजी को देन थी। इस तरह शिवाजी को जीजाबाई ने वे पाठ पढ़ाये, जो एक दूरदर्शी, राजनीति में पली-बढ़ी और वर्तमान सत्ता से गुस्साई माँ, जिसमें ममता और कठोरता का सन्तुलन हो, वही पढ़ा सकती है। शिवाजी को धर्मनिष्ठा और ईश्वरभक्ति का पाठ भी उन्होंने पढ़ाया। धर्म में घुसता पोंगापन और भेदाभेद का भी सूक्ष्म परिचय उन्होंने कराया। 'अपशगुन' जैसी मान्यता का शिवाजी के जीवन में कभी स्थान नहीं रहा। वैसे देखा जाये, तो शिवाजी के गर्भ में आने बाद से जो संकट उनके माँ-बाप पर आये, उससे तो वह अपशगुनी बालक ही कहा जा सकता था, पर जीजाबाई ने वैसा नहीं माना।

स्त्री के प्रति मातृभाव का बीजारोपण करने के साथ ही अन्याय के प्रति क्रोध भी जीजाबाई के द्वारा शिवाजी को दी गयी शिक्षा का प्रताप रहा, यह एक सत्य है।

अपने धर्म व धर्मस्थान के प्रति पूरी निष्ठा रखते हुए भी दूसरे धर्म के प्रति मित्रभाव या आदरभाव शिवाजी ने हमेशा बरता। ऐसी शिक्षा उन्हें उनकी माँ के सिवाय कौन दे सकता था?

शिवाजीचरित के अनेक ग्रन्थकारों ने दादोजी कोण्डदेव को शिवाजी का गुरु कहा है, पर 'शककर्ता शिवराय' नामक ग्रन्थ के लेखक श्री विजय देशमुख ने अपनी पुस्तक में उपर्युक्त मान्यता को तोड़ते हुए शिवाजी के लिए नियुक्त शिक्षक का नाम 'महादेव भट्ट महाभास' लिखा है और मजे की बात यह है कि यह नियुक्ति दादाजी कोण्डदेव ने ही की थी। देशमुख ने 'महाभास' का शिक्षककाल बाँधकर सन् 1639 तक का कहा है। '39' के अर्थ हुए शिवाजी का नौ वर्ष का होना। यह शिक्षा के लिए अल्पवय है। मेरी मान्यता है कि उस समय नियुक्त शिक्षक कई-कई वर्षों तक शिक्षक बना रहता था और शिक्षा दान करता रहता था।

दादाजी कोण्डदेव का शिवाजी के जीवन में अनन्य व असाधारण महत्त्व था, उसकी चर्चा हम इसी प्रकरण में करेंगे, पर पहले महाभास गुरुजी ने शिवाजी को क्या-क्या सिखाया, इसे देख लेते हैं।

महाभास गुरुजी से शिवाजी ने तत्कालीन व्यवस्था के अनुसार घोड़े पर चढ़ लम्बी दौड़ लगाना, घोड़े की परीक्षा करना, उसका दाना-पानी आदि देखना सीखा। उस काल में एक सैनिक और राजनेता के लिए घोड़ा दूसरा प्राण होता था। घोड़े के साथ ही हाथी पर चढ़ना, उसको चलाना, उन्होंने सीखा। शरीर बलवान बनाने के लिए तरह-तरह के व्यायाम करने, किले व पहाड़ पर चढ़ने-उतरने के साथ ही कुश्ती भी उन्होंने सीखी।

उस समय के शस्त्र तलवार, भाला, बर्छी, धनुषबाण आदि चलाना उन्होंने गुरुजी से सीखा। उनका तगड़ा अभ्यास किया। बाद में भी करते रहे। इन सबके साथ ही महाभास गुरुजी ने रामायण, महाभारत, इतिहास की कथाओं से भी उन्हें परिचित कराया। महाभास गुरुजी ने संस्कृत, फारसी लिखना, पढ़ना, गणित आदि भी सिखलाया।

उस समय के राजकुमारों को इसके साथ ही राजनीति, न्यायनीति, वास्तुविद्या आदि के साथ दुर्ग अभेद्य करना, विषविद्या और रत्नपरीक्षा भी सिखलायी जाती थी। ये सब विद्याएँ भी महाभास गुरुजी ने शिवाजी को सिखायीं।

एक प्रश्न बहुत समय तक शिवाजी के ग्रन्थकारों, इतिहासकारों को सताता रहा, वह यह कि शिवाजी पढ़ना-लिखना जानते थे या नहीं? परन्तु अब इसके सम्बन्ध में विपुल साक्ष्य सामने आ चुकी है और यह प्रमाणित हो चुका है कि

शिवाजी हर तरह से पढ़ना-लिखना जानते थे, परन्तु उन्होंने केवल अपनी मातृभाषा 'मराठी' ही सीखी।

जीजाबाई की जिद पर जब शिवाजी और जीजाबाई का शाहजी और सम्भाजी के साथ बँगलूर न जाते हुए पुणे जाना निश्चित हुआ, तब शाहजी राजे ने दादोजी कोण्डदेव को माहुली बुलवाया। दादोजी वास्तव में आदिलशाही की ओर से नियुक्त पुणे परगने के सूबेदार थे। शाहजी की छोटी-सी जागीर उन्हीं के अधिकार क्षेत्र में थी। शिवाजी-चरित्र के किसी भी लेखक ने दादोजी कोण्डदेव के जीजाबाई और शिवाजी का एक तरह से अभिभावक बन पुणे जाने की घटना एक राजनीतिक दाँव था, ऐसा नहीं कहा है। पर मैं सोचने को बाध्य हूँ कि मुसलमानी सत्ता को लगायी गयी यह पहली सेंध थी। इस निर्णय के पीछे शाहजी या जीजाबाई में से किसका मस्तिष्क था, इसकी खोज करना निरर्थक है। पर, यह निश्चित ही राजनीतिक चतुराई का शातिर दाँव था।

दादोजी कोण्डदेव की मृत्यु सन् 1647 में हुई और शिवाजी की अभिभावकी उन्होंने सन् 1636 में स्वीकारी। वे बरसों पूर्व से आदिलशाही के अधिकारी थे। दुश्मन के ऐसे घुटे हुए अधिकारी को अपनी तरफ मिला, पुणे परगने के अन्दर की सारी राजनीति को अपनी तरफ मोड़ कर, एक तरह से शिवाजी, जीजाबाई व शाहजी ने स्वराज्य की नींव पक्की की।

दादोजी कोण्डदेव ने अगले ग्यारह वर्ष स्वराज्य की नींव पक्की करने के सारे हुनर माँ-बेटे को न केवल सिखाये, बल्कि जमीन पर उतार कर दिखाये। स्वराज्य की नींव पक्की करने में उनका योगदान इस तरह अतुलनीय रहा।

जन्म सन् 1630 से 1647 (कोण्डदेव की मृत्यु) तक के काल को शिवाजी की शिक्षा-दीक्षा का काल मानें, तो सत्रह वर्ष में जो शिक्षा उन्होंने पायी, वह पूरी तरह अभूतपूर्व थी। यह उसके बाद के उनके चरित ने सप्रमाण सिद्ध किया। इतिहास ने उसे हाथ कंगन की तरह देखा।

शिवाजी की राजनीतिक पैंतरेबाजी, अद्भुत साहस, चमत्कारी व्यवहार, समय को दूर तक परखने की गहरी दृष्टि, आदर्श व्यवहार, स्त्रियों के प्रति उनकी विश्वप्रसिद्ध उदारता (औरंगजेब जैसे कट्टरशत्रु ने भी उनकी मृत्यु के बाद शिवाजी के इस गुण की प्रशंसा की थी) सारा कुछ उनकी शिक्षा-दीक्षा से उपजे फल थे।

❑❑❑

5

स्वराज्य-स्थापना की ओर

पिता शाहजी राजे ने अपने पुत्र को एक तरह से सत्तासीन महाराजा ही बनाकर वापस पुणे भेजा, यह पिछले प्रकरण में ही हमने देखा। शिवाजी व जीजाबाई की स्वराज्य-स्थापना के सम्बन्ध में जो दूरदृष्टि थी, वह अनन्य और अधिक स्पष्ट व दृढ़ हुई।

जैसा कि पहले प्रकरण में कहा गया है, शिवाजी की जागीर में मावली सूबेदारों का उद्दण्ड शासन तब जारी था। उन सूबेदारों को अपने अधीन करने का विकट काम अब उन्हें करना था। सालों-साल अपने-अपने क्षेत्र के राजा की हैसियत से रहने वाले ये वतनदार क्यों किसी स्वराज्य की कल्पना के पीछे लग कर अपने हाथ कटायें? पर स्वराज्य-स्थापना के लिए भूमि तैयार करने से पहले उन मावली सरदारों पर अपना आधिपत्य लादना शिवाजी को अति जरूरी था। एक-एक को साम, दाम से घेरने का प्रयास करना आरम्भ किया गया। जो कच्चे थे, उनको पीट-पाट कर शरण में लाया गया, पर कुछ बलजोर भी थे। उनमें से एक था-'कृष्णाजी नाइक बान्दल'। तीन पीढ़ियों से 'बान्दल' उस क्षेत्र का राजा था।

आखिर उसे फुसलाकर कोण्डाणा किले पर लाया गया। मनाने की लाख कोशिश की, नहीं माना। तब बोरी में भरकर चौरंग कर दिया अर्थात् हाथ-पाँव तोड़ डाले। ऐसे क्रूर उपाय न करते, तो एक भी सिरजोर शिवाजी की बात न मानता और स्वराज्य-स्थापना का संकल्प स्वप्न ही बना रहता। कृष्णाजी नाइक के हाल देखकर उसका एक साथी जो पहले गुण्डई करता था, शिवाजी राजा से मिल गया। उसका नाम 'बाजीप्रभू देशपाण्डे' था। शिवाजी के इतिहास में इसका नाम अजर-अमर हो गया और अमर हो गयी वह पावनभूमि, जहाँ उसने आत्मसमर्पण किया। इसका इतिहास आगे कहा जायेगा।

इस अभियान में दो देशमुख स्वयं प्रेरणा से शाहजी-शिवाजी के साथ आये। एक थे 'कान्होजी नाइक जेधे'। शाहजी के भक्त जिन्होंने शाहजी का साथ हमेशा देते रहने की शपथ, उस समय प्रचलित विधि-विधान से ली थी। शाहजी ने

उन्हें शिवाजी को सौंप दिया। 'कान्होजी नाइक जेधे' के ससुर 'बाजी पासलकर' ने भी स्वयं प्रेरित होकर स्वराज्य-स्थापना के कार्य से अपने को जोड़ा। इन दो भरोसेमन्दों का साथ मिलने से और 'कृष्णाजी बान्दल' की गुण्डई समाप्त होने से 'बारह मावल' क्षेत्र के सारे देशमुख स्वदेश-भावना से प्रेरित हो गये। दादोजी कोण्डदेव ने इन सबको शिवाजी के साथ बड़े स्नेह से जोड़ा।

शिवाजी स्वयं भी लोकसंग्रह में जुटे थे। प्रामाणिक मराठों से वे मिलते, स्नेह से उनका आदर रखते हुए बात करते, पत्र लिखते, उनको बुलवाकर उनसे मिलते या उनके स्थान पर जाकर उनसे मिलते। जो भी राजा की बातें सुनता, समझता, वह यह निश्चय करता कि अब इन्हीं का साथ देना चाहिए। प्राण भी जाये, तो चिन्ता नहीं। इनकी सेवा कर इनके आदेश मानें, ऐसा सम्पूर्ण मावल क्षेत्र का मन हो गया।

मावल घाटी के देशमुखों को संगठित या वास्तव में अपने अधीन कर लेने के बाद दादोजी ने किलों पर ध्यान देना शुरू किया। जागीरदार का अधिकार केवल भूमि पर माना जाता था, सारे किले सल्तनत के अधिकार में आते थे। शिवाजी की जागीर के सारे किले इस तरह आदिलशाही के ही थे। उस समय की राज्यव्यवस्था के अनुसार खुले मैदान की अपेक्षा किलों का ही महत्त्व था।

सार्वभौम सत्ता की स्थापना के लिए किलों पर अधिकार करना आवश्यक था, परन्तु वैसा करने का प्रयास करना आदिलशाह से बगावत करने जैसा था। इसलिए दादोजी हर कदम फूँक-फूँक कर रखते, किलों पर कब्ज़ा करने का कार्य जारी रखे थे। इस तरह उन्होंने सबसे पहले 'कुँवारीगढ़' किला अपने कब्जे में लिया। वैसे ही एक बेबसाऊ किला (जिसमें कोई बस्ती नहीं थी) जिसका नामकरण बाद में 'राजगढ़' किया गया, सन् 1641 में दादोजी ने चुपके से इसे अपने कब्जे में किया। परन्तु इसी समय आदिलशाह दरबार के शाहजी के एक आधारस्तम्भ 'रणदुल्ला ख़ान' का (अगस्त 1643 में) निधन हो गया। उसके दिवंगत होते ही दरबार में शाहजी का पक्ष कमजोर पड़ गया और उनके शत्रुपक्ष के मुस्तफ़ा ख़ान, अफ़ज़ल ख़ान और बाजी घोरपड़े का पलड़ा भारी हो गया।

अफ़ज़ल ख़ान शाहजी राजे के साथ कर्नाटक में ही था, उसने-'शाहजी शत्रुपक्ष से मिला हुआ है'-यह बात दरबार को लिख भेजी। शत्रुपक्ष ने और भी कई गलत बयानी दरबार में पेश की। इस पर दरबार में हाजिर होने का शाहजी राजे को हुक्म हुआ। शाहजी राजे ने टाल-मटोल शुरू की। अपना वकील दरबार में भेजा। आदिलशाह ने वकील का हाथ ही कटवा दिया।

शाहजी ने आदिलशाही नौकरी ठुकरा दी। उनके साथ सैय्यद रेहान, सैय्यद याकूत नामक सरदार भी थे। बीच-बचाव की कोशिशें बेकार हो गयीं। दरबार ने 1 अगस्त 1644 को एक फर्मान जारी किया। आदेश हुआ कि शाहजी भोंसले, दादोजी कोण्डदेव आदि को नेस्तनाबूत करके उनकी जागीर जप्त की जाये और यह काम शाहजी के शत्रु घोरपड़े बन्धुओं को सौंपा गया। घोरपड़े बन्धु सेना के साथ पुणे पर आक्रमण करने आ रहे हैं, यह समाचार शिवाजी राजा व दादोजी कोण्डदेव को मिला।

पुणे परगने की बर्बादी टालने के लिए खुले में संघर्ष टालने की नीति कोण्डदेव ने निश्चित की और पुणे परगना घोरपड़े बन्धुओं को सौंप दिया। घोरपड़े ने पुणे परगने का कारोबार 'त्र्यम्बकजी राजे' को सौंप दिया और दादोजी कोण्डदेव व शिवाजी अपना परिवार लेकर पड़ोस के 'रोहिडेश्वर पहाड़' पर आ गये। लड़ाई वहाँ से जारी रखी जानी थी।

घोरपड़े के इस आक्रमण से सहज ही स्वराज्य-स्थापना के कार्य को गति मिली। रोहिडेश्वर पहाड़ पर 'रायडेश्वर' का देवस्थान है। इस देवस्थान में आकर शपथ-प्रतिज्ञा आदि करने की पुरानी परम्परा थी। अनायास ही शिवाजी के सभी (वरिष्ठ-कनिष्ठ) संगी-साथियों के इस देवस्थान पर आ जाने से, दादोजी की साक्षी में इन सब लोगों ने स्वराज्य-स्थापना की विधिवत् शपथ ली। 'हिन्दवी स्वराज्य की स्थापना ही हमारे जीवन का ध्येय है'-ऐसा घोष उच्चस्वर में किया गया।

'रायडेश्वर पर शपथ-विधि हो जाने पर शिवाजी ने राजगढ़ पर हजार-पन्द्रह सौ लोगों को इकट्ठा किया और वे रोहिड़ा पहाड़ पर से उतरकर रोहिड़ा के किले में घुस गये।

एक बात बहुत मजेदार यह है कि निजामशाही और आदिलशाही की सीमाएँ हमेशा मिलती रहती थीं। पुणे को घोरपड़े कब्जा रहे थे, तब शिवाजी ने आदिलशाही से लगे हुए निजामशाही के क्षेत्र पर अपना कब्जा बनाना शुरू किया। रोहिड़ा व राजगढ़ के आसपास के क्षेत्र पर शिवाजी ने अपनी सत्ता स्थापित की। इसके साथ ही पुणे महल में भी उन्होंने घोरपड़े के विरुद्ध मुहिम चलायी। उसको हर कदम वे परेशान करते रहे।

जिन झूठे आरोपों के कारण शाहजी ने आदिलशाही की नौकरी छोड़ी, उसकी जाँच स्वयं आदिलशाह ने ही की। आरोप आधारहीन होने की बात सामने आयी, तब पातशाह ने शाहजी को आदरसहित 5 लाख होन (शिवाजी के काल में दक्षिण में प्रचलित सोने का सिक्का, उत्तर की अशरफी-इसका मूल्य चार रुपये के बराबर था) की बँगलूर की जागीर उनको लौटा दी।

शाहजी राजे के कारण ही पुणे पर जो संकट आया था, उसका भी निराकरण हो गया। दादोजी कोण्डदेव पुनः आदिलशाही सत्ता में आ गये, यह केवल दिखावे की बात थी, यह पाठकों को ज्ञात ही होगा।

यह संघर्ष एक वर्ष चला, पर इससे एक तो स्वराज्य-स्थापना कार्य में गति आयी और शिवाजी अनुभवप्राप्त राजा हो गये। वर्ष 1645 का यह अन्तिम समय था और इसी समय से शिवाजी ने स्वतन्त्रता से कामकाज देखने, न्यायकार्य करने प्रारम्भ किये।

उनके सामने एक प्रकरण आया, जिसमें राँझे गाँव के एक पटेल ने एक महिला पर बलात्कार किया। शिवाजी राजे ने उसे दरबार में बुलाया। प्रकरण सिद्ध होते ही, उसे पटेली से हटा दिया और उसके हाथ-पैर कटवा दिये।

अब वह बिन हाथ-पैर का भूखा-प्यासा रहने को मजबूर था। उसे कोई सन्तान भी नहीं थी, इसलिए जो इसकी सेवा करे, उसे उसकी पटेली बहाल करने की घोषणा शिवाजी राजे ने की और सेवाकार्य स्वीकार करने को तैयार एक युवक को राँझे गाँव की पटेली सौंप दी। कितना उत्तम न्याय हुआ?

ऐसे कितने ही प्रकरणों की सुनवाई और निर्णय कभी शिवाजी तो, कभी जीजाबाई करतीं। उनके न्याय-दान से प्रजा सन्तुष्ट हो, उनका जयजयकार करने लगी थी।

राजा शिवाजी व आऊ साहेब (जीजाबाई को उनके पुत्र शिऊबा इसी नाम से बुलाते थे) के प्रशासन का महत्त्वपूर्ण विशेष था-अनुशासन, स्वच्छ प्रशासन और प्रजावत्सलता। स्वराज्य में गुण्डागर्दी, उत्पात व्यभिचार, खूनखराबा, प्रतिबन्धित था। स्वधर्म का पालन सारी जनता आनन्द से कर सकती थी। 'हिन्दवी स्वराज्य' इसी कारण तीव्र गति से फलने-फूलने लगा। सामान्य जन भी स्वराज्य को सहयोग देने में हिचकते नहीं थे और यही अब तक किये गये प्रयासों का मधुर फल था।

1646 में दादोजी कोण्डदेव शाहजी से मिलने कर्नाटक गये। किस अनिवार्यता के कारण? यह लम्बी यात्रा वृद्धावस्था में उन्होंने की, इसका खुलासा इतिहास में नहीं मिलता। पर, कर्नाटक से वे प्राणलेवा बीमारी लेकर ही आये और 7 मार्च 1647 को उन्होंने प्राण त्यागे। शिवाजी और जीजाबाई को परम दुःख हुआ। यदि स्वराज्य-निर्माण की नींव में दादोजी कोण्डदेव का सहयोग न होता, तो कुछ भी न होता, यह यथार्थ स्थिति रही। कोण्डदेव ने बिस्तर पकड़ा। उनके बिस्तर पर पड़ने के बाद से शिवाजी ने उनकी सेवा पुत्र से भी अधिक सेवाभाव से की। शिवाजी से राजा बने, शिवाजी के निर्माण में कोण्डदेव का अनन्य सहयोग रहा था।

❑❑❑

6

जावली पर कब्जा

सह्याद्री पर्वतमाला के पूर्वी ढाल पर नवोदित राजा शिवाजी का पूर्ण कब्जा हो गया था। वहाँ का बन्दोबस्त शिवाजी की कल्पना के अनुसार होने लगा था। सारे भारत में यह अकेली भूमि पट्टी थी, जहाँ एक स्वयं स्थापित हिन्दूराजा का धर्मानुसारी शासन प्रारम्भ हो गया था। इस भूमि व प्रजा को युद्ध से बचाने, के पहले घोरपड़े बन्धुओं के आक्रमण के समय युद्ध न कर शिवाजी रोहिड़ा के पर्वत के आश्रय में चले गये थे और फ़तह ख़ान के आक्रमण के समय अपनी सीमा से काफी आगे बढ़ शिवाजी ने फ़तह ख़ान को पराजित किया था। यह कहानी इस पुस्तक में सबसे पहले ही दी गयी है। प्रजा को इस तरह युद्ध से होते नाश से बचाने वाला और फिर भी शत्रु की शरण में न जाने वाला राजा मिला, यह उनका परम सौभाग्य ही था।

आदिलशाह ने शाहजी राजे को कैद से मुक्त तो किया, पर उन्हें एक तरह से बीजापुर में ही रोक रखा। ऐसा कर के सुल्तान ने शिवाजी के हाथ-पाँव बाँध दिये। पर, यह स्थिति अधिक समय तक बनी न रह सकी। आदिलशाह के एक सरदार मीर जुमला ने कर्नाटक में बखेड़ा खड़ा किया। उसको ठीक करने के लिए सन् 1655 के प्रारम्भ में शाहजी राजे को आदिलशाह ने फिर बँगलौर भेजा।

इस बीच के काल में अर्थात् सन् 1648-1655 करीब सात वर्ष शिवाजी प्रजारंजन में लगे रहे। देवमन्दिरों, सत्पुरुषों, साधुसन्तों की सेवा करने, उन्हें भूमि आदि दान करने तथा दौलत और इनाम आदि के झगड़ों को निपटाने में तथा एक तरह से अपने स्वराज्य को मजबूत करने में शिवाजी लगे रहे। जिस बेबसाऊ किले 'राजगढ़' को दादोजी कोण्डदेव ने चतुराई से शिवाजी को दिलवाया था, उसके निर्माण के कार्य पर भी शिवाजी ने ध्यान दिया।

सह्याद्रि पर्वतमाला का पश्चिमी ढाल सीधे समुद्र तक जाता है और आज दक्षिण कोंकण कहलाता है। तब यह 'जावली' के नाम से जाना जाता था। इस क्षेत्र पर मोरे घराने का आठ पीढ़ियों से कब्जा था। वैसे यह भाग मोरे परिवार को सुलतान ने जागीर में दिया था, पर आठ पीढ़ी तक निरन्तर शासन करते रहने के कारण मोरे

परिवार वहाँ का शासक ही हो गया था। उनके पास 10-12 हजार की सेना थी। महाड़ से महाबलेश्वर और आज के सातारा जिले के काफी कुछ भाग पर उनका कब्जा था। उस वैभवशाली भूभाग को अपने अधीन कर लेने की इच्छा शिवाजी को न होती, तो ही आश्चर्य होता। वैसे भी स्वराज्य का विस्तार उन्हें करना ही था।

पड़ोस के इस क्षेत्र पर शिवाजी की नजर पहले से थी। जावली में कुछ समय पूर्व सत्ता-संघर्ष हुआ था, तब शिवाजी ने कृष्णराव चन्द्रराव मोरे को अपना मोहरा बनाकर गद्दी पर बैठाया था। पर कृष्णराव बेईमान निकला। शिवाजी का बैठाया मोहरा उलट गया। वह शिवाजी को कुछ भी मानने से इनकार करने लगा। इतना ही नहीं, शिवाजी से मित्रवत् व्यवहार करने वाले जावली क्षेत्र में रहने वाले लोगों को वह चुन-चुन कर देश-निकाला देने लगा। शिवाजी के राज्य के एक बलात्कारी को उसने शरण भी दी। उसका हौसला बढ़ा तो वह शिवाजी के राज्य पर आक्रमण भी करने लगा। सीमा में घुस कर उसने एक आदमी का खून भी किया।

फ़तह ख़ान की मुहिम में शिवाजी का एकनिष्ठ साथ देनेवाले 'शिलिमकर' के कान (शिलिमकर 'कृष्णराव' के भानजे थे) वह शिवाजी के विरुद्ध भरने लगा। यह समाचार जब शिवाजी को मिला, तब उन्हें बड़ा दु:ख हुआ। उन्होंने शिलिमकर का मन साफ करने के लिए जो पत्र लिखा, वह इतिहास का एक पन्ना (साक्ष्य) है। पर विस्तारभय से हम उसे यहाँ नहीं दे पा रहे हैं। पानी सिर से ऊपर जाता देख शिवाजी ने कृष्णराव को कड़ा पत्र लिखा, जिसका जबाव उसने भेजा-"कल आ रहे हो, तो आज आ जाओ। हम कोंकण के राजा हैं। उपाय करने आओगे, तो अपाय होगा। यश के स्थान पर अपयश होगा।"

शिवाजी की समझ में आ गया कि सीधी तरह बात बनेगी नहीं, पर वे जानते थे कि जावली पर आक्रमण सरल नहीं था। सुलतान और इस क्षेत्र का सरसूबेदार अफ़ज़ल ख़ान उसका रक्षक था तथा शाहजी पूर्ण मुक्त नहीं हुए थे। लेकिन मीर जुमला के बन्दोबस्त के लिए जब शाहजी राजे, अफ़ज़ल ख़ान आदि लोग कर्नाटक गये, तब सुअवसर आया। रघुनाथ बल्लाल सबनीस, सम्भाजी कावजी कोंढालकर, सूर्यराव काकड़े, कान्होजी नाइक जेधे, बान्दल देशमुख, शिलिमकर देशमुख आदि को लेकर शिवाजी ने जावली पर हमला बोल दिया।

चन्द्रराव मोरे की ओर से प्रतापराव मोरे, हणमन्तराव मोरे, बाबाजी राऊ व मुरारबाजी देशपाण्डे रण में उतरे। पर कृष्णराव चन्द्रराव मोरे शिवाजी से डर गया और अपने परिवार को लेकर 'रायरी किले' पर जाकर छिप गया। (शिवाजी ने रायरी पर कब्जा करने के बाद उसका नाम बदलकर रायगढ़ किया और अपने स्वराज्य की राजधानी उसे ही बनाया) 15 जनवरी 1656 का वह दिन था।

पूरी व्यवस्था लगाने के लिए शिवाजी ढाई माह तक जावली में ही रहे। सूबेदार, मजूमदार नियुक्त किये, सेना में नयी भर्ती की, जागीर के दूसरे झगड़े-टण्टे सुलझाये। इतना करके शिवाजी 'रायरी' गये। कृष्णराव चन्द्रराव मोरे को युक्ति से किले के नीचे उतारा, उसका सम्मान किया। शिवाजी की इच्छा थी कि चन्द्रराव के पास कुछ सेना रखें, उन्हें जावली लौटा दें, वे नौकर की तरह रहें, बुलाने पर आ जायें, पर यह न हो सका। वे कैद से भागे और मारे गये। इस चढ़ाई में शिवाजी को भूमि, वस्तु लाभ के साथ व्यक्ति लाभ भी मिला। मुरारबाजी देशपाण्डे, त्र्यम्बकजी, शंकराजी, सम्भाजी व महादजी जैसे वीर पुरुष मिले। शिवाजी ने इनकी वीरता को तभी परखा था।

शिवाजी को जावली प्राप्त होना हिन्दवी स्वराज्य की दृष्टि से बहुत लाभदायक और महत्त्वपूर्ण घटना थी। 'जावली' स्वराज्य में मिल जाने से स्वराज्य का आकार दुगुने से अधिक हो गया। कोंकण के सारे मार्गों पर कब्जा हो जाने से अरबी समुद्र के रास्ते होने वाले सारे व्यापारी, प्रवासी, लश्करी आवाजाही पर नियन्त्रण प्राप्त हो गया। यह भाग शत्रु के लिए दुर्गम था। शिवाजी को यहाँ अमित धन भी प्राप्त हुआ। स्वराज्य का खजाना समृद्ध हुआ। जावली का दुर्गम क्षेत्र अधिक सुदृढ़ करने के लिए शिवाजी ने 'भोरप्पा' नामक पहाड़ी पर किला बाँधने का आदेश मोरोपन्त पिंगले को दिया। मोरोपन्त ने पहाड़ और उसका परिसर देखा तथा वे चकित रह गये। राजे की दृष्टि अनुपम थी। किला बाँधे जाने पर इस किले का नाम 'प्रतापगढ़' रखा गया। यह किला आज के रायगढ़ जिले के दक्षिण में है। महाबलेश्वर इसके पास पूर्व में है।

जावली पर कब्जा हर तरह से आदिलशाह पर सीधा आक्रमण था। उस पर वहाँ किला बाँधना, राज्य बनाना, अपने राज्य में जोड़ना और भी बड़ा अपराध था, पर बीजापुर ने इसका किसी तरह विरोध नहीं किया, क्योंकि समय आदिलशाह के लिए प्रतिकूल, तो राजा शिवाजी के लिए बहुत अनुकूल था। आदिलशाह अन्तिम घड़ियाँ गिन रहा था। राजनीति आपाधापी में फँसी थी। बड़े वजीर के साथ जावली के सर सूबेदार अफ़ज़ल ख़ान भी कर्नाटक में फँसे थे।

4 सितम्बर 1656 को शिवाजी का छठा विवाह हुआ। सारे आनन्द में थे लेकिन एक दुःखद घटना भी हुई। शिवाजी के बड़े भाई सम्भाजी की मृत्यु तोप का गोला लगने से हो गयी। इसके लिए शिवाजी व जीजाबाई ने अफ़ज़ल ख़ान को ही दोषी माना। जावली छिन जाने से ही उसने बदला लेने के लिए यह कृत्य किया-ऐसा इन दोनों की और सबकी सोच थी।

❑❑❑

7

मोहिते मामा

राजा शिवाजी की दूरदृष्टि, जागरूकता और अपने निर्णय को कठोरता से (बिना किसी रक्त-सम्बन्धों पर ध्यान दिये) लागू करने की अनुपम क्षमता थी। मोहिते मामा की संक्षिप्त कथा उनके इन्हीं गुणों को सार रूप में व्यक्त करती है।

सीमा पर दुर्बल, अन्यायी, भ्रष्टाचारी अधिकारी का होना स्वराज्य के लिए कभी भी घातक सिद्ध हो सकता है, यह राजनीतिपटु शिवाजी जानते थे।

पुरन्दर के पूर्व में 'सुपे' नामक किला था। यह किला शाहजी की जागीर का हिस्सा था, परन्तु स्वराज्य में नहीं था। इस किले को शाहजी राजे ने अपने साले (दूसरी पत्नी तुकाबाई के भाई) सम्भाजी मोहिते को सौंप रखा था। इस किले की विशेषता यह थी कि यह आदिलशाह की राजधानी बीजापुर से पुरन्दर आने के मार्ग पर था। जावली पर शिवाजी का कब्जा हो जाने के बाद स्वराज्य पर आदिलशाही के आक्रमण का खतरा पैदा हो गया था। ऐसे में 'सुपे' नाजुक स्थिति में आ गया था। इस मार्ग पर पड़ते स्वराज्य के किलों को मजबूत रखना, स्वराज्य की रक्षा के लिए आवश्यक था।

शिवाजी चाहते थे कि 'मोहिते मामा' स्वराज्य-निष्ठा की शपथ लें, मेल बढ़ायें, शक्ति बढ़ायें, पर वे मामा थे, चाहे सौतेले ही क्यों न हों। बखेड़ा खड़ा करने और घूसखोरी में निपुण थे। फिर भी उन्हें विश्वास था कि शिवाजी, मामा जैसे निकट सम्बन्धी का अवश्य आदर करेगा। शिवाजी प्रत्येक स्वराज्यद्रोही व्यक्ति को अपराध सिद्ध होने पर कठोर दण्ड देते थे। फिर वह व्यक्ति दूर-पास का नाते-रिश्तेदार ही क्यों न हो। अपनी इसी नीति के अधीन शिवाजी ने सुपे पर आक्रमण किया। मामा को कैद किया और उनको शाहजी राजे के यहाँ आदर सहित भिजवा दिया। किले में बहुत-सा द्रव्य, कपड़ा और तीन सौ घोड़े मिले, जिन्हें जप्त किया गया। सुपे 28 अगस्त, 1656 को स्वराज्य में आया।

मोहिते मामा से जुड़ा एक अन्य मनोरंजक किस्सा भी हम यहाँ दे रहे हैं। यह किस्सा मोहिते मामा के चरित्र का तो बखान करता ही है, उस समय की न्याय-पद्धति और झगड़े-टण्टे के स्वरूप पर भी प्रकाश डालता है।

सोना-चाँदी व भूमि को गिरवी रख या बेचकर आड़े समय में पैसा प्राप्त किया जाता है, यह सबको मालूम है पर, तब जिनके पास यह सब नहीं है और कोई वृत्ति है, तो उसे ही बेचा या ग़िरवी रखा जाता था। (वृत्ति माने-नियमित जीविका प्राप्त करने हेतु शासन मान्य एकाधिकार। ग्रामीण व्यवस्था में ऐसी कई वृत्तियाँ तब होती थीं।)

सन् 1620 में महाराष्ट्र में पड़े अकाल में एक गाँव के ज्योतिषी और कुलकर्णी पर अकाल की मार ऐसी पड़ी कि उसे अपनी ज्योतिषी और कुलकर्णी की वृत्ति बेचनी पड़ी। उसने गाँव के ही एक तिमाजी नामके व्यक्ति को वह दोनों वृत्तियाँ बीस होन (अशरफी) में बेच दीं। जिसने इस तरह वृत्ति बेची, उसके मरने के बाद उसके दो लड़कों ने यह चाहा कि बेची हुई वृत्ति वापस ले ली जाये, पर शायद तब ऐसा किया नहीं जा सकता था। अतः उन लड़कों के पास सिवाय छल-प्रपंच करने के अन्य कोई रास्ता नहीं बचा था। वे दोनों किलेदार मोहिते मामा के पास गये, उनको बात बतायी। मामा ने एक घोड़ा और 45 होन नगदी घूस लेकर काम कर देने का आश्वासन दिया।

वृत्ति के खरीददार तिमाजी को मामा ने बुलवाया, उसके साथ मारपीट की और उसे बन्द कर दिया। वह मानने को तैयार नहीं था, फिर भी उसकी मुट्ठी में बीस होन ठूँसकर उससे वृत्ति का कागज छीन लिया और जिनसे घूस ली थी उनको दे दिया।

तिमाजी शाहजी राजे के पास पहुँचा, उन्हें अपनी कथा सुनायी। शाहजी ने 7 दिसम्बर 1655 को पत्र लिखकर यह झगड़ा गोतसभा (पंचायत) में निपटाने के आदेश दिये। तिमाजी शाहजी का पत्र लेकर आ रहा था, तब उसे 'मामा' को हटा दिये जाने का समाचार मिला, तो वह शिवाजी से मिला। शिवाजी ने उन दोनों लड़कों रामाजी व विसाजी को गोतसभा में बुलवाया और पूछा-''वृत्ति बेचकर जो पैसा आया, उस पैसे के भरोसे तुम्हारा बाप और कुटुम्ब जीवित रहे, यह बात सच है न?'' उन बीस होन के कारण वे लोग जीवित बचे, यह बात सच है, यह बात दोनों लड़कों ने माना।

शिवाजी ने कहा 'वे बीस होन जिसने दिये और जिसके कारण तुम सब बच गये, वह तुम्हारे बाप का बाप हो गया न? क्योंकि यदि वह पैसा न देता तो तुम सब मर गये होते।'

दूसरा, ऐसा कि 'तुम्हारे पिता ने, तुम्हें या गाँव के किसी और को मृत्यु से पहले तिमाजी के बीस होन लौटाकर अपनी वृत्ति प्राप्त करने के लिए कहा था क्या?'

रामाजी व विसाजी ने कहा कि ऐसा उन्होंने नहीं कहा था।

यह सुन शिवाजी भड़क गये और बोले "फिर तुमने घूस देकर उसे बेरहमी से पिटवाकर उससे वृत्तिपत्र छीन लेने का काम क्यों किया? घूस क्यों दी?"

फिर शिवाजी ने गोतसभा से अपनी राय देने के लिए कहा। सभा ने अपने मत में यह कहा कि रामोजी व विसाजी के पिता ने शुद्धचित्त होकर अपनी वृत्ति बीस होन में बेची और उसको वापस लेना भी नहीं चाहा। यह तो इन दो भाइयों के मन में कुटिलता आयी है और घूस देने की बात इन्होंने स्वीकार की है। फिर भी जवाबदार अपराधी किलेदार ही सिद्ध होता है, क्योंकि उसने घूस लेकर अपने पद का दुरुपयोग कर बेईमानी को बढ़ाया।

अब किलेदार मोहिते नहीं है और उसकी सारी सम्पत्ति महाराज ने जप्त की है, इसलिए घूस की राशि महाराज अपने पास से इन दोनों भाइयों को दें।

गोतसभा के आदेश का पालन शिवाजी ने किया और दोनों भाइयों से लिखवा लिया कि अब वे वृत्ति के सम्बन्ध में कोई झगड़ा नहीं करेंगे।

जो बीस होन दोनों बन्धुओं से लेकर तिमाजी के हाथ में ठूँसे थे, वे तिमाजी से उन बन्धुओं को वापस करवाये। सबसे विशेष बात यह कि इस न्याय-प्रकरण का खर्चा 20 होन तिमाजी से वसूल किया अर्थात् न्याय-प्रकरण का खर्च लेने की पद्धति पुरानी ही है।

❑❑❑

8

स्वराज्य-विस्तार में औरंगजेब की मदद

हमने पढ़ा था दामाद और ससुर-शाहजी और लखुजी जाधव निजामशाही की नौकरी में थे, पर वह निजामशाही पहले दो टुकड़ों में बँटी और फिर समाप्त हो गयी। फलतः दक्षिण में एक ही मुस्लिम सत्ता बची। इस सत्ता को भी निगल जाने के लिए औरंगजेब बहुत ही प्रयत्नशील था। दिल्लीपति शाहजहाँ का पुत्र औरंगजेब मुगलों का दक्षिणी सूबेदार था।

शिवाजी के बढ़ते उत्पातों से दक्षिण की बड़ी सत्ता आदिलशाही त्रस्त हो चुकी थी। इस सत्ता पर शिवाजी के साथ ही दिल्लीपति के पुत्र औरंगजेब ने भी तलवार तान रखी थी। दिल्ली के शहंशाहों का लक्ष्य तो अपना एकछत्र राज्य करने का था ही। इस तरह आदिलशाही सत्ता दोहरी मार झेल रही थी।

4 नवम्बर 1656 को आदिलशाह (मुहम्मद इब्राहिम) की मृत्यु हो गयी। राज्य में आपाधापी मच गयी। 'बड़ी साहेबा' नामक एक महिला ने जो आदिलशाह के कुल की थी, इस समय दरबार में वर्चस्व प्राप्त कर लिया था। उसने कुछ वजीरों की सहमति और सहायता से 'अली आदिलशाह' नामक 19 वर्ष के युवा को गद्दीनशीन करा दिया। वह नाममात्र का सुलतान था। सारी शक्तियाँ बड़ी बेगम के हाथ रहीं।

पर अनेक वजीरों ने इस शाह को गद्दीनशीन करने से मना कर दिया, क्योंकि उनके विचार से 'अली' जायज सन्तति नहीं था। औरंगजेब जो इस समय दक्षिण में ही था, उसने इस मौके का फायदा उठाने के लिए आदिलशाही के असन्तुष्ट वजीरों को अपनी ओर मिलाकर यह घोषणा कर दी कि चूँकि गद्दी पर एक जायज उत्तराधिकारी नहीं बैठाया गया है, इसलिए दिल्लीपति इसको मान्यता नहीं देता और उल्टे वह दिल्ली से मिले हुक्म का पालन करने के लिए बीजापुर पर कब्जा करने आ रहा है।

औरंगजेब के सम्बन्ध में यहाँ कुछ जानकारी देना लाभकारी होगा। शाहजहाँ ने सन् 1636 में ही औरंगजेब को दक्षिण का सूबेदार बनाकर भेजा था। सन् 1636 से 1644 तक आठ वर्ष वह दक्षिण में रहा। इसी अवधि में उसने

औरंगाबाद बसाया और उसे अपनी राजधानी बनायी। मुगलों की दक्षिण की राजधानी पहले 'बुरहानपुर' थी।

औरंगजेब बहुत ही धूर्त व महत्त्वाकांक्षी था। उसकी एक आँख हमेशा दिल्ली के तख्त पर लगी रहती थी और उस पर कब्जा करने की नीयत से वह बड़े ढोंग-धतूरे किया करता था। उसने साधु होने का ढोंग बनाया हुआ था। युद्धभूमि में वह अपने हाथ से बुनी घास की चटाई पर सोता था, कड़े उपवास करता था, गरीबों को जकात (भिक्षा) बाँटता था, हाथ में छोटी माला लेकर अल्लाह के नाम का जप वह हमेशा करता ही था। इबादत करना, नमाज पढ़ना आदि तो हमेशा चलता ही रहता था। इन सब ढोंगों से मानों वह दुनिया को जतलाना चाहता था कि वह तो साधुपुरुष है और दुनियादारी से ऊपर उठा हुआ है। किसी राजगद्दी की उसे कोई ख्वाहिश नहीं। वह तो अल्लाह का सेवक भर है।

उसके बाप शाहजहाँ ने पुत्र की धूर्तता जानने के बाद उसे दक्षिण से हटाकर दिल्ली के तख्त से दूर अफगानिस्तान में भेज दिया था। औरंगजेब इसे कैसे मानता, पर उसने तब बाप से वैर नहीं ठाना और धैर्य से काम लिया तथा नौ वर्ष बाद अपने दाँव-चाल लगाकर वह फिर दक्षिण में आ गया।

दक्षिण में आने के बाद ऊपर लिखे अनुसार अवसर मिलते ही 29 मार्च 1657 को आदिलशाही का 'बीदर' किला उसने अपने कब्जे में कर लिया। 'कल्याणी' नामक एक दूसरा किला भी लगे हाथ 31 जुलाई 1657 को कब्जाया। आदिलशाही में आपाधापी मची होने से इस औरंगजेबी उत्पात को रोकना सम्भव नहीं था।

पर, शिवाजी ने इस सारी आपाधापी का लाभ लेने के लिए जो कूटनीतिक दाँव चला, उसकी तुलना ही नहीं की जा सकती। उस दाँव को समझने के लिए शिवाजी के बहु आयामी व्यक्तित्व को जानना आवश्यक है।

शिवाजी ने एक पत्र अहमदनगर के मुगल अधिकारी मुल्तफ़त ख़ान को लिखा। उसमें उन्होंने लिखा कि यदि मेरी माँगे मान ली जायें, तो मैं शाही फौज के साथ सेवा करने को तैयार हूँ। मुल्तफ़त ख़ान से शिवाजी को अनुकूल उत्तर आया। दूसरे टप्पे पर शिवाजी ने अपने वकील सोनोपन्त को औरंगजेब के पास भेजा। सोनोपन्त ने औरंगजेब से कहा कि "बीजापुर के जो किले और मुल्क उसके राजा शिवाजी के पास हैं, उसपर उनकी सत्ता मान ली जाये और उत्तर कोंकण के दाभोल बन्दरगाह का जो भाग शिवाजी ने जीत लिया है, उसे भी मान्यता दी जाये।"

औरंगजेब ने शर्तें मान लीं और 25 अप्रैल 1657 के अपने पत्र में मान्यता दे दी। वास्तव में यह सारा क्षेत्र मुगलों का न होकर आदिलशाह का था। क्षेत्र किसका और मंजूरी कौन दे रहा है? यह सारा शिवाजी का रचा शब्दछल था,

जिसकी धूल फेंककर शिवाजी ने औरंगजेब जैसे महाधूर्त से स्वीकृति का पत्र प्राप्त कर लिया। इस लिखित स्वीकृति को औरंगजेब के किलेदारों को दिखाकर उन्होंने उनको धोखे में रखा (इसका साक्ष्य है)।

पत्र-प्राप्ति के सातवें दिन 30 अप्रैल 1657 को मुगलों के अधीन के एक किले 'जुन्नर' (पुणे जिले के सुदूर उत्तर में) पर शिवाजी ने छापा मारा। मान्यता-पत्र की धूलफेंक से किलेदार बौरा गया और शिवाजी ने जुन्नर किले को लूट लिया। लूट में 200 घोड़े, 3 लाख नगदी होन, कपड़े, जवाहरात और अन्य सामग्री मिली। जुन्नर जैसा ही हाल उन्होंने दूसरे मुगलों के किलों का भी किया। इस समाचार से औरंगजब का गुस्सा सातवें आसमान पर पहुँचा। उसने जुन्नर की ओर अपनी सेना भेजी।

शिवाजी सजग थे। जुन्नर से उन्हें अब कुछ लेना-देना नहीं था। अत: आगे बढ़कर 4 जून 1657, को उन्होंने अहमद नगर पर हमला किया। पर इस हमले में शिवाजी की पराजय हुई। शायद औरंगजेब का अहम् शान्त करने के लिए किया हुआ यह नाटक हो। पर, पिटते-पिटते भी नगर से वे 700 घोड़े व कुछ हाथी हाँककर ले जाने में सफल हो गये।

इस आकस्मिक आक्रमण से शिवाजी को जो लाभ हुए, वे हाथी-घोड़े से कहीं अधिक मूल्यवान थे और इसीलिए उनपर नजर डालना, उसे समझना आवश्यक है।

धूर्त शिरोमणि औरंगजेब को शिवाजी द्वारा दिया गया यह पहला झटका था। औरंगजेब की कल्पना के बाहर के इस झटके से वह दहल गया। उसने अपने सारे सरदारों को सीमा पर जाने को कहा और सख्त आदेश दिये कि केवल बैठे न रहो। सम्भव हो तो 'शिवा' की सीमा में घुसकर लूटमार करो और भाग जाओ।

पर, मुगलों की सेना को इसका अभ्यास न था। इसलिए 'शिवा' की सीमा पर शान्ति बनी रही। जुन्नर और अहमदनगर पर शिवाजी द्वारा किये गये आक्रमणों के पीछे शिवाजी की क्या कूटनीति थी, इसे जानना आवश्यक है-

(1) जुन्नर और अहमदनगर की देशमुखी की माँग शिवाजी सन् 1649 से अर्थात् (प्रत्यक्ष आक्रमण 30 अप्रैल 1657) के आठ वर्ष पहले से ही करते आ रहे थे, पर उन्हें हमेशा नजरअन्दाज किया जाता रहा। जुन्नर और अहमदनगर पर अप्रत्याशित हमलाकर शिवाजी राजा ने यह दिखा दिया कि उनके लिए उन पर कब्जा करना कितना आसान है।

(2) औरंगजेब स्वराज्य का अविश्वसनीय पड़ोसी था। आदिलशाही को खा जाने के जोश में वह स्वराज्य पर कभी भी जंग लाद सकता था।

उसने अपने नायकों को लिख रखा था-''शिवा शर्तें न माने, तो उसे नष्ट कर दो।''

ऐसे पड़ोसी से अपने स्वराज्य को सुरक्षित रखने के लिए उन्होंने आक्रमण प्रतिकार (Offensive Defence) का रास्ता चुना और विशेष यह कि मुगलों की भूमि को ही युद्धक्षेत्र बनाया। मुगलों को बचाव की भूमिका (Defensive Defence) में आना पड़ा।

(3) औरंगजेब बीदर और कल्याणी किले जीतकर आदिलशाही को खा जाने की नीति पर चल रहा था। इस समय आदिलशाही का नष्ट होना स्वराज्य-स्थापना के लिए घातक होता, इसलिए औरंगजेब पर आक्रमण कर उसे दो विपरीत दिशाओं पर लड़ने के लिए शिवाजी ने बाध्य किया और आदिलशाही को अपने स्वार्थ में बचा लिया।

गले में कसे फन्दे से छुटकारा पाने के लिए आदिलशाही की ओर से सीधे दिल्लीपति शाहजहाँ से बातचीत भी चलायी गयी थी, जिसके अच्छे नतीजे निकले। सन्धि हुई और बीजापुर के क्षेत्र उसे वापस मिले।

बीजापुर के शत्रु नम्बर एक ने ही बीजापुर को अपने स्वार्थ में बचाने के लिए जो दाँव खेला, उसे इतिहास कभी समझ नहीं पाया।

शिवाजी ने आदिलशाही को बचाने के लिए अप्रत्यक्ष प्रयास अवश्य किये, पर उसे कुतरना नहीं छोड़ा। उत्तर कोंकण के कल्याण, भिवण्डी से नागोठणें तक का प्रदेश कुतर कर अपने स्वराज्य में उन्होंने जोड़ लिया।

जैसाकि अपेक्षित ही था, आदिलशाही और दिल्ली दरबार में 24 सितम्बर 1657 को सन्धि हुई। इस सन्धि के कारण शिवाजी को हानि उठानी पड़नी थी। जो प्रदेश कल्याण व भिवण्डी पहले आदिलशाह का था, वह मुगलों को दे दिया गया। इस कल्याण और भिवण्डी पर वास्तविक कब्जा शिवाजी का था, पर उसे औरंगजेब के गले में बाँधकर, एक ओर आदिलशाह संकटमुक्त हो गया, तो दूसरी ओर शिवाजी पर मुगलिया संकट घिर आया।

पर, शिवाजी कोई कच्चे गुरु के चेले नहीं थे। पाठकों को स्मरण होगा कि जो प्रदेश अब औरंगजेब को मिलना था, उस प्रदेश को शिवाजी ने चतुराई से पहले ही, औरंगजेब की स्वीकृति से प्राप्त कर लिया था और फिर उस स्वीकृति को धता बता कर जुन्नर व अहमदनगर को उन्होंने लूटा था। इस कारण औरंगजेब को उसका कब्जा मिलना ही नहीं था।

नयी सन्धि होते करते शाहजहाँ की तबीयत खराब होने की खबर पूरे देश में फैल गयी और औरंगजेब का ध्यान दक्षिण से हटने लगा। नयी सन्धि के अधीन

आदिलशाह को कोंकण क्षेत्र मुगलों को सौंपना था। अर्थात् कोंकण में यदि कुछ क्षेत्र शिवाजी को प्राप्त करना था, तो उसके लिए उत्तम अवसर था।

शिवाजी राजे ने तुरन्त योजना बनायी और वे स्वयं ही मुहिम पर निकले। वे पहले कल्याण आये और वहाँ बन्दरगाह के पास 'दुर्गाडी के कोट' का निर्माण शुरू करवाया। 'माहुली' पर भी कब्जा किया। पाठकों को स्मरण होगा कि यह वही स्थान है, जहाँ शाहजी राजे का पहला स्वराज्य-स्वप्न भंग हुआ था।

फिर एक अप्रतिम चाल शिवाजी ने औरंगजेब के लिए चली। एक माफीनामा लिखा गया। उसमें लिखा था-"जो-जो गलत काम मुझसे हुए, उस पर मुझे बेहद अफ़सोस है। अब फिर मैं आपकी सेवा में आना चाहता हूँ। उसके लिए ही गुजारिश यह है कि हमारा पुराना वतन आदि हमारे लिए मंजूर हो, तो हम अपने वकील सोनोपन्त को आपकी ख़िदमत में पेश करें। कायदे से हुकुम होने पर 500 बहादुर घुड़सवार एक सेनानायक के साथ आपकी ख़िदमत में भेज देंगे। इसके साथ ही मैं खुद मुगल अधिकारियों को मुगल इलाके के संरक्षण में सहायता करने का वचन देता हूँ।" यह पत्र औरंगजेब को औरंगाबाद भेजा गया।

औरंगजेब को दिल्ली का तख्त चाहिए था। उसके लिए सम्भावित हर मददगार को वह पुचकार कर रख रहा था। बीजापुर से उसको इस सम्बन्ध में अपेक्षा थी, पर 'शिवा' को भी मना नहीं किया जा सकता था। अत: वह मौन साधे बैठा रहा। पर, कुछ समय पश्चात् औरंगजेब ने बड़े उदारमन से बीजापुर से सन्धि की। इसी समय वह सूचना देने से भी नहीं चूका कि शिवाजी से 'बचके' रहना। उसे नौकरी में नहीं रखना और बहुत जरूरी हुआ, तो उसे कर्नाटक में काम देना।

औरंगजेब ने दिल्ली के तख्त को हथियाने की मुहिम शुरू की। उसने मुरादबक्श का सहयोग लेकर दारा को परास्त किया और आगरे की ओर बढ़ा। इस जीत ने उसे निश्चित ही उत्साहित किया। उसने शिवाजी के पत्र का जवाब दिया-"सोनोपन्त को वार्ता के लिए भेजो" पर शिवाजी ने कोई कार्यवाही नहीं की। दिल्ली की राजगद्दी का अन्तिम फैसला अभी होना जो था।

शाहजहाँ को कैद में डाल कर औरंगजेब ने अपने को शहंशाह घोषित किया। वह दिन था-21 जुलाई 1658। वैसे इसके पूर्व दोबारा इसका जलसा किया गया था। औरंगजेब के शहंशाह बन जाने की पक्की खबर 30 अगस्त 1658 को मिलने के बाद ही शिवाजी ने अपने वकील को औंरगजेब के पत्र का हवाला देते हुए आगरा भेजा। शिवाजी के वकील सोनोपन्त इसके पूर्व भी औरंगजेब से मिले थे।

❑❑❑

9

जंजीरे का सिद्दी और नाविकशक्ति का निर्माण

कोंकण की पूरी पट्टी (अब इस पट्टी में ठाणें से लेकर रत्नागिरि तक का क्षेत्र आता है) का स्वामित्व शिवाजी राजे के पास आ जाने के बाद दक्षिण कोंकण की एक महती पीड़ा 'जंजीरा' से शिवाजी का सामना हुआ।

'जंजीरा' जो आज के रायगढ़ जिले के श्रीवर्धन के उत्तर में समुद्र में स्थित है, को ही 'दण्डा राजापुरी' कहा जाता था। वहाँ बसे सिद्दी बड़े क्रूर मुसलमान थे। ठिंगने, काले, मूलतः हब्शी सिद्दियों ने अरबी समुद्र के किनारे 40 मील के क्षेत्र में अपना आतंक बनाये रखा था। स्त्रियों का अपहरण, धर्मान्तरण, किनारे के लोगों को पकड़कर गुलाम बनाकर बेचना, न मानें तो बोरियों में भर कर समुद्र में डुबोना, लूट और कत्ल इनके व्यवसाय थे।

एक मजबूत जलदुर्ग में इन्होंने आश्रय लिया हुआ था। यह जलदुर्ग इन्हीं सिद्दियों पर नियन्त्रण रखने के लिए बनाया गया था, पर हुआ उल्टा। सिद्दी उस जलदुर्ग पर कब्जा कर गये और उन्हें खदेड़ने आये सैनिक हारकर भाग गये। सिद्दी बेकाबू हो गये और समुद्र किनारे की गरीब प्रजा के काल बन गये।

शिवाजी के ध्यान में जब अपनी प्रजा के उत्पीड़न की बात आयी, तब राज्य विस्तार के साथ ही सिद्दियों को कसने के लिए अपने सबनीस रघुनाथ बल्लाल को भेजा। वह 31 जुलाई 1657 को 5-7 हजार की सेना लेकर आया। जंजीरे के आस-पड़ोस के सारे क्षेत्र पर स्वराज्य के झण्डे लग गये, पर जंजीरा जीता न जा सका। समुद्र का प्राकृतिक संरक्षण उसे प्राप्त था। सिद्दी कुछ नरम अवश्य पड़ गये। उन्होंने सबनीस से भेंट की, उन्हें घोड़ा, पोशाक दिया। स्वराज्य को कष्ट न देने का वचन भी दिया।

लगता है सिद्दियों के कारण ही शिवाजी ने समुद्र में संचार के लिए नावें निर्माण कराने का निर्णय लिया। यह कमाल की दूरदर्शिता का निर्णय था।

अरबी समुद्र से जुड़े कल्याण, भिवण्डी, पनवेल जैसे बन्दरगाह शिवाजी के कब्जे में थे। इनसे लगे सागौन लकड़ी के वन भी थे। सागौन की लकड़ी से ही उत्तम नौकाएँ बनती हैं। इस लकड़ी का उपयोग कर व्यापारी-नौकाएँ निर्माण करने का काम शिवाजी ने शुरू किया।

शिवाजी के काम में हर कदम पर दूरदर्शिता दिखती थी। वह इस नौका-निर्माण के काम में भी दिखलायी देती है। शिवाजी की महत्त्वाकांक्षा पुर्तगालियों जैसी ही समुद्र पर राज करने की थी। उस महत्त्वाकांक्षा की पूर्ति के लिए सैनिक नावों का निर्माण करना था, पर उन्होंने पहले व्यापारी नौकाएँ निर्माण कराना शुरू किया। यह इसलिए कि जिससे पुर्तगाली और सिद्दियों को अन्धेरे में रखा जा सके। लड़ाई के काम में आती सैनिक नौकाएँ बनवायी जातीं, तो वे सावधान हो जाते और फिर नौकाओं को समुद्र में उतारने में बाधा डालते।

उस समय नौका-निर्माण में पुर्तगाली ही निपुण थे। शिवाजी को भी उनके ही मार्गदर्शन में नौकाएँ निर्माण करानी थीं। पहली बीस नौकाओं का निर्माण पुर्तगाली कारीगरों के निर्देशन में ही पूरा हुआ। उन्हीं से अनुमति लेकर उन नावों को समुद्र में उतारा गया। शिवाजी ने पुर्तगालियों के सागर-संचरण को चुनौती न देते हुए अपना नाविक-शक्ति का निर्माण कार्य शुरू रखा।

शिवाजी के नौका-निर्माण का हेतु जल्द ही पुर्तगालियों की समझ में आ गया और उन्होंने नौका-निर्माण से अपना हाथ खींच लिया। पर, तब तक शिवाजी के कारीगर तैयार हो गये थे। नौकाएँ जब सागर में संचार करने लगीं, तब सुरक्षा के लिए कुछ नौकाओं पर तोपें चढ़ाना शुरू किया गया।

शताब्दियों से नौकायन क्षेत्र में हम पिछड़े हुए थे। समुद्री नावों का निर्माण नहीं होता था। हमें समुद्र पार जाने की कभी आवश्यकता भी महसूस नहीं हुई। शिवाजी ने इस कार्य की नींव बड़ी शक्ति, बुद्धि से डाली। कुछ समय बाद ही शिवाजी की नाविकशक्ति समुद्र पर दिखने लगी, तब पुर्तगालियों को होश आया और तब उन्हें ठगे जाने का अहसास भी हुआ होगा।

समर्थ रामदास की शिवाजी से भेंट

समर्थ रामदास शिवाजी के गुरु थे, यह एक कल्पित मान्यता है। एक बहुप्रचारित चित्र में समर्थ रामदास बैठे हुए किसी दिशा की ओर संकेत कर रहे हैं और शिवाजी उनके पीछे खड़े होकर उनकी बात को ध्यान से सुन रहे हैं ऐसा दिखाया गया है। स्पष्टत: ही यह चित्र काल्पनिक है और समर्थभक्तों में से किसी ने इसको प्रचारित किया है।

प्रख्यात इतिहास संशोधक श्रीविजय देशमुख ने अपनी पुस्तक 'शककर्ते शिवराय' में यह लिखा है कि फरवरी 1659 के दूसरे-तीसरे हफ्ते में कभी शिवाजी से भिक्षा प्राप्त करने समर्थ रामदास के शिष्य भास्कर गोसावी मिले थे।

शिवाजी के गुरु समर्थ रामदास थे, इस मान्यता को यह लिखित वाक्य ही खण्डित कर देता है। अन्य इतिहासकार भी इसे मान्य नहीं करते। भास्कर गोसावी से शिवाजी महाराज की हुई चर्चा के बाद और गोसावी के माँगने पर समर्थ रामदास द्वारा आयोजित होने वाले रामजन्म-उत्सव के लिए प्रतिवर्ष 200 होन दिये जाने का आदेश शिवाजी ने दिया।

समर्थ रामदास को शिवाजी महाराज का गुरु माननेवालों के लिए यह जानना कुछ हद तक दु:खी कर सकता है कि शिवाजी से समर्थ रामदास के शिष्य की पहली भेंट शिवाजी के 29 वर्ष की आयु पूर्ण होने पर हुई थी। तब तक शिवाजी 'राजा शिवाजी' बन चुके थे और उन्होंने अपने चमत्कार, पराक्रम तथा पुरुषार्थ के झण्डे देश में गाड़ दिये थे एवं तीन सौ वर्षों से अधिक के मुस्लिम सत्ता की चूलें हिलाकर रख दी थीं। यह सब कर दिखाने वाला किसी गुरुकृपा का मुखापेक्षी नहीं था। मेरी पक्की धारणा के अनुसार जो मैंने इस पुस्तक में तर्क सहित पुष्टि की है, उनकी तेजस्वी माता ने उन्हें केवल जन्म ही नहीं दिया, वरन गर्भ से कुमार होने तक पहले 'शिवनेरी' पर तपस्यारत रहकर और बाद में छाया-सी उनके साथ रहकर उनके पुण्य-प्रताप को बढ़ाने में भरपूर पाथेय उपलब्ध करा दिया था।

भारत के प्रख्यात् इतिहास लेखक शिवाजी और समर्थ रामदास की पहली भेंट 21 अप्रैल 1659 में हुई, ऐसा सिद्ध करते हैं।

❑❑❑

10

अफ़ज़ल ख़ान

यह पीछे लिखा जा चुका है कि दक्षिण की एकमात्र बड़ी सत्ता आदिलशाही, जिसे बीजापुरी सत्ता (उसकी राजधानी बीजापुर (कर्नाटक) होने से) कहा जाता था, शिवाजी व औरंगजेब के आक्रमणों से डूबने के कगार पर थी।

आदिलशाह मुहम्मद इब्राहिम की मृत्यु 4 नवम्बर, 1656 को हो गयी थी और वजीर तथा बड़े अधिकारियों पर दगाबाजी का आरोप था। बड़ी बेगम, जो मुहम्मद इब्राहिम के बाद राज्य की सर्वेसर्वा बन गयी थी, ने ऐसे सब दगाबाजों को मरवा दिया। इसके साथ ही उसने औरंगजेब को भी अपने अनुकूल सन्धि करने को बाध्य किया। (यह बात अलग है, कि तब औरंगजेब का मन दिल्ली के तख्त पर लगा होने से दक्षिण की झंझटों से उसे मुक्ति चाहिए थी) और इस तरह बड़ी बेगम ने मुगलों के कब्जे में गये अपने सारे खोये हुए प्रदेश वापस प्राप्त किये।

बड़ी बेगम के सामने इसके बाद दौलत का एकमात्र शत्रु शिवाजी ही बचे थे। उसे बताया गया कि शिवाजी ने अबतक आदिलशाही सल्तनत से 40 किले छीन लिये हैं। वह समझ गयी कि पानी सिर से ऊपर चढ़ चुका है और शिवाजी का पक्का बन्दोबस्त करना बहुत जरूरी है।

बीजापुर की गद्दी पर अली आदिलशाह बैठा था पर असल शासन बड़ी बेगम का चलता था। ऐसा इसलिए था कि अली जब बच्चा था तब से उसे बेगम ने ही पाल-पोसकर बड़ा किया था और बड़ी तरकीब लड़ाकर गद्दी पर बिठाया था। इसलिए राज्य की सारी चिन्ता तो बड़ी बेगम को ही करनी थी, और वह कर भी रही थी।

बड़ी बेगम ने शिवाजी के विरुद्ध कार्यवाही करने के पूर्व शिवाजी के पिता शाहजी को बँगलूर में पत्र भेजा। शाहजी राजे ने उत्तर दिया-

''शिवाजी मेरा पुत्र है, परन्तु मेरे पास से भाग गया है। वह मेरी नहीं मानता। मैं तो पादशाही का एकनिष्ठ सेवक हूँ। आप शिवाजी (मेरे पुत्र) पर, आक्रमण करें, मन-मर्जी चाहे जो करें, मैं बीच में पड़नेवाला नहीं।''

दरबारी रिवाज से अलग यह पत्र पाकर बड़ी बेगम बहुत जली-भुनीं, पर शाहजी सल्तनत के गद्दी पर बैठाये गये अली आदिलशाह को उसके अकुलीन होने से मानता ही नहीं था, तो वह क्यों किसी की परवाह करे। वैसे भी पिता-पुत्र इस सत्ता के वैरी थे ही।

चूँकि सल्तनत के कुछ बड़े और ताकतवर अधिकारियों को औरंगजेब से मिले होने की आशंका पर बड़ी बेगम ने गद्दी सँभालते ही निपटा दिया था, इसलिए शिवाजी के बन्दोबस्त के लिए अफ़ज़ल ख़ान से कोई बड़ा नाम बड़ी बेगम के सामने नहीं था।

अफ़ज़ल ख़ान कैसा था, इसका बहुत विचित्र वर्णन एक फ्राँसीसी प्रवासी ॲबे केरे ने लिखा है-

'शिवाजी पर आक्रमण करने के लिए ख़ान को जब निकलना था और उसे ज़नानख़ाने को छोड़ने की बारी आयी, तब उसकी द्वेषभावना इतनी भड़क गयी कि वह खुद को सँभाल नहीं पाया और उसने एक अमानुष कृत्य कर डाला। पहले तो उसने आठ दिन खुद को ज़नानख़ाने में बन्द कर दिया और ये आठ दिन अपनी औरतों के साथ केवल मजा किया, परन्तु आखिरी दिन ख़ान ने अपनी आँखों के सामने उन दो सौ औरतों को अपने सैनिकों से मरवा डाला। उसको यह लग रहा था कि मेरे बाद ये औरतें किसी दूसरे पुरुषों से कामरत होंगी। कल्पना की इस विकृत स्थिति में उसने उन्हें मरवा देना ही उचित समझा। उन बेचारियों को यह ज्ञात भी नहीं था कि उन्हें ऐसी भयानक रीति से मारा जायेगा।'

अफजल ख़ान कपटी भी था। सन् 1638 में शिरेपट्टण के राजा कस्तुरीरंगा को ख़ान ने अभय देकर भेंट के लिए बुलवाया और उसके आते ही विश्वासघात कर उसे मरवा दिया। यह भी सर्वविदित था कि अफ़ज़ल ख़ान हुकूमत का सच्चा सेवक था और वह शिवाजी तथा शाहजी का पहले दर्जे का दुश्मन था। अफ़ज़ल ख़ान जावली का सर सूबेदार था और उस जावली पर शिवाजी ने कब्जा किया हुआ था।

कर्नाटक में स्थित 'तेरदल' प्रदेश को शिवाजी ने लूटा था। तेरदल की निगरानी अफ़ज़ल ख़ान के पास थी। ऐसे अफ़ज़ल ख़ान से शिवाजी को नेस्तनाबूद करने को जब कहा गया, तो वह बड़ा खुश हुआ। पर इस कार्यवाही को गुप्त रखना जरूरी था। इसलिए गिनती के अधिकारियों को बुलाकर उन्हें इस काम में साथ देने और मुहिम का ख़ाका तैयार करने को कहा गया।

शिवाजी को नेस्तनाबूत करने के लिए बहुत तैयारी की गयी। ख़ान के साथ 10 हजार पैदल और 15 हजार घुड़सवार दिये गये। इसके अतिरिक्त अनगिनत हाथी, ऊँट, घोड़े, छोटी-बड़ी तोपें, गोलाबारूद, कपड़ा, जवाहरात और भारी ख़ज़ाना भी दिया गया। विशेष बात यह कि समय पर किसी को हुक्म देने के लिए कोरे कागज जिन्हें 'डोले' कहा जाता था, भी दिये गये। डोलों के ऊपर सल्तनत की सील मुहर लगी होती थी, जिससे इन डोलों पर लिखकर किसी को ईनाम, बक्शीश या हुक्म दिया जा सके, और वह शाही आदेश ही माना जाता था।

तीन साल तक मुहिम चले, तो भी किसी चीज की कमी न हो, इतनी विशाल तैयारी सल्तनत ने की थी। ख़ान को बड़े इज्ज़त के साथ अलंकार, कपड़ा आदि देकर विदा किया गया। अम्बर ख़ान, याकूत ख़ान, मुसे ख़ान, हसन ख़ान, रणदुल्ला ख़ान, अंकुश ख़ान, गुलाम बर्बर सिद्दी हिलाल, घोरपड़े, पाण्ढरे, खराटे, कल्याणजी जाधव, नम्बाजी भोसले, घाटंग, काटे आदि बहादुर सरदारों को ख़ान के साथ रवाना किया गया।

अफ़ज़ल ख़ान खूब ऊँचा तगड़ा था। एक नीच कुल की कामवाली का यह लड़का अपनी युक्ति, बुद्धि व शक्ति से ऊँचे पद पर पहुँचा था। 1637-38 में रणदुल्ला ख़ान के साथ वह कर्नाटक भेजा गया था, जहाँ उसने शत्रु को रौंदा पीटा। इससे वह रणदुल्ला ख़ान का चहेता सरदार बन गया और दरबार में अपनी हैसियत बढ़ाता गया।

पराक्रम के साथ क्रूरता और कपट उसको विशेष प्रिय था। उस समय के मुसलमानों की तरह वह धर्मान्ध भी था। बीजापुर में उसने शिलालेख बनवाकर लगवाये थे। उस पर खुदा है-

कि वह कातिले मुतमर्रिदान व काफिरान
शिकंदिये बुनियादे बुतान

अर्थात् 'मैं काफिरों का कत्ल करने वाला और मूर्तियों को जड़ से खोदने वाला हूँ।'

इसके सिवाय वह अपने को दीनदार बुतशिकन व दीनदार कुफ्रशिकन (धर्म का सेवक, मूर्तियों का विध्वसंक और काफिरों का विध्वसंक हूँ) भी कहता था।

अफ़ज़ल ख़ान का फारसी में लिखा एक सिक्का मिला है, जिसपर लिखा है-

गर अर्ज कुनद सिपहर अअला
फजल फुजला व फजल अफ़ज़ल

अज हर मुल्की बजाए तसबीह
आवाज आयद अफ़झलअफ़झल।

अर्थात् 'यदि श्रेष्ठ स्वर्ग को यह इच्छा हुई कि श्रेष्ठ आदमी की उत्तमता और अफ़ज़ल की उत्तमता की तुलना की जाये, तो हर स्थान से जपजी के हर एक गुरिये से अफ़ज़ल अफ़ज़ल ही सबसे उत्तम पुरुष है-यह ध्वनि निकलेगी अल्ला-अल्ला यह ध्वनि नहीं निकलेगी।'

इस तरह अपने को सर्वश्रेष्ठ पुरुष मानने वाले अफजल ख़ान ने बीजापुर नगर कोट के बाहर (मार्च 1659 को) अपनी छावनी लगायी।

शिवाजी को इस खबर के साथ ही यह भी खबर मिली कि मावल प्रदेश के हर देशमुख को ख़ान की फौज में सेना सहित शामिल होने के कड़े फर्मान (आदेश) जारी हो चुके हैं।

स्थिति यह बनी की शिवाजी जहाँ छिपकर बैठा हो, वहाँ अफ़ज़ल ख़ान को पहुँचना था। यह अब शिवाजी पर था कि वह अफ़ज़ल ख़ान को कहाँ खींचकर लायें। युद्ध की दृष्टि से शिवाजी इस तरह अपने आप ही उत्तम स्थिति में आ गये। अपने मनमर्जी रणक्षेत्र का चयन वे कर सकते थे और उन्होंने किया।

शिवाजी के स्वराज्य में अनेक ऐसे स्थान थे, जो दुर्गम थे। उनमें से प्रमुख था 'जावली'। जावली जो आजकल सातारा जिले में है। वह वाई परगने में आता था। जावली की देशमुखी अफ़ज़ल ख़ान के पास ही थी। इस तरह यह एक अच्छा संयोग बना।

मजे की बात यह थी कि शिवाजी जिसे दुर्गम स्थान जान, शत्रु को खींच कर लाना चाहते थे, उसी स्थान को यह घमण्डी सरदार-'अरे मेरा तो देखा हुआ है सब'-ऐसा कहकर सहज जाने को तैयार था।

वैसे अफ़ज़ल ख़ान कोई सीधा नहीं था और न ही शिवाजी ने उस स्थान पर आने के लिए उसे ललकारा था। दोनों ही एक-दूसरे को तौल रहे थे। इस बीच शिवाजी बौखला जाये, इस नीयत से अफ़ज़ल ख़ान तुलजापुर जिला उस्मानाबाद की ओर बढ़ा। तुलजापुर की देवी की मराठों में बहुत मान्यता है। शिवाजी तो उसे अपनी आराध्य ही मानते थे। इसलिए अफ़ज़ल ख़ान ने वह देवीस्थान तोड़ा, मूर्ति भंग की।

शिवाजी ने खून का घूँट पिया। ख़ान के हरकारों ने खबर दी कि शिवाजी तो प्रतापगढ़ की ओर है। खान ने उधर मुँह मोड़ा और महाराष्ट्र का दूसरा बड़ा देवस्थान 'पण्ढरपुर' को नष्ट किया। पर शिवाजी ने कोई प्रतिक्रिया नहीं दिखायी।

दो उपाय बेकार चले गये, तब उसने शिवाजी के खास साले 'बजाजी' को पकड़ा, जो वास्तव में आदिलशाह का ही चाकर था और उसकी सेना में, उसके साथ ही था। उसके गले में जंजीर डालकर उसकी मुसलमानी करने की घोषणा कर दी।

शिवाजी को यह समाचार मिला। बजाजी निम्बालकर की बहन 'सईबाई' शिवाजी की पहली पत्नी थी। यह एक कैंची थी, शिवाजी को शरण में आने को बाध्य करने वाली। पर, शिवाजी ने अफ़ज़ल ख़ान के साथ सेना में आये एक व्यक्ति 'पाण्ढरे' को खोजा। वह ख़ान के भरोसे का आदमी था। पाण्ढरे को शिवाजी ने पत्र लिखा, उसे जमानत देने के लिए भी राजी किया। पत्र ने अच्छा काम किया, परन्तु ख़ान कोई इतने सहज मानने वाला जीव नहीं था। किन्तु पाण्ढरे ने उसे प्रतिष्ठा का विषय बनाया। भविष्य पर निगाह रख साठ हजार होन लेकर छोड़ने की बात तय हुई। बजाजी के पास इतना धन नहीं था, फिर उसने अपनी देशमुखी गिरवी रख बाबानभाई साहूकार से भारी ब्याज पर कर्ज लिया और अपनी जान छुड़ाई।

शिवाजी को झुकाने का तीसरा दाँव भी बेकार गया। धीरे-धीरे ख़ान 'वाई' की ओर बढ़ रहा था। जून 1659 में वह 'वाई' पहुँचा अर्थात् बीजापुर से यहाँ आने में उसे तीन माह लगे। ख़ान 'वाई' का ही सूबेदार था, यह पहले ही लिखा गया है।

शिवाजी का डेरा वर्षभर पूर्व बने प्रतापगढ़ पर था, जो वाई से पश्चिम में पास ही था, इसलिए ख़ान ने भी 'वाई' पर डेरा जमाया।

शिवाजी का संकट अब बिलकुल पास आ गया था। मावली सूबेदारों को जो कड़े फरमान दरबार की ओर से गये थे, उसका असर दिखने लगा था। शिवाजी के सलाहकार भी अब चिन्ता में पड़ गये थे।

वैसे शिवाजी के पास भी अब अच्छा सैन्यबल हो गया था। अब घुड़सेना दस हजार थी, पैदल सेना भी उतनी ही थी। सात सौ पठानों की भर्ती भी कुछ समय पूर्व ही शिवाजी ने की थी। इन पठानों के सरदार बहलोल ख़ान को बड़ी बेगम ने जब मरवा डाला, तो वे शिवाजी के आश्रय में आये। शिवाजी ने उन सैनिकों को रख लिया। पर कुल मिलाकर चिन्ता बढ़ रही थी।

अफ़ज़ल ख़ान वास्तव में बड़ा सेनानी था। उसके साथ ही वह बड़ा निर्मम और कपटी था। जैसा कि बीच में कथित है, उसने अपनी दो सौ पत्नियों का बेरहम कत्ल इस आशंका में किया था कि ये सारी मेरे मरने के बाद दूसरों की हो जायेंगी। तो जो पत्नियों को तलवार घुसेड़-घुसेड़ कर मरवा सकता है, उसके लिए शत्रु तो आखिर शत्रु ही होगा।

शिवाजी के सलाहकार सहम गये थे। सन्धि करने की बातें कहने लगे थे। पर, शिवाजी ऐसा कर नहीं सकते थे। सुरक्षा की दृष्टि से जब सम्भाजी-जीजाबाई को रायगढ़ जाना पड़ा, तब शिवाजी ने माता के पैर छुए, जीजाबाई ने अपने पुत्र को आशीष दिया-'विजयी हो, पर उस दुष्ट को छोड़ना नहीं।' इसलिए शिवाजी ने सलाहकारों से कहा-'सन्धि करने पर प्राणनाश होगा। इसलिए मारते-मारते ही जो होगा, वह करें।' पर, मनःस्थिति सुधर नहीं पा रही थी। सबका मनोबल गिर रहा था। शिवाजी के मनोबल में कितनी शक्ति थी, उनका क्या कलेजा था, इसका साक्ष्य अफ़ज़ल ख़ान का संकट देता है। एक व्यक्ति के साहस पर सारा खेल होना था और शिवाजी ने अपनी प्रज्ञा का पिटारा खोला। एक दिन भोर में ही शिवाजी ने जीजाबाई और सलाहकारों को उठाया तथा उनके सामने एक दृश्य खड़ा किया-

'रात में श्री भवानी तुलजापुर वासिनी ने मुझे जगाया और मूर्तिमन्त दर्शन दिये तथा वह बोलीं-"सिऊबा! मैं प्रसन्न हूँ। तुम्हें सफलता अवश्य मिलेगी। अफ़ज़ल तेरे हाथों मारा जायेगा। तू किसी तरह की चिन्ता न कर।' इतना कह शिवाजी ने सबसे कहा-"श्री प्रसन्न हो गयी हैं। अफ़ज़ल ख़ान अब मरा ही समझो।"

जगदम्बा के दर्शन व आशीर्वाद की बात सुनकर सबमें उत्साह भर आया। मलीनता, निराशा छँट गयी। फिर तो सब कहने लगे-'राजा तो बैठे रहें, आदेश दें, जैसा कहेंगे, वैसा करेंगे। ख़ान की चटनी बनाकर रोटी के साथ खायेंगे।'

शिवाजी से बड़ा मनोविज्ञानी राष्ट्रनायक फिर भारत में जन्मा या नहीं, इसकी खोज होनी चाहिए।

मावली सूबेदारों को बीजापुर दरबार से जो फरमान गये थे, उसका मजमून था-

"शिवाजी ने नासमझी से आदिलशाही की मुसलमानी प्रजा को मारपीट कर, लूटपाट कर जिन किलों पर कब्जा बनाया है, उससे वे किले छुड़ाकर उसका नाश करने के लिए अफ़ज़ल ख़ान को भेजा गया है। आप उसकी रजा से, हुकुम से शिवाजी को परास्त कर निर्मूल करें। उसके लोगों को आश्रय न दें, मार डालें और आदिलशाही दौलत का कल्याण करें।

अफ़ज़ल ख़ान की सिफारिश होगी, तो आपकी बढ़ोतरी होगी। उसके हुकुम को मानें, ऐसा न करने पर परिणाम अच्छा न होगा। यह जानकर इस सरकारी हुकुम की तालीम करें। तारीख हिजरी 1067 सव्वाल 5 अतिश्रेष्ठ, कल्याणकारी अति पवित्र सूर्यवत् प्रसिद्ध हुजूर ने परवानगी दी है।'

तीन सौ वर्षों की मुगलिया सत्ता के बुरे से बुरे आघातों को झेलते सूबेदार शिवाजी की नवोदित अल्पसत्ता में इतने आश्वस्त तो नहीं हो सकते थे कि शाही

फरमानों को ठुकरा दें। फिर भी एक ऐसा निकला कि जिसने शाहजी-शिवाजी के संकल्प को पहचाना, उस पर विश्वास किया। उसका नाम था-**कान्होजी नाइक जेधे।**

इसके पुत्र बाजी को पहाड़ी पुरन्दर की लड़ाई में पराक्रम के साथ झण्डा लौटा लाने पर शिवाजी ने सराहा था और उसे सर्जेराव खिताब दिया था तथा कान्होजी नाइक जेधे को शाहजी ने हीरे-सा परख शिवाजी के पास भेजा था। यह पहले ही लिखा जा चुका है।

आदिलशाही फरमान पहुँचने के बाद अपने पुत्रों सहित कान्होजी नाइक शिवाजी के पास आये। फरमान दिखाया। शिवाजी ने परीक्षा लेने के लिए उल्टे प्रश्न किये, कान्होजी बहुत व्याकुल हुए, बोले-

''साहेब के लिए जियेंगे या मरेंगे। वतन पर हमने पानी छोड़ा और वास्तव में हाथ में पानी लेकर उसने छोड़ा।'

कान्होजी ने फिर शिवाजी ने जो कहा, वह किया। उन्होंने सारे मावली सूबेदारों को इकट्ठा किया। उन्हें बहुतेरा समझाया और शिवाजी की ओर मोड़ा। बान्दल, पासलकर, शिलमकर, ढमाले, मरक, डोहार जैसे कई सरदार शिवाजी के कन्धे से कन्धा लगाये भिड़ने को तैयार हो गये।

'वाई में पड़ाव डालते ही अफ़ज़ल ख़ान ने शिवाजी के स्वराज्य पर हमला बोला। 'पुणे' पर सिद्दी हिलाल, 'सुपे' पर जाधव, 'शिरवल' पर पाण्ढरे, 'सासवड' पर खराटे-ऐसे सब अपने क्रूर सेनानायक शिवाजी का विध्वंस करने के लिए रवाना किये।

निष्पाप प्रजा घोड़ों से कुचली जाने लगी। गाँव छोड़ लोग जंगलों में भागने लगे, पर किसी तरह का प्रतिकार न करने का आदेश शिवाजी ने दिया था। सारा ही स्वराज्य मानों ख़ान के कब्जे में चला गया।

शिवाजी प्रतापगढ़ पर ही जमे बैठे रहे। शिवाजी डर गया है, यह खबर ख़ान तक पहुँची और शिवाजी धीरे से प्रतापगढ़ से जावली के किले पर चले गये तथा एक अनोखा सुयोग बना। औरंगज़ेब से मिलकर और उसका फरमान तथा शिवाजी को उसका भेजा नजराना लेकर शिवाजी के वकील सोनोपन्त 14 जुलाई 1659 को शिवाजी से मिले। फरमान में औरंगजेब ने लिखा था-'आपके ऊपर हमारी पूरी मर्जी है।'

अफ़ज़ल ख़ान को यह समाचार शिवाजी ने युक्ति से पहुँचाया। इस समाचार ने दूध में गिरती मक्खी जैसा काम किया। बहुत सूक्ष्म ही सही, पर शिवाजी के

पक्ष का हौसला औरंगजेब के फरमान से बढ़ा और इसके उलट ख़ान का हौसला उससे दुगुना-चौगुना पस्त हुआ।

इस एक अच्छी खबर के साथ एक बुरा समाचार भी लोगों ने सुना। शिवाजी की पहली पत्नी सईबाई अपने पीछे दो वर्ष का पुत्र छोड़कर लम्बी बीमारी के बाद स्वर्ग सिधार गयीं।

अफ़ज़ल ख़ान कितना दूरदर्शी था, इसका एक प्रमाण यहाँ प्रस्तुत है। 'वाई' और 'जावली' क्षेत्र के तीन हजार मावले उसने अपनी सेना में भर्ती कर लिये। ये सारे उस दुर्गम प्रदेश के जानकार थे। इस नयी भर्ती से ख़ान की सेना का मनोबल जहाँ बढ़ा, वहीं शिवाजी के पक्ष का घटा।

'वाई' में डेरा लगाने के बाद ख़ान ने वाई का कोट मजबूत किया। इससे उसका ख़ज़ाना, हाथी, घोड़े, रसद अधिक सुरक्षित हो गये।

बीजापुर से सम्पर्क बनाये रखने के लिए उसने एक अजब दाँव खेला। वाई-बीजापुर के रास्ते में पड़ने वाले सारे नदी-नालों के उतार पर तीन सौ नावों का प्रबन्ध उसने कराया, वह भी मुफ्त में। एक निमाजी उसे मिला, जो संगमेश्वर का राज्य चाहता था। वह ख़ान के पीछे राज्य प्राप्त करने के लिए लगा था। खान ने उसे तीन सौ नावों का इन्तजाम करने को कहा और राज्य देने का फरमान अपने पास के एक डोले पर जारी कर दिया।

बरसात बीत गयी। ख़ान ने अपनी शक्ति बे-अन्दाज बढ़ा ली। परन्तु अपनी ओर से युद्ध की शुरूआत नहीं की। प्रश्न उठता है, ऐसा उसने क्यों नहीं किया होगा?

जावली पर कब्जा यदि शिवाजी कर सकते थे, तो अफ़ज़ल ख़ान भी कर सकता था। और जावली तो स्वराज्य की नाक थी, दबाते ही स्वराज्य डूब जाता।

तो इस निर्णय के पीछे का पहला कारण जो समझ में आता है, वह है औरंगजेब का शिवाजी को पत्र। औरंगजेब और अफ़ज़ल ख़ान का आपस में वैर था। और जब वह शिवाजी पर तूफानी आक्रमण की तैयारी में था, तब औरंगजेब ने शिवाजी को आश्वस्तकारी फरमान और तोहफा भेजा था।

निश्चित ही अफ़ज़ल ख़ान का हौसला इससे पस्त हुआ। फिर आयी जोरदार खबर कि शाहजी राजे 17 हजार की फौज लेकर बीजापुर की ओर चल दिये हैं। इस खबर ने अफ़ज़ल ख़ान को फिर पस्त किया, तो तीसरी खबर उसके पास यह आयी कि जिन मावली सूबेदारों को फोड़ने के लिए उसने जान लड़ाई थी, वे सारे इकट्ठा होकर मरने-मारने को शिवाजी के साथ हो गये हैं।

अफ़ज़ल ख़ान को आक्रमण का इरादा छोड़ना पड़ा और एक दिन अफ़ज़ल

ख़ान का वकील कृष्णाजी भास्कर प्रतापगढ़ के दरवाजे पर खड़ा दिखा। खबर मिलते ही शिवाजी ने पूरे इत्मीनान से उसका स्वागत किया। ख़ान के वकील कृष्णाजी भास्कर ने शिवाजी को ख़ान का पत्र दिया और ख़ान साहब की इच्छा का बयान भी किया।

ख़ान के मौखिक सन्देश में वकील ने कहा-"ख़ान साहब ने कहा है कि आपके पिताजी और हम एक ही सरकार के नौकर होने से हमारा उनका भाईचारा पुराना है। आप भी वैसे तो पादशाही के नौकर ही हो, पर खामखाह पातशाह से दुश्मनी रखते हो। इसके बाद अगर आप पातशाह के आदेश मानो, सीधे रास्ते चलो, तो हम आपकी सारी ख़ता माफ़ करवाने का यकीन देते हैं। आप 'वाई' आओ, हमसे मिलो।"

शिवाजी राजे ने वकील की बातें शान्ति से सुनीं और उसे कहा-"हमें जैसे महाराज शाहजी राजे वैसे ही ख़ान साहेब हमारे लिए हैं। हम अलबत् उनकी भेंट लेंगे।"

भेंट के बाद वकील की पूरी बड़दास्त आवभगत की गयी। उसे जिस स्थान पर ठहराया गया, वहाँ पहरा लगाया गया। 'हम अलबत् उनकी भेंट लेंगे'-यह कहकर शिवाजी ने अपने सम्बन्ध में वकील के मन में जगह बना ली।

बीजापुर से ख़ान निकला था शिवाजी को जिन्दा पकड़कर लाने के लिए और अब वह बातचीत पर उतर आया था। ऐसे में ख़ान की अन्तरंग नीयत जानना शिवाजी के लिए जरूरी हो गया। इसके लिए ही शिवाजी ने अपना वकील ख़ान के पास भिजवाने का निर्णय लिया।

ख़ान के पत्र की भाषा से यह स्पष्ट था कि वह अपने सामने शिवाजी को एक तिनका ही मानता था। कहाँ वह आदिलशाही का सर सेनापति और कहाँ शिवाजी एक गुण्डा लड़का।

शिवाजी ने इस सूत्र को पकड़ा। 'ख़ान साहेब! आपके सामने मेरी क्या बिसात? 'मैं तो बस एक नाचीज' यही रटते जाना।' इससे ही ख़ान अपनी अकड़ में रहेगा और गफ़लत में भी रहेगा। उसके द्वारा निर्मित भ्रम को जीवित रखना ही शिवाजी की नीति बनी।

यही नीति तय कर अपने वकील को पत्र और सन्देश के साथ ख़ान के पास भेजा। शिवाजी ने पन्ताजी काका को अपना वकील नियुक्त किया। पन्ताजी काका शिवाजी के चिटणीस थे। राजनीति पटु, विश्वसनीय और आदरणीय तो वे थे ही।

स्वयं न जाकर अपना वकील भेजना इसलिए भी आवश्यक था कि ऐसे दो बड़े मोहरे मिलने के पूर्व-'अभय क्रिया शपथ' होना उस काल की जरूरी परम्परा थी।

अफ़ज़ल ख़ान के वकील से उसके लौटने के पूर्व शिवाजी महाराज ने कहा-'ख़ान साहेब से मिलने को हम तैयार हैं।' हम चाचाजी से जरूर मिलेंगे। हमारे मन में उनके लिए कपट नहीं है। ख़ान साहेब की सलाह हमारे हित में है, यह भी हम मानते हैं। दिक्कत केवल एक है, आप उन्हें जावली ले आयें, तो वह भी दिक्कत न रहेगी।'

कृष्णाजी ने अपना काम पूरा किया था। शिवाजी ख़ान साहेब की हर बात मानने को राजी थे। आदिलशाही का सारा विजित क्षेत्र लौटाने को तैयार थे। बात रह गयी थी केवल भेंट के स्थान की। ख़ान की इच्छा 'वाई' थी, तो शिवाजी जावली में भेंट चाहते थे। कदाचित् कृष्णाजी को यह मुद्दा गम्भीर नहीं लगा।

आगे शिवाजी ने कृष्णाजी भास्कर से कहा कि भेंट के पूर्व 'अभय की क्रिया शपथ' होना जरूरी है। इसके लिए ही आप हमारे वकील पन्ताजी काका को अपने साथ ले जायें। उनको हाथ के पंजे की शपथ दिलायें। वकील का यथोचित सत्कार कर उसके साथ पन्ताजी काका को अफ़ज़ल ख़ान से मिलने भेजा गया।

इसके पूर्व पन्ताजी काका से एकान्त में शिवाजी ने कहा कि भेंट लेकर बातचीत करना 'क्रिया शपथ' माँगना। उसने माँगी तो तत्काल देना। सेना में घुस कर यह मालूम करना कि ख़ान मेरा भला चाहता है या बुरा?

शिवाजी द्वारा अफ़ज़ल ख़ान को लिखे पत्र का इतिहास में कोई साक्ष्य नहीं है, पर जैसा शिवाजी का रुख रहता था, उन्होंने ख़ान की बेहद स्तुति की होगी।

सम्भवत: उसमें लिखा होगा-'कर्नाटक के सारे शत्रु राजे नष्ट करने वाले आपने मुझ पर दया की, यह अच्छा हुआ। आपका बाहुबल अतुल है, पराक्रम तो अग्नितुल्य है, आपमें कपट, वैर नाम की कोई चीज नहीं है। आप हैं इसलिए आदिलशाह है, नहीं तो सारा शून्य है। आप कृपाकर जावली आयें और मेरा भाग्य बढ़ायें। आपके आते ही मैं आपके चरणों में सारे किले, जावली रख दूँगा। यहाँ तक कि मैं अपनी तलवार भी आपको सौंप दूँगा।'

पन्ताजी ने ख़ान से मिलकर कहा-'राजे आपसे अलग नहीं हैं। उनके लिए जैसे शाहजी राजे, वैसे आप हैं। 'वाई' में आने की उनकी हिम्मत नहीं है। आप बड़े हैं, कृपाकर जावली में आयें और अपने साथ ही उन्हें लेकर बीजापुर जायें। बड़प्पन इसी में है।'

पन्ताजी रात को लौटे नहीं। छावनी में ही रह गये। रात को वजीर आदि से मिले। उनको धन दिया। उनसे मालूम किया कि 'शिवाजी हरामजादा है, लड़े तो मिलेगा नहीं। इसलिए छल से भेंट कर उसे पकड़ने की तजबीज ख़ान ने सोची है।

पन्ताजी काका प्रतापगढ़ लौट आये। शिवाजी को एकान्त में बताया-'ख़ान के मन में कपट है। भेंट के समय दगाकर कैद कर बीजापुर ले जाना चाहता है। मैं हर तरह से भेद लेकर ख़ान को जावली ले आता हूँ। एकान्त में उसे मारना और सारा लश्कर लूट लेना। हिम्मत से काम लेना।'

पन्ताजी को शिवाजी ने 5 हजार होन बख्शीश में दिये। शिवाजी कच्चे दिल का डरपोक प्राणी है, यही बात बार-बार रटते शिवाजी के वकील ने ख़ान को जावली आने को राजी किया था। इसके लिए अफ़ज़ल ख़ान ने काका से ब्राह्मण होने के नाते 'क्रिया शपथ' माँगी, वह भी पन्ताजी काका ने दी।

पन्ताजी ने ख़ान से सड़कों आदि का इन्तजाम करने के लिए एक माह की मोहलत भी माँग ली। और, यह कहना पड़ेगा कि यहीं यह निश्चित हो गया कि जीत का सेहरा शिवाजी के सिर बँधेगा।

ख़ान के जावली जाने का उसके सलाहकारों, सेनानियों ने विरोध किया। जावली वास्तव में अति दुर्गम स्थान था। जावली जाने के लिए पहले तीन मील का खड़ा पहाड़ चढ़ना पड़ता था। फिर दस मील का घनघोर जंगल पार करना पड़ता था और फिर तीन मील का पहाड़ उतरना पड़ता था। पाताल में बसी थी जावली।

पर अफ़ज़ल ख़ान बहुत जिद्दी था। अपने हाथी, घोड़े सहित फौज को लेकर वह तीन मील चढ़ा, दस मील चला और तीन मील उतरा। कई पशु और आदमी रास्ते में मर-खप गये, पर उधर उसने ध्यान नहीं दिया। जावली में पहुँचकर उसने एक तरह से अपने को पिंजड़े में बन्द कर लिया।

ख़ान ने जावली पहुँचते ही तगादा लगाना शुरू किया। वह चाहता था, यहीं तलहटी में जल्दी से शिवाजी मिलने आये। पर, शिवाजी ने वह बात नहीं मानी, तो नहीं मानी। तगादे लौटा दिये। ख़ान बेचैन होने लगा। फिर भी यहाँ तो अब जो शिवाजी चाहेगा, वही होगा, यह बात खान की समझ में आ गयी।

वकीलों ने बैठकर योजना बनायी, ख़ान को सशस्त्र पालकी में बैठकर मिलने के लिए जाना था। शिवाजी ने प्रतापगढ़ की माची (किले के बाहर किले से सटा ऊँचा मैदान) पर भेंट के लिए शामियाना लगाया। उसको मूल्यवान साज-सामान से सजाया।

अपनी सारी सेना को ख़ान की सेना को घेरकर तैयार रहने के आदेश दिये। तोप की आवाज सुनते ही उनको हमला करना था। सैनिक दृष्टि से पूरी नाकेबन्दी कर ली गयी। पेड़ काटकर सारे रास्ते बन्द कर दिये गये।

अन्त तक शिवाजी ने एक डरे हुए व्यक्ति की भूमिका बनाये रखी और अपनी हर बात ख़ान से मनवा ली। ख़ान के शरीररक्षक को भी ऐन समय में शामियाने से हटवा दिया।

अफ़ज़ल ख़ान से भेंट के लिए जाने से पूर्व शिवाजी ने अपने सारे सरदारों-सलाहकारों से पूछा-'मिलने कैसे जाऊँ?'

सलाहकारों ने सलाह दी कि 'पहले आप अपने को सील कर लें। लोहे की कड़ियों से बनाया गया चिलखत पहनो।' शिवाजी ने नित्य की पूजा-अर्चा की। हल्का-सा भोजन किया, फिर चिलखत पहना। उसपर फिर कुरता, फिर जरी की बण्डी (जाकेट), नीचे सुरवार पहनी, कमर में शेला बाँधा, सिर पर जिरेटोप पहना। जिरेटोप पर तलवार का वार पड़ने पर भी सिर पर चोट नहीं लगती थी। उसके ऊपर साफा बाँधा। साफे में कलगी खोंसी। शिवाजी का साफा सफेद रंग का होता था। अपने ऊपर केसर छिड़का। फिर तलवार और पट्टा हाथ में लिया। बायें हाथ की आस्तीन में बिछुआ (बिच्छू जैसा शस्त्र) छिपाया और पंजे में बाघनख छिपाकर पहना। फिर दर्पण में मुखावलोकन कर ब्राह्मणों का आशीर्वाद लेकर वे निकले, सूर्यदर्शन किया। तब दोपहर के एक बजे थे।

इधर ख़ान भी दरबारी वेश में चला पर, उसने चिलखत नहीं पहना। आस्तीन में एक खंजर छिपाया। बड़ी भारी फौज लेकर वह पालकी में बैठ कर चला। फौज को देखते ही शिवाजी के दूत ने आपत्ति की।

इतनी फौज देखते ही शिवाजी दहशत खा लेगा और लौट जायेगा, भेंट नहीं होगी, शिवाजी है ही कितना? ऐसा उसका विचार था। सबको वापस कर केवल दस अंगरक्षकों के साथ ख़ान पण्डाल में आया। उसके साथ सैय्यद बण्डा था। अंगरक्षक पण्डाल से बाहर ही रुके थे। पण्डाल की सजावट ने अफ़ज़ल ख़ान को खुश कर दिया। शिवाजी ऊपर बतायी गयी रीति से सज्जित होकर दस अंगरक्षकों के साथ पण्डाल की ओर चले। पण्डाल सामने दिखते ही उन्हें बुलाने गये जासूद को भेजकर शिवाजी ने पन्ताजी काका को बुलवाया और उनसे कहकर ख़ान से सैय्यद बण्डा को पण्डाल से दूर करवाया।

शिवाजी को देखते ही ख़ान उठकर खड़ा हो गया। ख़ान के वकील ने दरबारी रीति के अनुसार खान का शिवाजी से परिचय करवाया। वैसा ही शिवाजी के वकील ने भी किया।

परिचय हो जाने के बाद गले मिलने के लिए ख़ान आगे बढ़ा। शिवाजी का विश्वास जीतने के लिए उसने अपनी तलवार वकील को दे दी और अपने दोनों हाथ फैलाये, शिवाजी भी आगे बढ़े, किन्तु ख़ान ने छल करके शिवाजी को पकड़कर उनकी गरदन अपने बायें बगल में दबा ली।

ख़ान ऊँचा पूरा तगड़ा जवान था, तो शिवाजी नाटे कद के। शिवाजी का सिर ख़ान के सीने से लगा। तुरन्त ही ख़ान ने अपना खंजर शिवाजी के बायें बगल में चलाया। वह शिवाजी के चिलखत पर लगकर खरखराया। शिवाजी सजग थे उन्होंने तुरन्त बायें हाथ का बाघनख उसके पेट में घुसेड़ा और बिछुआ से भी पेट काट डाला। इस प्रहार से ख़ान की अंतड़ियाँ ही बाहर आ गयीं। ख़ान की पकड़ ढीली पड़ी और शिवाजी उसकी पकड़ से छूटकर बाहर आ गये।

ख़ान के पेट से खून की धार बह चली। उसे बेहोशी आने लगी, पर फिर भी वह चिल्लाया-'अरे मैं मर गया। कोई शत्रु को मारो।' ख़ान के वकील के पास तलवार थी। वह उसने शिवाजी पर चलानी चाही, पर शिवाजी ने पट्‌टे के वार से उसे सुला दिया। ख़ान का अंगरक्षक सय्यद बण्डा दौड़कर आगे आया, पर, उस पर शिवाजी के अंगरक्षक ने हमला कर उसका हाथ काट डाला। हल्ला सुनकर ख़ान के पालकी वाले तुरन्त आगे आये। उन्होंने ख़ान को उठाकर पालकी में डाला और वे भागने लगे। पर, शिवाजी के एक अंगरक्षक सम्भाजी कावजी ने सबके पैर ही काट डाले। इसके बाद पालकी से गिरे ख़ान का सिर भी सम्भाजी ने धड़ से अलग कर दिया। तुरन्त ही बाद शिवाजी के साथ सारे लोग फिर प्रतापगढ़ की ओर निकले।

शिवाजी के अन्य अंगरक्षकों ने ख़ान के वकील के साथ सारे अंगरक्षकों को काट डाला।

जो कुछ हुआ वह पलभर में हुआ और ख़ान को शिवाजी ने मारा-यह घटना 10 नवम्बर 1659 की है। यह खबर चारों ओर फैली। ख़ान की सेना भी जो एक तरह पिंजड़े में बन्द थी, बेदम मारी गयी। अर्थात् कुछ सरदार भागने में सफल हो गये।

एक दुर्दान्त शत्रु को शिवाजी ने केवल धीरज, चतुराई और कूटयुद्ध से नेस्तनाबूद किया। इस सारे काण्ड के प्रमुख सूत्रों पर फिर से ध्यान देना इसलिए आवश्यक है, कि जिससे यह ऐतिहासिक वास्तविक घटना को किंवदन्ती होने से बचाया जा सके, और भविष्य के किसी महान् संकट से लड़ने का हमारा हौसला बुलन्द रहे।

1. मन्दिरों के तोड़े जाने के उकसाने वाले कार्य होने पर भी शिवाजी शान्त बने रहे।
2. साले को कैद करने पर बिना घबराये केवल गोटियाँ चलाकर संकट से पार पाया।
3. सारा राज्य तहस-नहस होते हुए भी प्रतिकार न कर, अपनी शक्ति को नष्ट नहीं होने दिया।
4. शत्रु की मानसिक दुर्बलता की अचूक पहचान कर उसके घमण्ड को बनाये रखने का अभूतपूर्व नाटक किया।
5. शाहजी द्वारा बीजापुर पर हमले की अभूतपूर्व अफवाह उड़ाकर शत्रु को भ्रमित किया।
6. अपने सलाहकारों व सेनानायकों का हौसला बुलन्द रखने के लिए देवी के द्वारा भेंट करने और आशीर्वाद देने की बात फैलायी।

अफ़ज़ल ख़ान को नहीं, एक तरह से तीन सौ वर्षों से चली आ रही मुस्लिम सत्ता को, अपनी प्रज्ञा से परास्त करने के शिवाजी के रणकौशल की जितनी भी प्रशंसा करें, कम ही होगी।

खण्डोजी खोपड़े

इस सारे प्रसंग में से निकले एक लघु घटनाक्रम में शिवाजी की निर्णय बुद्धि का वह अनुपम उदाहरण होने से इस प्रकरण पर विराम लगाने से पूर्व, देना प्रासंगिक है।

पूर्व में भी लिखा है-उस कालावधि में सबल होने के लिए व्यक्ति तब भूमि अधिकार प्राप्त करने के लिए हर तरह का छल-कपट किया करता था। खोपड़े कुल का भी यही हाल था।

खण्डोजी खोपड़े के पिता की हत्या जब उसके भाई-बन्दों ने की, तब वह शिशु था। बड़ा और समझदार होने पर भी जब उन्हीं भाईबन्दो से उसे न्याय-हक नहीं मिला, तब वह शिवाजी से मिला। राजा ने साम, दण्ड से उसे जो न्याय था दिलवा दिया। परन्तु अफ़ज़ल ख़ान का पत्र आते ही खण्डोजी खोपड़े, शिवाजी को छोड़कर अफ़ज़ल ख़ान से मिल गया। 'मैं शिवाजी को पकड़ कर आपके पास ले आऊँगा', यह भी उसने कहा। ख़ान के मारे जाने के बाद जैसे अन्य गद्दारों का शिरच्छेद किया गया, वैसा मेरा भी होगा। इस भय से खण्डोजी जंगल में छिपा बैठा रहा, पर कब तक छिपता।

शिवाजी से माफी दिलवाने के लिए उसने अपने दामाद के सामने चिरौरी-विनती की। दामाद हैबत राव शिरमककर ने स्वराज्य में सेवा देकर महाराज की कृपा प्राप्त की थी। हैबत राव ने दूसरे एक वृद्धजन कान्होजी नाइक जेधे से इस काम के लिए विनती की। कान्होजी नाइक की बात महाराज नहीं टाल सकते, यह बात हैबत राव जानता था।

कान्होजी नाइक शिवाजी से मिले। खण्डोजी का नाम सुनते ही उफने शिवाजी को उन्होंने ठण्डा किया और कहा उसका गुनाह मुझे दीजिए और उसके प्राण बचाइये। कान्होजी नाइक जैसे काम के आदमी को टाल पाना कठिन था। इसलिए खण्डोजी नाइक को प्राणदण्ड न देने की बात शिवाजी ने कही।

पर, खण्डोजी जैसा हरामखोर स्वराज्य-द्रोह करने के बाद भी मूँछें ऐंठे, यह बात उन्हें खलती रही, गुस्सा दिलाती रही और एक दिन जब वह अकेला ही उनके सामने पड़ गया, तो उन्होंने उसका दाहिना हाथ और बायाँ पैर कटवा दिया। मध्यस्त जेधे ने राजा से शिकायत की,- 'आपने शब्द का पालन नहीं किया', तब शिवाजी ने कहा-'मैंने उसके प्राण नहीं लिये। केवल दाहिना हाथ कटवाया, जिससे वह तलवार न चला सके और बायाँ पैर कटवाया, जिसे बढ़ाकर वह शत्रुपक्ष से मिल न सके। उसका वेतन भी चालू रहेगा, जिससे कि वह भूखा न रहे।'

प्रसंग बहुत छोटा परन्तु सन्तुलन आदर्श होने से यहाँ दिया जाना जरूरी था।

❑❑❑

11

शाइस्ता ख़ान

अफ़ज़ल ख़ान के प्रकरण में कहा जा चुका है कि "और एक अनोखा सुयोग बना। औरंगजेब से मिल कर, उसका फरमान और शिवाजी को भेजा नजराना लेकर शिवाजी के वकील सोनोपन्त, शिवाजी से 14 जुलाई 1659 को मिले।" इसी औरंगजेब ने 10 नवम्बर 1659 को अफ़ज़ल ख़ान के मारे जाने के तत्काल बाद ही शाइस्ता ख़ान को शिवाजी पर आक्रमण करने के लिए भेजा। 28 जनवरी 1660 को शाइस्ता ख़ान ने औरंगाबाद छोड़ा, तो इसके अर्थ यह हुए कि शाइस्ता ख़ान को दिल्ली का फरमान 20-25 दिन पहले तो मिला ही होगा। मतलब यह कि औरंगजेब ने गजब की फुर्ती से शिवाजी के विरुद्ध जंग छेड़ी। अफजल खान के मृत्यु दिन 10 नवम्बर 1659 के केवल 79 दिन बाद शाइलाखान ने औरंगाबाद छोड़ा वैसे कहा यह गया था कि आदिलशाह से उसे इसके लिए वैसा पत्र आया था।

किसी इतिहासकार ने इस विषय पर माथापच्ची नहीं की है, पर हम विचार करें इस गजब की फुर्ती पर कि कहीं ऐसा तो नहीं कि औरंगजेब ने यह सोचा हो कि अफजल खान जैसे शक्तिशाली मुसलमान सरदार को मारने वाले शिवाजी को तुरन्त ही बड़ी शक्ति से दबाया न गया, तो ऐसे कई अफ़ज़ल ख़ानों को वह दफ़ना देगा और मुसलमानी सत्ता फिर कुछ न कर पायेगी। अफ़ज़ल ख़ान बीजापुर का आदमी होने से वैसे तो मुगलों का शत्रु ही था, पर औरंगजेब यह कैसे भूल सकता था कि वह एक बहादुर मुसलमान उमराव था और जिस पर हर मुसलमान को फ़क्र हो सकता है। ऐसे उमराव को एक नाचीज हिन्दू दफ़ना दे, यह कैसे सहन किया जा सकता है?

खैर, एक बड़े संकट से अपने बलबूते चमत्कारी प्रज्ञा का प्रयोग कर शिवाजी उबर कर जरा ठण्ढी साँसे ले ही रहे थे, इतने में ही अफ़ज़ल ख़ान से कई गुना अधिक ताकत का बवण्डर उनके नन्हे स्वराज्य में घुसा।

शाइस्ता ख़ान अर्थात् अमीर-उल-उमराव नवाब बहादुर मिर्जा अबूतालीब उर्फ शाइस्ता ख़ान शिवाजी से तीस वर्ष बड़ा था अर्थात् दो गुना, परन्तु उसकी शक्ति शिवाजी की शक्ति से कई गुना बड़ी थी। उसके पास 75 हजार घुड़सवार, अनगिनत पैदल, हाथी, ऊँट, ऊँटों के ऊपर लदा तोपख़ाना, बरछी वाले फरास-खाने के सौ हाथी, लड़ने वाले 400 हाथी, बारूद खाना और उनको ढोने वाले बैलगाड़ी, खच्चर, मजदूर तथा बाजार था। डेरा आठ-दस मील फैला रहता था। इसके साथ शाइस्ता ख़ान के साथ बत्तीस करोड़ का ख़जाना था। कितने मूल्यवान थे शिवाजी?

शाइस्ता ख़ान विलासी भी था। उसको बागवानी का भी शौक था, इसलिए फूल, पत्तियों वाले लाखों गमले भी उसके साथ चलते थे। वह शाही महलों जैसे दो डेरे साथ लेकर चलता था। एक में उसका ज़नानखाना और वह रहता था, तो दूसरा उखड़ता रहता था या अगले मुकाम पर लगता रहता था।

शाइस्ता ख़ान की फौज कोई हाथी, घोड़े ऊँट, बैल, खच्चर वाली सरकस तो थी नहीं, जो रास्ते में शान्ति से जाते हुए लोगों का मनोरंजन करती। वह तो राक्षस सेना ही थी। रास्ते में जो कुछ मिलता उसको तहस-नहस करते, जलाते, लूटते, प्राण लेते आगे-आगे बढ़ना उसका सहज स्वभाव था। शिवाजी के घर पुणे में उसको जाना था।

शाइस्ता ख़ान 10 मई 1660 को पुणे पहुँचा और उसने शिवाजी के लाल महल में ही अपना डेरा जमाया। पुणे पहले ही ध्वस्त कर दिया गया था। शत्रु को रसद न मिले इसके लिए। जीजाबाई की बेचैनी बढ़ी थी। स्वराज्य के उनके अपने सपने को पूरा करने के लिए प्रजा जो कीमत चुका रही थी, वह बहुत भारी थी। पर, वह परम धैर्यशाली महिला थीं। प्रजा का कष्ट उनके सामने था और पन्हाला में फँसे शिवाजी का कष्ट दूर था, इतना ही।

शाइस्ता ख़ान को इस मुहिम में दो अनुभव हुए। एक तो स्वराज्य में घुसने के बाद से उसकी फौज पर छापा नहीं पड़ा, ऐसा दिन या रात भी नहीं गुजरी। छापे डालने वाले बन्दरों से आते, जितनी हानि पहुँचा सकें, उतनी पहुँचा तुरन्त ही नौ-दो ग्यारह हो जाते। एक भी हाथ नहीं आता। दूसरा अनुभव था, टुकड़खोरों का, जो वतन, जमीन के टुकड़े माँगने ख़ान के आगे-पीछे गिड़गिड़ाते रहते थे। दोनों मराठे ही थे, पर संस्कार में भिन्न।

शाइस्ताख़ान को चिन्ता हुई। बरसात आने वाली थी। सिर छिपाने को जगह चाहिए थी और एक जगह उसे दिखी 'चाकण की गढ़ी।'

चाकण की गढ़ी अधिकतम चार सौ लोग रह सकें, इतना छोटा परिसर था। कुल मिला कर चार बीघा जमीन। गढ़ी चौकोर थी। चारों कोनों पर चार और

बीच-बीच में एक-एक ऐसे आठ बुर्ज। पूर्वी तट के बीचों-बीच बुर्ज में दरवाजा। तट की (चौड़ाई) मोटाई आठ हाथ और ऊँचाई तीस हाथ। दीवारों में बाहर की ओर से पत्थर की उत्तम चिनाई, जिसके कारण वह गढ़ी ऐसी दिखती थी जैसे कोई भीम पुरुष बीच में पालथी मार कर बैठा हो। इस गढ़ी के चारों ओर चौरासी गाँव थे। इसलिए वह 'चाकण चौरासी' के नाम से ही जाना जाता था।

पत्थरों से चुनी दीवार के बाद गढ़ी के चारों ओर खन्दक खुदी थी। खन्दक के बाहर परकोटा। हर बुर्ज पर तोपें थी। शाइस्ता ख़ान की खबर सुन चौरासी गाँव के ग्रामीण ले जा सकें, इतना दाना-भूसा साथ लेकर पड़ोस के पहाड़ों में जा छिपे। जो बाकी रहा, उसे जलाते भी गये। ''दाँत कुरेदने एक तिनका भी नहीं रखा दुष्टों-ने'' ऐसा शाइस्ता ख़ान के सरदार कहते थे। इस कारण शाइस्ता ख़ान को रसद बहुत दूर से लानी पड़ गयी।

स्वराज्य और मोगली प्रदेश के बीच में स्थित यह गढ़ी शिवाजी ने भरपूर बारूद भरकर और उस पर मजबूत लड़ाके सैनिक, सेनापति रखकर मजबूत की थी तथा उसका नाम बदलकर 'संग्राम दुर्ग' रखा था।

बीस हजार की फ़ौज लेकर खुद शाइस्ता ख़ान 'संग्राम दुर्ग' आया। उसे लगा था कि जाते ही गढ़ी के अन्दर जाना है, पर यहाँ उसे विकट प्रतिकार का सामना करना पड़ा। दिन में और रात में भी प्रतिकार चलता रहता। बन्दरों से सैनिक आते और मार लगा कर गढ़ी में छिप जाते। बरसात शुरू हो गयी। मुगल सेना की बारूद भींग गयी। इस क्षेत्र में बरसात दिन-रात होती है। बादलों से अँधेरा हो जाता है।

चाकण के सैनिकों को शिवाजी की ओर से कोई सहायता नहीं मिल सकती थी। शाइस्ता ख़ान ने गढ़ी में सुरंग खुदवाई, उसमें बारूद भरकर गढ़ी उड़ाने की कोशिश की। बाहर के बुर्ज उड़ गये, पर उसके पीछे बनी मिट्टी की दीवार को कुछ न हुआ। पर, शाइस्ता ख़ान का जोर बढ़ता जा रहा था और दुर्ग के रक्षकों की शक्ति क्षीण होती जा रही थी। फिर भी 20 हजार की सेना को 400-500 मराठों ने पचपन दिन झुलाया था। अन्त में सेनानायक फिरंगोजी ने तलवार रख दी और वह अपने सैनिकों के साथ 'संग्राम दुर्ग' छोड़ कर चला गया।

एक मिट्टी की गढ़ी ने शाइस्ता ख़ान को वह पानी पिलाया कि भविष्य में किसी भी किले की तरफ आँख उठा कर भी न देखने की कसम उसने खायी। इस भारी शिकस्त को भी जीत मानकर जश्न मनाया गया। औरंगजेब ने उस गढ़ी का नाम बदल कर 'इस्लामाबाद' कर दिया।

शाइस्ताख़ान को शिवाजी के साथ ही बीजापुर को भी कसने का आदेश था। इस आदेश के पालन में उसने अपने एक सरदार कारतलब ख़ान को परिण्डा

किला जीतने भेजा। भाग्य से वहाँ का किलेदार भाग गया और परिण्डा शाइस्ता ख़ान को मिल गया।

वह अपनी अकड़ में शिवाजी से कोई बात भी करना नहीं चाहता था, इसलिए शिवाजी के वकील को उसने भगा दिया। पर अब करना क्या? शिवाजी का पक्का बन्दोबस्त करने के लिए क्या किया जाये? तभी उसे सूझा कि शिवाजी का जो बलस्थान 'कोंकण पट्टी' है, उस पर कब्जा किया जाये, तो शिवाजी कब्जे में आ सकता है।

इस काम के लिए उसे कारतलब ख़ान जैसा बहादुर मिल ही गया था। मन में बात जम गयी थी। शाइस्ता ख़ान ने तुरन्त कारतलब ख़ान को इस मुहिम पर भेजा। उसे बड़े ही गुप्त रूप से सह्याद्रि पहाड़ों कीशृंखला को पार कर चौल, कल्याण, भिवण्डी, पनवेल, नागोठणें जीतना था। इस मुहिम में एक बहादुर मराठा महिला 'राय बागान' भी उसके साथ थी। अन्य सरदारों में कच्छप, चह्वाण, अमर सिंह, मित्र सेन सर्जेराव गाढ़े, जसवन्त कोकाटे थे।

गुप्तता बनाये रखने के लिए वे आम रास्ते से न जाकर एक कठिन रास्ते से चले। यह रास्ता विकट पहाड़ी था और था बहुत सँकरा। नली में जाने जैसा जाना पड़ता था। इस रास्ते से जाकर तुंगार के जंगल में उतरना पड़ता था। फिर उस गहन अरण्य को पार कर फिर सह्याद्रि की खड़ी चढ़ाई चढ़, उतर कर फिर उंबर की घाटी से कोंकण में पहुँचना था।

पर, इस अति गुप्त मुहिम की पूरी सूचना शिवाजी को मिल गई। कारतलब ख़ान उम्बर घाटी के अरण्य में पहुँचा। वहाँ न हवा थी न पानी। सूर्य का दर्शन भी न हो, ऐसा घना अरण्य वह था। कारतलब ख़ान के अरण्य में आते ही शिवाजी की सेना ने रणभेरी बजा कर उसको अपने पहले ही पहुँच जाने की सूचना दी।

थोड़ी-बहुत मारकाट हुई। रायबागान ने शरणागत होने की सलाह दी और वैसा ही कारतलब ख़ान को करना पड़ा। दण्ड की अच्छी रकम और लूट प्राप्त कर शिवाजी ने उनको प्राणदान दिया। यह घटना जनवरी 1661 के पहले पखवाड़े की है।

इस हार से शाइस्ता ख़ान अधिक ही क्रूर कर्म करने लगा। सारा स्वराज्य त्राहि-त्राहि करने लगा। शाइस्ता ख़ान को स्वराज्य में घुसे और उत्पात करते दो वर्ष हो गये थे। शिवाजी राजे की चिन्ता बहुत बढ़ गयी और एक दिन उनकी तरल प्रज्ञा से एक अद्‌भुत साहसिक योजना बाहर निकल पड़ी। वह योजना थी शाइस्ता ख़ान पर सीधा हमला करने की।

5 अप्रैल 1663 को रमजान के महीने के छठे चाँद के दिन शिवाजी ने रात 3 बजे अर्थात् 6 अप्रैल को लालमहल पर अपने 400 लोगों के साथ छापा मारा। लालमहल तक वे सारे लोग बड़े आराम से चले गये और रसोई घर में घुसे। रसोइये काम में लग गये थे। उन सबको काट डाला। महल में घुसने का एक ही रास्ता था, जो ईंटों से बन्द किया हुआ था। उसे तोड़ा गया और महल में घुस मारकाट करने लगे।

जनानों ने बत्तियाँ बुझा दीं। अँधेरा हो गया और मारकाट अनुमान से होने लगी। शाइस्ता ख़ान को देख शिवाजी ने तलवार चलायी। वह मर गया काम फतह हुआ, ऐसा सोच, सारे लोग गनीम-गनीम चिल्लाते बाहर आये। घोड़े तैयार थे।

शिवाजी ने फिर एक अजब दु:साहसिक करिश्मा किया था। और, तीसरे दिन महाराजा जसवंत सिंह को कार्यभार सौंप शाइस्ता ख़ान लज्जित होकर औरंगाबाद की ओर चल पड़ा। औरंगजेब ने उसे बंगाल भेज दिया।

इस रात के हमले में खान का एक लड़का, एक दामाद, बारह बीबियाँ, चालीस बड़े वफादार, एक सेनापति ऐसे कुल पचास लोग मराठों ने और शिवाजी ने काटे थे। शाइस्ता ख़ान, उसके दो लड़के और आठ औरतें जख्मी हुए थे।

शिवाजी ने शाइस्ता ख़ान पर हमले का समय भी उत्तम चुना था। शाइस्ता ख़ान निश्चित ही बेफिक्र था। 'शिवाजी मेरा कुछ भी बिगाड़ नहीं सकता', यह उसे पक्का ज्ञात हो गया था।

शिवाजी ने अफ़ज़ल ख़ान को छह महीने में चलता कर दिया था, शाइस्ता ख़ान को निपटाने में उन्हें दो वर्ष लगे। वैसे यह कोई व्याज का गणित नहीं है, पर फिर भी हम उस पर विचार करें।

ऊपर शाइस्ता ख़ान की जो कहानी कही गयी है, उस कहानी में बीच में अन्य किसी भी प्रसंग को नहीं जोड़ा गया है। यह इसलिए कि पाठक के मन में एक साफ चित्र बने।

परन्तु इतिहास में घटनाएँ ऐसी घटित नहीं होती। उसमें एक ही समय में इतने झमेले उपस्थित हो जाते हैं और लेखक को उन सबका यथासमय यथास्थान वर्णन कर लेखन को आगे बढ़ाना होता है। हमें विचार करना है कि शाइस्ता ख़ान को निपटाने में शिवाजी को दो वर्ष क्यों लगे?

शिवाजी के शत्रु अनगिनत थे। तीन सौ वर्षों से स्थापित समाज-प्रवाह को बदलने का काम उनकी माँ ने उन्हें सौंपा था। समाज-प्रवाह हद दर्जे का गुलाम हो गया था। ऊपर कारतलब ख़ान के साथ कोंकण मुहिम पर जिन सेनानायकों

को शाइस्ता ख़ान ने भेजा था, उसमें कारतलब ख़ान को छोड़ कर कोई मुस्लिम सेनानी नहीं था। जो थे, वे सब मराठा भूमि में जन्मे, उसी पानी-मिट्टी-हवा से बड़े हुए थे, जिससे शिवाजी और उसके पक्ष को पोषण मिला था। पर, उनकी सोच और दृष्टि संक्षेप में कहें तो गुलाम थी या कहें विकसित नहीं हुई थी या उनकी अस्मिता जागी नहीं थी।

शिवाजी का श्रेष्ठत्व यही था कि चारों ओर शत्रुओं से घिरे अभिमन्यु जैसी उनकी स्थिति रहते हुए भी, वह चक्रव्यूह तोड़ते रहे और बार-बार बाहर आते रहे।

शाइस्ता ख़ान ने जब स्वराज्य में प्रवेश किया, तभी औरंगजेब के बार-बार उकसाने के कारण आदिलशाह ने भी अपना एक मोहरा शिवाजी राजे के पीछे लगा दिया था। उनकी भी मजबूरी थी, उनके अफ़ज़ल ख़ान जैसे मोहरे को उड़ा देने के बाद शिवाजी में जो प्रचण्ड जोश आया, उसके कारण वह बिना समय गँवाये आदिलशाही सत्ता पर टूट पड़े थे। आदिलशाह को अपनी राजधानी भी बचाना मुश्किल हो गया। आदिलशाही की मुश्किल यह थी कि उसके पास शिवाजी को रोक सके, ऐसा एक भी सरदार नहीं था। पर अल्लाह ने खैर की और एक पुराना पापी माफी माँगते हुए आया। वह था सिद्दी जौहर। उसे ही यह काम सौंपा गया।

सिद्दी जौहर वाकई जौहर दिखाने वाला निकला। आगे बढ़ते हुए शिवाजी के तूफान को उसने पीछे धकेला और अन्त में शिवाजी को अपने ही किले पन्हाला (कोल्हापुर के पास यह किला है) में कैद होकर रहना पड़ा। उनका सर सेनापति बाहर था। शिवाजी को उसकी आस और भरोसा था, पर सिद्दी ने पन्हाला का घेरा इतना मजबूत बनाया था कि नेताजी पालकर, जिसे शिवाजी का दायाँ हाथ कहा जाता था और जो सर सेनापति था, बार-बार हार जाता। शिवाजी की सेना की तीसरी टुकड़ी कोंकण की ओर गयी थी और पुणे को शाइस्ता ख़ान ने बन्द कर दिया था। ऐसी स्थिति में शिवाजी अपनी आठ हजार सेना और साठ घुड़सवार के साथ पन्हाला में बन्द थे। चार माह हो गये।

फिर शिवाजी ने अपनी अन्तर प्रज्ञा को झकझोरा। उपाय बना, (सरल शब्दों में भवानी माता को निवेदन किया, ऐसा कहा जाता है)। शिवाजी ने अपने एक हरकारे को किले के बाहर भेजा और कहा- 'यहाँ से भाग जाने का कोई रास्ता खोज।' और जहाँ से चींटी भी नहीं जा सकती थी, वहीं पर हरकारे ने एक रास्ता खोजा।

शिवाजी ने अपने लोगों को बुलाकर कहा-'हमें यहाँ आये चार माह हो गये हैं। जौहर का हम कुछ भी बिगाड़ पायें, ऐसी स्थिति नहीं है। नेताजी पालकर

बार-बार सिर पटक रहे हैं। मतलब इस बलवान व पराक्रमी जौहर को सैन्यबल से जीतना कठिन है, उधर शाइस्ता ख़ान ने पुणे में प्रलय मचाया हुआ है, ऐसे में मैं यहाँ फँसा रहूँ, यह उचित नहीं है। मैं निकल रहा हूँ। मेरे बाद त्र्यम्बक भास्कर किला सँभालेंगे।'

दूसरे दिन पूर्णिमा थी। उस दिन अपना एक वकील शिवाजी ने सिद्दी जौहर के पास भेजा। पत्र दिया। 'मेरे सारे गुनाह यदि माफ करें और जौहर साहब मेरे संरक्षण का जिम्मा लें, तो मैं उनसे मिलकर सारी दौलत उनके पातशाह को सौंप देना चाहता हूँ, आदेश करें।' शत्रु को ढीला करने के लिए यह पत्र था। जौहर ने दूसरे दिन मिलने का समय दिया। अर्थात् यह खबर जौहर की सेना में फैल गयी। सेना में ढिलाई आ गयी।

अपने साथ हजार पैदल सैनिक लेकर रात के नौ बजे शिवाजी निकले। पालकी में बैठे, एक खाली पालकी भी साथ ली। साथ में लिये सारे सैनिक बाजीप्रभु देश पाण्डे सर नौबत के लोग थे। 15 उम्दा घोड़े भी साथ थे। निकलते समय विकट वर्षा होने लगी। बिजली चमक-चमक रास्ता दिखाने लगी। 13 जुलाई 1660 का दिन था। वे सब विशालगढ़ जिला रत्नागिरी पन्हाला के उत्तर पश्चिम में की ओर चले थे, जो वहाँ से 40 मील दूर था। रास्ता पथरीला, ढोकों से भरा हुआ था। सैनिक घेरे से निकलकर लोग पठार पर आ गये और जौहर के किसी जासूस को यह दृश्य दिखा। शिवाजी के दल को भी यह ज्ञात हो गया। दूसरी पालकी तैयार थी। उसमें शिवाजी जैसा दिखता शिवा नाई बैठा और दो पालकियाँ दो तरफ चल दीं।

सेना में खबर पहुँचते ही जौहर ने अपने दामाद सिद्दी मसूद को पीछा कर पकड़ लाने भेजा। पालकी पकड़ी गयी। यह शिवाजी नहीं है, यह जानते ही जौहर की सेना शिवाजी का पीछा करने फिर निकली।

बादल छँट गये थे। चन्द्रमा निकल आया था और शिवाजी का दल तेजी से आगे बढ़ रहा था। वे मठ राजापुर के पास आ गये। विशालगढ़ केवल आठ मील दूर था और पीछे से जौहर की सेना चली आ रही थी।

समस्या विकट थी। बाजीप्रभु देशपाण्डे ने एकाएक स्वयं स्फूर्त होकर कमान सँभाली। शिवाजी से उसने कहा-'आप आगे बढ़ें, मैं यहीं पर उनको तब तक रोकूँगा, जब तक आप ऊपर पहुँचकर तोप नहीं दागते। आधे सिपाही लेकर शिवाजी आगे बढ़े और बाजीप्रभु अपने लोग लेकर वहीं अड़ गया। वह स्थान अन्धी व गहरी घाटी थी। आगे का कुछ दिखता नहीं था, दोनों ओर ऊँची कगार भी थी।

शत्रु के हर सैनिक को आगे बढ़ते ही यहाँ कटना ही था। एक तरह से बाजीप्रभु और उसके सैनिक सुरक्षित थे, फिर भी वह लड़ाई थी। बाजीप्रभु जख्मी होता रहा, उसके लोग भी कटते रहे। दोपहर तक शिवाजी विशालगढ़ पहुँच जाते, पर जौहर ने यहाँ बहुत पहले से अपने दो सरदारों को मुस्तैद रखा था। वे सेनानायक थे सूर्यराव व जसवन्त राव। कोई दूसरा रास्ता नहीं था, अतः उनपर शिवाजी के बेहद थके लोग टूट पड़े। किले से भी कुमुक मिली और शिवाजी राजे विशालगढ़ में घुस गये। तोप दागी गयी।

पन्हाला से निकले 21 घण्टे हो गये थे। बाजीप्रभु और उसके लोग अड़े- भिड़े मारकाट किये जा रहे थे, 'घोडखिण्ड' में। शिवाजी को चिन्ता थी। उनकी तोप सुनते ही मरणासन्न बाजीप्रभु को उसके लोग उठा कर ले गये, ऐसा कहा जाता है। 'घोडखिण्ड' को मराठी लोग 'पावन खिण्ड' कहते हैं। कितना सार्थक है, यह नाम परिवर्तन। पन्हाला से निकल जाने के बाद जल्दी ही राजे शिवाजी ने पन्हाला का कब्जा छोड़ दिया। किलेदार त्र्यम्बक भास्कर को अपने पास बुलवा लिया।

पन्हाला से निपटने के बाद यह विचार करना जरूरी हो गया कि आगे क्या किया जाये? दो-दो शत्रुओं से भिड़ने में स्वराज्य क्षीण हो गया था और अभी एक शत्रु सिर पर था ही। उससे भिड़ने के लिए सेनाबल बहुत ही कम था। सेनाबल बढ़ाने के लिए धन चाहिए था। स्वराज्य का खजाना दुर्बल हो गया था। मन्त्रिमण्डल में विचार तो हुआ, पर सारा भार शिवाजी राजे पर आ पड़ा। ऐसे ही संकट के समय शिवाजी राजे को उनका भाग्य साथ दे जाता था।

शाइस्ता ख़ान के भेजे कारतलब ख़ान से उन्हें बहुत द्रव्यलाभ हुआ। यह कथा पाठकों ने पढ़ी ही है। कारतलब ख़ान को सबक सिखाने के लिए शिवाजी को कोंकण में उतरना पड़ा था। कारतलब ख़ान को निपटा देने के बाद उन्होंने सोचा कि अब कोंकण में आ ही गये हैं, तो यहीं कुछ देखें, करें।

मुगल सेनानायक शाइस्ता ख़ान के ऊपर नजर रखने के लिए उन्होंने नेताजी पालकर को छोड़ा और वह आगे बढ़े। वैसे आगे बढ़ना गलत था, क्योंकि आगे का सारा क्षेत्र आदिलशाही का था और पन्हाला छोड़ते समय शिवाजी ने उससे सन्धि की थी। पर आदिलशाही की स्थिति बेहद खराब थी। बड़ी बेगम भाग कर मक्का चली गयी थी। समय को पहचान कर शिवाजी ने सन्धि को कूड़ेदान में फेंका और अपने सेनाबल के साथ वह कोंकण क्षेत्र में आगे बढ़े। इसी ओर परशुराम का मान्य देवस्थान होने से शिवाजी ने वहाँ जाकर पूजा-अर्चना की। देवस्थान को वर्षासन दिया और छोटी-बड़ी वसूली करते हुए वे राजापुर आ गये।

दो नदियों के संगम पर बसा राजापुर पुर्तगाली, डच, अँग्रेज और फ्रांसीसी लोगों का व्यापार केन्द्र था। बड़ा ही समृद्ध था राजापुर नगर। राजापुर के एक अँग्रेज ने पन्हाला के घेरे में अपनी तोपें व बारूद सिद्दी जौहर को केवल दी ही नहीं, उसने प्रत्यक्ष रूप से किले पर गोले भी दागे, वह भी अपने देश का झण्डा यूनियन जैक लगा कर। शिवाजी ने उस अधिकारी हेनरी रेव्हिंगटन को देखा था। गुस्से में उसे स्मरण रखा था। शिवाजी राजे के साथ इस समय 3000 पैदल और 1000 घुड़सवार थे। मार्च का महीना था। विदेशियों के लिए बड़े सुखद दिन थे। सैनिकों ने शहर में घुस कर प्रमुख हस्तियों को शिवाजी से भेंट करने के लिए बुलाया। साथ में सामान्य जनों को आश्वासन दिया। सारे बड़े व्यापारी मिलने आये। माँगी गयी राशि जमा कर गये।

अँग्रेजों के मुखिया हेनरी रेव्हिंगटन, एडाल्फ टेलर, रिचर्ड टेलर, फिलीक गिफर्ड के साथ भींगी बिल्ली बने आये। रेव्हिंगटन को देखते ही शिवाजी राजे गुस्से से भर गये। सबको कैद कर सोनगड़ी भेजने का आदेश हुआ। अँग्रेजों के गोदाम को धो-पोंछ कर शिवाजी राजे ने लूटा। दूसरे अँग्रेजों फॅरन, नेपियर, सैम्युअल, बर्नाड आदि को भी कैद कर बासोटा गढ़ी में भेज दिया गया। नेपियर और बर्नाड राजापुर में ही मर गये। इसी समय ईरान और मस्कट के व्यापारी भी आये थे, उन्हें भी लूटा गया। इस लूट में जो माल मिला, उसकी सूची शिव भारत ग्रन्थ में दी गयी है। वह एक मनोरंजक जानकारी होने के कारण हम उसे यहाँ दे रहे हैं।

सोने से भरी कड़ाहियाँ, चाँदी, पीतल, सीसा, ताँबा, लोहा, राँगा, काँच, मोती, हीरा, पोवला, गेंडा का सींग, चमड़ा, हाथी दाँत, कस्तूरी, केशर, चँदन, कपूर, कृष्णगुरु, कपूर कचरी, कंकोल, रक्तचन्दन, इलायची, लौंग, दालचीनी, चीनीदारू, निवली, नक्रनख, खस, नागकेसर, जायफल, भंग, अफीम, तमालपत्र, चिरौंजी, अखरोट, मुनक्के, खजूर, कालीमिर्च, सुपारी, देवदार, सोंठ, पिपलामूल, जटामाँसी, चवक, हल्दी, सेंधा नमक, काला नमक, जवखार, सज्जीखार, हर्द, दशांगधूप, राल, शिलाजीत, मोम, रसांजन, नीला सुरमा, काला सुरमा, नीला थोथा, अजवाइन, हींग, जीरा, गुग्गुल, पावका दीख, मंजिष्ठ, सिन्दूर, पारा, हरताल, गन्धक, मनशील, लाख, खूनी बोल, गोरोचन, अभ्रक, भिन्न-भिन्न तरह के विष और उन्हें उतारने के द्रव्य, रेशमी, गवती, तागी, फलोकी, ऊन, हिरण के बाल का ऊन इत्यादि मिले। ये सारे पदार्थ शिवाजी ने घोड़े, बैल, काँवड़िये और भारवाहक से ढुलवा कर अलग-अलग किलों में रखवाये।

राजापुर के आस-पास के प्रदेश पर भी अपनी सत्ता स्थापित कर नवम्बर 1660 में कारतलब ख़ान के लिए निकले शिवाजी राजे नवम्बर 1661 में पूरे एक

वर्ष बाद राजगढ़ वापस आये, प्रचुर धन और प्रचुर सत्ता के धनी होकर। बीजापुर सत्ता को उनके क्षेत्र से जीते हुए क्षेत्र को अन्ततः शिवाजी का क्षेत्र मानना पड़ा। दण्डा राजपुरी से खारे पाटण तक का अरबी समुद्र का किनारा स्वराज्य के झण्डे तले आ गया।

चूँकि पहली बार अँग्रेजों को शिवाजी राजे ने लूटा और कैद किया था, तो इस घटना के अन्तिम छोर तक इसकी कथा कहना आवश्यक है। अपने शत्रु को एक व्यापारी अँग्रेजी कम्पनी के एक अधिकारी ने तोपें व बारूद बेची ही नहीं, युद्ध में भाग लेकर तोपें चलाकर गोले भी दागे और अपने देश का झण्डा भी फहराया। इस घटना से देश स्वाभिमानी शिवाजी राजे को बहुत क्लेश हुआ। 'अँग्रेज केवल व्यापार करने यहाँ नहीं आये हैं, उन्हें तो यहाँ का राज्य चाहिए, अतः उनसे बहुत सावधान होकर हमें रहना होगा'-यह शिवाजी की स्पष्ट मान्यता हो गयी थी। अपनी इसी स्पष्ट मान्यता के कारण राजापुर में पकड़े गये अँग्रेजों की चिन्ता शिवाजी राजे ने नहीं की। उल्टे जौहर का साथ देने के अपराध में उनपर भारी दण्ड भी लगाया। दण्ड देकर माफी माँगने पर ही कुछ विचार किया जा सकता है, यह उन्हें बता दिया गया।

सूरत में अँग्रेजों के गोदामों के अधिकारी एण्ड्रयूज को इसकी चिन्ता थी। वह सोच रहा था कि शिवाजी के मक्का और ईरान से आनेवाले व्यापारी जहाज रोककर बन्दियों की मुक्ति के साथ राजापुर की हानि की भी भरपाई की जाये या फिर मक्का से लौट रही बड़ी साहेबा को पकड़ कर बीजापुर का दबाव लाकर शिवाजी को झुकाया जाये। एण्ड्रयूज के आदेशों से 'होपवेल' व 'रायल वेलकम' जहाजों को इस काम में लगाया गया, पर बड़ी साहेबा कब स्वदेश लौट आयीं, पता न लगा।

बन्दियों को पकड़े दो वर्ष हो गये। तीन कैद में ही मर गये। राजापुर के व्यापार का सत्यानाश हो गया। यह सारी हानि और पूरी की गयी कैद को ध्यान में रख एक मध्यस्थ के कहने पर 17 जनवरी 1663 को रायगढ़ से अँग्रेज कैदी छोड़े गये। इसके बाद से अँग्रेज शिवाजी के सम्बन्ध में फूँक-फूँक कर कदम रखने लगे।

❑❑❑

12

पिता को कैद से छुड़ाने हेतु दक्षिण की दौड़

5 अप्रैल 1663 को शाइस्ता ख़ान को शिवाजी ने निपटाया। वह लज्जित होकर पुणे से निकला। उसकी लौटती सेना हर कदम पर शिवाजी के चमत्कारी पुरुष होने की गौरवगाथा देश को सुनाती जा रही थी।

शाइस्ता ख़ान के संकट से स्वराज्य मुक्त होने पर आनन्दोत्सव मनाया जाना चाहिए था। पर, शिवाजी ने ऐसा नहीं किया। वह तो सातवें दिन ही एक गुप्त मुहिम पर निकले। अफवाह फैली कि वह गोवा पर धावा बोलने जा रहे हैं। उनके रास्ते में पड़ने वाले हर एक छोटे-बड़े शासक ने या तो सुरक्षा के उपाय करने शुरू किये या सब प्राण बचाने की जुगत बैठाने लगे।

शिवाजी राजापुर के रास्ते कुढाल वेंगुर्ला अर्थात् दक्षिण की ओर जा रहे थे। वेंगुर्ला में डच लोगों का व्यापारिक गोदाम था। उन्होंने अपना माल एक व्यापारी जहाज पर लादा और भाग जाने की पूरी तैयारी की। पर, शिवाजी ने उनको नहीं छेड़ा, केवल उनका दिया नजराना स्वीकार किया। फिर भी कुछ आदिलशाही राज्य शिवाजी ने कब्जाये। अपने आदमी वहाँ रखे। 'कुडाल' जो इस क्षेत्र का महत्त्वपूर्ण स्थान था वहाँ राहुजी सोमनाथ को अपना सूबेदार बनाया। 2000 सैनिक वहाँ रखे। शिवाजी राजे वेंगुर्ला पहुँचे। वेंगुर्ला में गोवा के पुर्तगाली शासक उनसे मिले। उनको भी शिवाजी ने अभय दिया। इस मुहिम में शिवाजी राजे का डच लोगों से पहली बार सम्बन्ध बना। यहाँ इन बाहरी शक्तियों का परिचय करा देना उपयुक्त होगा।

वैसे यूरोप से भारत के व्यापारिक सम्बन्ध पुरातन रहे हैं। भारत से यूरोप जाने के स्थल मार्ग के देश जब मुसलमान हो गये, तब व्यापारियों को परेशानी हुई और फिर मुस्लिम देशों को अर्थात् स्थल मार्ग को छोड़कर समुद्री रास्ते की खोज शुरू हुई। इस खोज-यात्रा में पुर्तगाली नाविक आगे थे और उनके ही

प्रयासों से सन् 1496 में एक पुर्तगाली नाविक 'वास्को द गामा' भारत पहुँचा। वह अफ्रीका महाद्वीप का पूरा चक्कर लगाकर भारत आया था। पुर्तगालियों ने कोचीन में 1503 ई. में अपने गोदाम बनाये। धीरे-धीरे भारत के पश्चिम किनारे पर कई स्थान उन्होंने कब्जाये। गोवा उनका प्रमुख केन्द्र बना।

पुर्तगालियों के बाद तो यूरोप के कई देशों ने भारत-भूमि पर अपने पैर रखने शुरू किये। हालैण्ड के डच उसी समय भारत आये। सन् 1607 में अँग्रेज आये।

भारत के पश्चिम किनारे पर ही शिवाजी का स्वराज्य स्थापित हो रहा था, इसलिए इन विदेशी शक्तियों की कारगुजारियों से उनका सम्बन्ध स्थापित हुआ और उनके सम्बन्ध में शिवाजी राजे ने अधिकतर कठोर रुख ही अपनाया। दो माह की इस यात्रा को समाप्त कर शिवाजी राजे अपनी राजधानी लौट आये। इस घटना से इतिहासकारों की परेशानी बढ़ी, ऐसा कैसे हुआ? बिना किसी स्पष्ट कारण के शिवाजी राजे वेंगुर्ला तक क्यों गये? उनके द्वारा की गयी खोज से जो बात ज्ञात हुई, वह अचरज की है। हमने पढ़ा है कि पिछले दो वर्ष शिवाजी राजे पर बहुत भारी संकट आये और भागम-भाग भी बहुत हुई । ऐसी स्थिति में भी पिता-माता की चिन्ता वह करते रहते थे।

शाहजी बीजापुर सत्ता के नौकर थे, परन्तु अपना स्वतन्त्र अस्तित्व बनाये हुए थे। इस कारण दरबार में उनके वैरी भी बहुत रहते थे। राजनीतिक उठा-पटक भी उस दरबार में बहुत चलती रहती थी। ऐसे ही एक प्रसंग में शाहजी राजे और उनके मित्र बहलोल ख़ान को आदिलशाह ने बन्दी बनाया और जंजीरों से जकड़ दिया।

यह खबर शिवाजी को मिलते ही वे दक्षिण यात्रा पर तुरन्त तेजी से निकले। पहली बार जब शाहजी को कैद किया गया था, तब का शिवाजी अब नहीं रहा था। अब वह एक शक्तिपुंज था। उनके दक्षिण की ओर चल पड़ने की खबर जैसे ही बीजापुर दरबार में पहुँची होगी, तब मारे भय के दरबारियों के बुरे हाल हुए होंगे। शाहजी को ऐसे में बाइज्जत बरी करने के सिवाय कोई चारा ही नहीं था। पिता और चाचा बहलोल ख़ान की मुक्ति का पक्का सामाचार शिवाजी राजे को जब मिला, तब लौटना ही उपयुक्त था और वह तुरन्त ही लौट आये।

❑❑❑

13

सूरत को बेसूरत किया

सूरत के अँग्रेजी गोदाम के प्रमुख अँग्रेज जार्ज आक्सडन का 17 मार्च 1664 का एक पत्र मिला है, जिसमें उसने लिखा है कि शिवाजी की इच्छा सूरत को बेसूरत कर औरंगजेब की दाढ़ी नोचने की थी। सूरत शहर का बहुत बड़ा भाग राख बन गया है, क्योंकि धनलिप्सा शिवाजी का उद्देश्य नहीं था। उन्हें तो औरंगजेब को मजा चखाना था।

शिवाजी की 'सूरत' लूट पर अनेक दोषारोपण किये गये और ये अधिकतर अँग्रेजों ने ही किये। पर, उसमें से एक अँग्रेज अधिकारी ने सच्ची बात लिखकर सभी का मुँह बन्द किया। कुटिल अँग्रेजों में कुछ सत्यनिष्ठ अँग्रेज भी थे, यह बात बाद के इतिहास में भी दिखती है।

शाइस्ता ख़ान को लज्जित कर स्वदेश से भगा देने के बाद शिवाजी का हौसला बुलन्द हो जाना स्वाभाविक ही था। परन्तु इन मुगली हमलों के कारण स्वराज्य की आर्थिक स्थिति दुर्बल हो गयी थी। इन हमलों के कारण हुई आर्थिक दुर्बलता का हर्जाना मुगलों से ही वसूल करने की बात शिवाजी के मन में आना स्वाभाविक था। इसी हर्जाने को वसूल करने व साथ में औरंगजेब की दाढ़ी नोचने के लिए ही उन्होंने सूरत लूटने की योजना बनायी थी। यह बहुत ही दु:साहसिक योजना थी, पर शिवाजी तो ऐसे दु:साहसों को करने में बहुत दक्ष हो गये थे।

मुगलिया सल्तनत में भारत के पश्चिम किनारे पर 'सूरत' शहर बसा हुआ था। यह राजगढ़ से उत्तर की ओर 300 मील की दूरी पर था। बीच के भूभाग पर मुगलों का आधिपत्य था। शत्रु के प्रदेश में जाकर शत्रु के नगर को लूटना और बिना कुछ गँवाये सुरक्षित लौट आने का करिश्मा करना शिवाजी के सिवाय शायद विश्व में न किसी ने पहले किया न बाद में आजतक।

'सूरत' दिल्ली के बाद दूसरा धनी शहर था। उसे मुगल बादशाह की दाढ़ी ही कहा जाता था। करोड़ों रुपये का व्यापार इस नगर के बन्दरगाह से होता था। जकात से हर साल 12 लाख रुपये सल्तनत को मिलते थे।

अँग्रेज, डच, पुर्तगाली, यूनानी, पर्शियन, अफ्रीकन, अरेबियन, चीनी व्यापारी सूरत से अपने माल का आयात-निर्यात करते थे। हीरे, मोती, सोना, जवाहिर से सूरत के कोश लबालब भरे होते थे। कपड़ा, मसाले, केशर, कस्तूरी, चन्दन, इत्र, रेशम, जरी, हाथी दाँत, गलीचे, नक्काशीदार बरतन, आदि का व्यापार यहाँ से चलता था। स्त्रियों व गुलामों का व्यापार का भी यह केन्द्र था। अँग्रेज, डच आदि विदेशी शक्तियों ने यहाँ अपने गोदाम बनाये थे।

मक्का जाने वाले यात्री 'सूरत' से ही होकर जाते थे। इसलिए सूरत को मक्का का दरवाजा भी कहा जाता था।

शिवाजी के समय में सूरत का क्षेत्रफल चार वर्गमील था। बस्ती बहुत घनी थी। रास्ते सँकरे थे। नगर का कोट नहीं था। ताप्ती नदी के दक्षिण में बसे इसी नगर के पश्चिम में एक मजबूत किला अवश्य था।

किले का एक किलेदार था-'इनायत ख़ाँ।' जुल्म ढाने में और भ्रष्टाचार में अग्रणी। सूरत की सुरक्षा के लिए उसे पाँच हजार सैनिकों का वेतन मिलता था। परन्तु उसने केवल एक हजार सैनिक रखे थे। चार हजार सैनिकों का खर्चा वह खा जाता था। यही ढिलाई शिवाजी के हरकारे ने, जो सूरत की सारी जानकारी लेने आया था, शिवाजी को बतायी और कहा कि सूरत पर छापे से अकूत द्रव्य मिलेगा।

6 दिसम्बर, 1663 को शिवाजी दस हजार सेना लेकर सूरत के लिए चले। सर नौबत नेताजी पालकर, चिमणाजी, बापूजी मुद्‌गल देशपाण्डे, परसोजी महाडिक सन्ताजी बोवडे आदि सरदार उनके साथ थे। इतनी बड़ी सेना लेकर शत्रु की भूमि से होकर यात्रा करनी थी। रात में यात्रा और दिन में जंगल में विश्राम करते हुए रोज आठ मील की यात्रा शिवाजी ने की। वे नासिक के तीर्थस्थान त्र्यम्बकेश्वर आये। राजगढ़ से यह 200 मील दूर है।

4 जनवरी को वे 'घणदेवी' आये। 5 जनवरी को किसी अनजान सेनापति के आठ दस हजार की सेना के साथ 'घणदेवी' आने का समाचार सब तरफ फैल गया। 'हम बादशाही काम से अहमदाबाद जा रहे हैं'-यह बहाना टिक नहीं पाया। 'यह सेनानायक शिवाजी होगा'-यह विश्वास भी होने लगा और भागम-भाग शुरू हो गयी। बच्चे-कच्चे व सामान लेकर लोग भागते दिखने लगे। सूरत के करोड़पति दहल गये। वे हवेलियाँ छोड़ किले में शरण पाने के लिए आने लगे।

किलेदार इनायत ख़ाँ ने घूस लेकर उनको शरण देना शुरू कर दिया। अँग्रेज व डच अपने गोदाम बचाने की चिन्ता में पड़ गये। अँग्रेजों ने शहर में रूट मार्च

किया। शिवाजी ने सूरत के दरवाजे पर आते ही अपने दो आदमी पत्र देकर इनायत ख़ाँ के पास भेजे। पत्र में लिखा था–'नुकसान बचाने के लिए सूरत के तीन प्रमुख व्यापारी हाजी शहीद बेग, बर्हिजी बोहरा व हाजी कासिम हमारे सामने आकर सबकी ओर से जुर्माना तय करें अर्थात् इसके लिए सुबेदार उन्हें हमारे पास भेजें, नहीं तो सारा नगर आग और तलवार की भेंट चढ़ेगा।'

इनायत ख़ाँ ने कोई उत्तर नहीं दिया और वह किले में घुस गया। शिवाजी ने सूरत लूटने का आदेश दिया। सेना ने सूरत की डटकर लूट की। बुधवार सुबह से शनिवार शाम चार बजे तक चार दिन यह लूट चली। 10 जनवरी 1664 रविवार को शिवाजी की वापसी यात्रा शुरू हुई। एक करोड़ रुपये की सम्पत्ति लूटी गयी। लूट ले जाने के लिए हर सैनिक के पास एक अतिरिक्त घोड़ा था। रात को ही सारी लूट लेकर शिवाजी सूरत छोड़ कर कुछ कोस दूर चले गये। पिछाड़ी की सुरक्षा के लिए चार-पाँच सौ सैनिक पीछे रखे गये थे, पर वे सब भी वापस आ गये।

कोई भी धनपति माँगने पर अपना धन नहीं देता और स्वराज्य-स्थापना का अलौकिक कार्य तो बिना धन के हो नहीं सकता था। वह भी इसलिए कि शत्रु के बार-बार के हमलों से धन बहुत नष्ट होता था।

एक अँग्रेज अधिकारी के सामने सूरत छोड़ते समय शिवाजी ने जो कहा था, वह उसने अपनी डायरी में लिखा–

'ऐसा नहीं कि लोगों को दण्डित, खण्डित नहीं किया गया, पर सरेआम कत्ल के मुसलमानी रिवाज को नहीं अपनाया गया।'

'कास्म द गार्द' नामक पुर्तगाली ने लिखा है कि–

शिवाजी का शासन बहुत कठोर था किन्तु आम व्यक्ति को कोई खतरा नहीं था। जिसने विरोध नहीं किया, उसे नहीं मारा गया, जिसने विरोध किया उसे कड़ा दण्ड दिया गया।

60 दिन की इस मुहिम को पूरा कर '5 फरवरी 1664 को राजा शिवाजी सूरत की लूट के साथ सुरक्षित राजगढ़ किले पर पहुँच गये।'

❑❑❑

14

मिर्ज़ा राजा का शिवाजी के विरुद्ध अभियान

हमने पीछे पढ़ा, शाइस्ता ख़ान लज्जित होकर चला गया। शहंशाह औरंगजेब की इससे बहुत किरकिरी हो गयी थी। शिवाजी को किस तरह नेस्तनाबूत किया जाये, यही प्रश्न उसे बेचैन करने लगा। औरंगजेब ने शिवाजी को ठिकाने लगाने के लिए फिर बहुत सोच-विचार कर या कहें नाप-तौल कर अपने खासम खास मिर्जा राजा जयसिंह को 30 सितम्बर 1666 को इस काम के लिए नियुक्त किया।

मिर्जा राजा ने भी एक तरह से शिवाजी को मिटा देने की कसम खायी थी। इसलिए उसने सामान्य सैनिक तैयारी से कुछ अधिक मान्त्रिक, तान्त्रिक तैयारी भी की थी।

देखें मिर्जा राजा की तैयारी की बानगी-

1. मिर्जा प्रचण्ड सेना लेकर दक्षिण की ओर चला था। सेना का डेरा डेढ़ गाँव लम्बा और एक गाँव चौड़ा होता था।
2. अपने इस विशाल सैन्य शक्ति पर उसे पूरा भरोसा नहीं था, यह बात इससे साबित होती है कि उसने चार सौ ब्राह्मणों से किसी एक देवता को प्रसन्न करने का अनुष्ठान बैठाया था।
3. इस अनुष्ठान से भी वह सन्तुष्ट नहीं हुआ था, इसलिए उसने एक कोटि चण्डीयज्ञ भी करवाया।
4. उपर्युक्त दोनों धार्मिक, तान्त्रिक अनुष्ठानों से भी उसका विश्वास नहीं बढ़ा, तो उसने ग्यारह करोड़ शिवलिंग बनवा कर उनकी अभिषेकपूजा करवायी थी।
5. उसको फिर भी सन्तोष नहीं हो रहा था, इसलिए शिवाजी की मृत्यु के लिए बगलामुखी का जप करवाया। ये सब तान्त्रिक, मान्त्रिक अनुष्ठान करने के लिए उसने अपने जागीर जयपुर से विपुल धन मँगवाया।

6. शहंशाह औरंगजेब से अपने अधीन की सेना को इनाम, दण्ड, पदोन्नति आदि चाहे जो करने-कराने के सब अधिकार माँग लिये।

इतना सारा करने पर, दक्षिण में पहुँचने के बाद शिवाजी को घेरने के लिए उसने निम्नलिखित चालें चलीं-

1. पुरन्दर किले की तलहटी में पुरन्दर के तोपची रहते थे। वे दो भाई थे। उनके साथ तीन हजार लोग भी थे। उनको फोड़ने के लिए पैसा पहुँचाया। नौकरी में रख लेने का वचन भी दिया।
2. शिवाजी के रिश्तेदारों के साथ भी ऐसा ही व्यवहार करना शुरू किया। शिवाजी के शत्रु 'जावली' के चन्द्रराव मोरे को अभयपत्र व खर्चा भेजा।
3. शिवाजी के समुद्री बल को कम करने के लिए पुर्तगालियों से बात करने हेतु अपने दो फ्रांसीसी मित्र 'फ्रांसिस्को' और 'दियोगो दी मेलो' को भेजा।
4. अपने अधीन कार्यकर रहे पठानों को व्यापारियों के वेश में बीजापुर प्रदेश में जासूसी करने भेजा, जिससे बीजापुर व शिवाजी के रिश्ते का भेद जाना जा सके।

इसके बाद प्रत्यक्ष युद्ध करने के लिए शिवाजी के हिन्दवी स्वराज्य को चारों तरफ से बन्द करने हेतु थाने बनवाये। हर जगह हजारों की संख्या में सेना, रसद, तोप, तोपची, बारूद पहुँचायी। सबको हिदायत दी कि काम में गफ़लत का अर्थ है-'मौत'। इस तरह शिवाजी की हर तरह से नाकेबन्दी करने के बाद स्वराज्य की नाक कहे जाने वाले पुरन्दर किले को घेरा।

पुरन्दर को जीतने के पूर्व उसके पास के एक किले 'वज्रगढ़' 12 अप्रैल 1665 को जीता।

दाऊद ख़ान नामक अपने एक सेनानी को सात हजार घुड़सवार सेना के साथ स्वराज्य के दक्षिण कोंकण में उत्पात मचाने भेजा। उसने पचासों गाँव जलाये, हजारों पशु और अन्य सम्पत्ति जब्त की, सैकड़ों लोगों को कैद किया और फसलें उजाड़ दीं।

शिवाजी ने इन उत्पातों को रोकने हेतु मिर्जा राजे के पास वकील भेज सन्धि का प्रस्ताव किया। सन्धि-प्रस्ताव लाने वाले वकील को दुत्कार दिया गया। वकील मिन्नतें करता रहा।

फिर शिवाजी के वकील से मिर्जा राजा ने कहा–'बादशाह ने मुझे शिवा से बात करने नहीं भेजा है। मैं अपने जवाबदारी पर इसलिए बात नहीं कर सकता। हाँ, यदि शिवा नि:शस्त्र होकर गुनहगार के रूप में माफी माँगने आये, तो परमेश्वर का अवतार रहमदिल बादशाह कुछ भी कर सकता है।'

'मेरी उपस्थिति के स्थान पर मेरे पुत्र की उपस्थिति कृपया मान्य करें।' यह शिवाजी का निवेदन भी मिर्जा ने ठुकरा दिया।

हार कर शिवाजी ने अपने वकील के द्वारा अभय की शपथ माँगी, तो शिवलिंग पर से बेल-तुलसी उठाकर जयसिंह ने उसे दी और कहा कि मेरी छावनी में आकर सिवा बादशाही हुकुम मानने को तैयार हो, तो उसके अपराध माफ होंगे। उसको वह मान्य न हो, तो भी वह यहाँ से सुरक्षित जा सकेगा।

शिवाजी को हर तरह से दबाकर, अपमानित कर मिर्जा राजा ने उनसे पुरन्दर की सन्धि करवाई। इस सन्धि के बहाने जयसिंह ने शिवाजी की दो तिहाई दौलत अपनी मुट्ठी में कर ली।

पुरन्दर की सन्धि के बाद शिवाजी मुगलों के चाकर हो गये। पुरन्दर की सन्धि में निम्नलिखित शर्तें थीं।

1. शिवाजी के पास 12 किले और उनके अधीन का क्षेत्र जिसकी आय एक लाख होन थी, रहेगी।
2. शिवाजी अपने तेइस किले मुगल दरबार को सौंपेंगा।
3. शिवाजी मुगलों के शाही सूबेदार की मातहती में रहेगा और सूबेदार का आदेश मानेगा।
4. शिवाजी अपने पुत्र सम्भाजी को मुगल दरबार को सौंपेगा। सम्भाजी को मुगलों की ओर से पाँच हजार रुपये की मनसबदारी स्वीकृत होगी। सम्भाजी के छोटा होने के कारण उसके प्रतिनिधि के रूप में नेताजी पालकर काम करेगा।
5. शिवाजी बीजापुर के क्षेत्र, कोंकण आदि पर कब्जा कर, उसे अपने पास रख सकेगा, परन्तु शिवाजी को इसके लिए तीन लाख होन के हफ्ते की दर से कुल 40 लाख होन दिल्ली को देने होंगे।

इसके बाद मिर्जा ने औरंगजेब से फरमान मँगवाया। शिवाजी को अपनी शर्तों पर झुकाया। शिवाजी व सम्भाजी को दिल्ली भेजा। एक तरह से मौत के मुँह में। मिर्जा राजे के द्वारा अभय की शपथ लेने पर ही शिवाजी दिल्ली आये थे। परन्तु उन्हें अपमानित कर कैद कर लिया गया।

❑❑❑

15

शिवाजी का आगरे में आगमन

शिवाजी के छोटे से लवाज़मे में दो-ढाई सौ घुड़सवार थे। शिवाजी स्वयं पालकी में बैठ कर यात्रा किया करते थे। सिर पर तुर्कों की तरह की पगड़ी पहने, पैदल सैनिक उनकी पालकी के आगे चलते थे। उनके नारंगी रंग के निशान (ध्वजा) पर सोने की जरी का काम किया हुआ था। इस लवाजमे में ऊँट बहुत कम थे जो थे वे सामान से लदे थे। एक सौ बंजारे उनके साथ थे। वे बैल हाँकते चल रहे थे। शिवाजी की तरह ही उनके अधिकारी भी पालकी में बैठ कर ही यात्रा करते थे, अतः पालकियों की संख्या बहुत थी।

निशान लिये एक बड़ा हाथी सबसे आगे चलता था। आगे चलने वाले घुड़सवारों के घोड़े के जीन सोने-चाँदी से मढ़े हुए थे। उसके आगे पैदल सेना अकड़ कर चलती थी।

शिवाजी की पालकी के आगे एक सुखपाल (घुमट वाली पालकी) भी रहती थी। सुखपाल उठाने के डण्डे चाँदी से मढ़े हुए थे। शिवाजी की पालकी भी पूरी चाँदी से मढ़ी हुई थी। पालकी के पाँव और खूटियाँ सोने से मढ़ी हुई थीं। उनकी पालकी के पीछे खाली हौदे वाली दो हथिनियाँ चल रही थीं। लवाज़मे में हाथी-हथिनियों की संख्या आठ थी।

कुल चित्र ऐसा कि पहले निशान का हाथी, उसके पीछे घुड़सवार उसके पीछे पैदल सैनिक, उसके पीछे सुखपाल, उसके बाद राजा की पालकी, उसके पीछे सम्भाजी की पालकी, उसके पीछे खाली हौदे लगे दो हथिनियाँ, उसके पीछे अधिकारियों की पालकियाँ, उसके पीछे सामान लदे ऊँट और उसके पीछे बंजारे और उनके बैल, आगे-पीछे दूसरे सुरक्षा सैनिक थे।

दिल्ली के बहुत नजदीक आने के बाद रामसिंह का एक सहायक अधिकारी परखलदास शिवाजी के दर्शन करने गया था। उसने अपनी भेंट में जो देखा वह लिखा। वह लिखित उपलब्ध है- जो इतिहास का साक्ष्य है। उसने लिखा है-

'राजा शिवाजी छोटे लवाज़मे के साथ आये हैं। उनके लवाज़मे में कोई दो ढाई सौ घुड़सवार होंगे। उनके साथ आठ हाथी और गिनती के ऊँट हैं, जिनपर सामान लदा है।

शिवाजी और उनके सारे अधिकारियों के पालकियों में सवार होकर यात्रा करने से पालकियों की संख्या बहुत है। शिवाजी की पालकी चाँदी-सोने से जड़ी थी। उस पालकी के आगे तुर्कों की तरह साफा बाँधे सैनिक चल रहे थे। राजा की पालकी के पीछे उनके पुत्र की पालकी थी और उसके पीछे अधिकारियों की पालकियाँ थीं। राजा का निशान (झण्डा) सुनहले काम का नारंगी रंग से मिलता था और एक हाथी उसे लिये हुए था। तब बनजारे भी लवाज़मे के साथ चलते थे। इस लवाजमे में भी एक सौ बनजारे अपने बैलों के साथ थे।'

परखलदास ने राजा के व्यक्तित्व का वर्णन भी किया है। वह कहता है-'पहली बार देखने पर राजा कुछ कम ऊँचाई के छरहरे लगते हैं, पर उनका चेहरा गोरा है और बिना पूछे ही 'यह राजा है', यह तुरन्त समझ में आ जाता है। देखते ही यह समझ में आ जाता है कि यह व्यक्ति बहुत हिम्मतवान व मर्दाना है। उसके दाढी है। उसका आठ-नौ वर्ष का पुत्र भी साथ है, जो गोरा, राजसी और सुन्दर है।'

आगरा जाने का उस समय जो प्रचलित मार्ग था, उस मार्ग से शिवाजी नहीं जा सके। उन्होंने तुलजापुर होकर जाने का मार्ग अपनाया। सीधा रास्ता छोड़ लम्बे रास्ते से जाने के दो कारण थे। पहला तो यह कि मिर्जा राजे का डेरा उस समय तुलजापुर में था। उसकी सौजन्य भेंट लेना राजनीतिक अनिवार्यता थी। दूसरा यह कि तुलजापुर की देवी माँ को शिवाजी अपनी कुलस्वामिनी मानते थे। एक विकट साहस का सामना करने जाने के पूर्व उनका दर्शन, पूजन अनिवार्य था ही। तुलजापुर के करीब ही पैठण नामक नगर है, जिसे महाराष्ट्र की काशी कहा जाता है। पैठण सन्त एकनाथ की नगरी भी होने से शिवाजी पैठण आये और वहाँ से औरंगाबाद की ओर बढ़े। औरंगाबाद से उन्हें यात्रा-खर्च के लिए धन लेना था। वह लेकर शिवाजी बुरहानपुर, हण्डिया, भोपाल, सीहोर, नरवर, धौलपुर के रास्ते आगरा गये।

रास्ते में ही कहीं उन्हें औरंगजेब का पत्र मिला। यह पाँच अप्रैल को लिखा था। उसका सार यह था कि 'आप मिर्जा राजे जयसिंह द्वारा निश्चित किये अनुसार इस प्रान्त में आने के लिए रवाना हुए हो, यह जानकर खुशी हुई। मंजिल दर मंजिल तय करते आप पधारो। मुलाकात के बाद बहुत आदर के साथ विदाई कर दी जायेगी। अभी आपके लिए पोशाक भेजा है, वह लें।'

'मुलाकात के बाद विदाई कर दी जायेगी।' ऐसा वचन लिखित में मिल जाने से शिवाजी का उत्साह और अपेक्षाएँ भी बढ़ीं। रास्ते में एक पत्र और मिला। वह मिर्जा राजे जयसिंह के पुत्र राम सिंह का था। पत्र में लिखा था-'12 मई 1666, शनिवार को औरंगजेब से आपकी भेंट होनी है। अत: आप 11 मई को ही आगरा आ जायें'।

इस समय आगर में चारों ओर उत्साह का वातावरण था। चान्द्रवर्ष की गणना के अनुसार औरंगजेब का 50 वाँ जन्मदिवस 12 मई को था। औरंगजेब ने अपने पिता शाहजहाँ को आगरा के किले में ही कैद कर रखा था। सन् 1657 में राजगद्दी सँभालने के बाद से 1666 तक औरंगजेब आगरा नहीं आया और अब आगरा में सालगिरह का दरबार लगना था।

सल्तनत के उच्च अधिकारी और राजे, उमराव, रजवाड़े इस प्रथम सरकारी उत्सव के लिए जमा थे। राम सिंह की सूचना के अनुसार शिवाजी सही समय पर आगरा की सीमा के पास आ गये थे।

आगरा से पलायन

अब पहले इस चर्चा से बाहर आकर हम यह जानें कि आगरा से पलायन की वह लोमहर्षक घटना शिवाजी ने कैसे घटित की?

शिवाजी का औरंगजेब की राजधानी आगरा आना एक तरह से मौत के कुएँ में आना था। सारी मुस्लिम सत्ता और लोग शिवाजी के वैरी थे। क्या नहीं किया था, इस वैरी ने। शाइस्ता ख़ान जैसे औरंगजेब के रिश्तेदार की अँगुलियाँ काट कर उसको बेआबरू बना कर पुणे से भगाया था, तो साम्राज्य की एक शाही नगरी सूरत को लूटा था। ऐसे में सबको झाँसा देकर शिवाजी का भाग जाना बहुत आश्चर्य की बात थी।

पर, आश्चर्य तो इस बात का अधिक है कि अपने 36 रिश्तेदारों को कत्ल कर दिल्ली के तख्त पर बैठा औरंगजेब ऐसा कैसा लाचार रहा कि वह शिवाजी का बाल भी बाँका नहीं कर सका। शिवाजी करीब 100 दिन आगरा में रहे और उनको मारने के षड़यन्त्र उनके आगरा आने के दूसरे दिन से शुरू हो गये थे।

12 मई से 17 अगस्त तक शिवाजी आगरा में थे और यह अवधि उनके जीवन की कड़ी परीक्षा की अवधि थी। हर दिन कुछ न कुछ नया संकट शिवाजी के सामने आता और उस नये संकट से पार पाने के लिए शान्त चित्त से उपाय वे करने लगते। अधिकतर औरंगजेब को पत्र देने, उसके सरदारों से मिल ढिली-गाँठ करने जैसे प्रयास होते रहते।

12 मई को ही दरबार में शिवाजी ने अपने निराले स्वाभिमानी तेवर दिखलाये और सारा मामला बिगड़ गया। यहाँ शिवा के तेवर दरबार में उपस्थित होने, वहाँ के वातावरण व उनके साथ हुए व्यवहार का उल्लेख जरूरी है।

रामसिंह को शिवाजी के स्वागत व अगवानी के लिये नियुक्त किया गया था, पर शिवाजी के शत्रुओं ने ऐसा कुचक्र रचा कि रामसिंह स्वागत करने सामने आ ही नहीं पाया। उसे राजमहल की गश्त का काम सौंपा गया, जो हर उमराव को सौंपा जाता था। वह 12 मई को सुबह दस बजे तक उसी कर्तव्य में फँसा था, जबकि दरबार ठीक दस बजे शुरू होना था।

इस कारण दोपहर ठीक 12 बजे धूप में तपते, पसीने में लथपथ शिवाजी दरबार में पहुँचे। कुँवर रामसिंह ने शिवाजी के आने की सूचना बादशाह तक पहुँचायी। बादशाह ने अपने बक्शी को उनको लाने के लिए कहा। शिवाजी बादशाह के सामने आये। उन्होंने बादशाह को तीन बार मुजरा किया, 1000 मोहरें और 2000 रुपये नजर किया। वैसे ही 5000 रुपये निसार (न्यौछावर) किये। उनके पुत्र सम्भाजी ने भी 500 मोहरें, 1000 नकद नजर और 2000 रुपये निसार (न्यौछावर) किये।

परन्तु बादशाह ने शिवाजी से कोई पूछताछ नहीं की, उन्हें उपहार या खिताब देने का प्रश्न ही नहीं आया। केवल उन्हें छोटे मनसबदारों की पंक्ति में खड़ा किया गया।

दरबार का काम आगे बढ़ा, इत्र-पान बँटना शुरू हो गया। इसके बाद दरबार की ओर से जो वस्त्र आदि दिये गये, उसमें भी शिवाजी को टाला गया। यह अपमान शिवाजी को भड़का गया। वे दरबारी रीति-रिवाज को छोड़ नीचे बैठ गये। उनकी आँखों में पानी भर आया था।

अब तक चुप बैठे महा धूर्त औरंगजेब ने तुरन्त रामसिंह से पूछा-'सीबाला'? (सेवा को पूछो, क्या हो)

रामसिंह कुछ पूछता, इसके पहले ही शिवाजी गरज उठे-'तुमने देखा, तुम्हारे बाप ने देखा और तेरे बादशाह ने भी देखा होगा कि मैं किस तरह का आदमी हूँ। तुम्हारी मनसब छोड़ी, खड़ा ही करना था, तो दर्जे से खड़ा करना था।'

सारा दरबार देख रहा था। शिवाजी गुस्से से थरथराते बैठी जगह से उठे और बादशाह की ओर पीठ कर कतार से बाहर जाने लगे। रामसिंह ने उन्हें जाने से रोकने के लिए उनका हाथ पकडा, पर उसे झटककर पास के एक खम्भे से टिककर शिवाजी एक ओर बैठ गये।

राम सिंह ने उन्हें मनाने की कोशिश की पर वह किसी की सुनने को तैयार नहीं थे। प्राण की परवाह न करते वे चिल्लाये- 'मेरी मृत्यु आ गयी है। या तो तुम मुझे मारोगे या मैं अपघात कर मरूँगा। मेरा सिर काटकर ले जाओ। मैं बादशाह की हुजूरी में नहीं चलता।'

रामसिंह ने औरंगजेब से ये सारी बातें कहीं, तब औरंगजेब ने अपने तीन आदमियों को कहा कि 'जाकर उसे समझाओ और उसे सरोपा के वस्त्र दो तथा उसे मेरे पास लाओ।'

तीनों ने ही शिवाजी से विनती की, पर उन्होंने उन्हें भी सुना दिया-'मैं सिरोपा नहीं लूँगा। मुझे पातशाहजी ने जसवन्त के नीचे खड़ा किया। मैं पातशाहजी का मनसब नहीं लेता। चाकर नहीं रहता। मुझे चाहो तो मारो, कैद करना चाहो कैद में करो। पर मैं सरोपा न पहनूँगा।'

अन्त में बादशाह ने राम सिंह को आदेश दिया-'कुँवर! तू उसे अपने साथ डेरे पर वापस ले जाओ और उसे समझाओ।'

राम सिंह चुपचाप दरबार से निकला और शिवाजी को लेकर अपने डेरे पर आया। वहाँ भी शिवाजी क्रोध में ही रहे, अतः उन्हें उनके डेरे पर पहुँचा दिया।

तीसरे प्रहर कुँवर राम सिंह ने अपने एक चाकर गोपीराम के हाथों शिवाजी के लिए मेवा भेजा। गोपीराम ने शिवाजी को एक रुपया नजर किया और वह मेवा उनके सामने रखा। शिवाजी ने गोपीराम को सरोपा के वस्त्र भेंट किये।

उसी दिन शाम को कुँवर राम सिंह ने अपने दो अधिकारी बल्लूशाह व गिरधरलाल मुंशी को शिवाजी को मनाने के लिए भेजा। शिवाजी का गुस्सा काफी कुछ ठण्ढा पड़ गया होने से उन्होंने दोनों आदमियों को कहा- 'मैं अपने बेटे को भाई के साथ ही भेजूँगा। वह उनका चाकर होकर चाकरी करेगा। मैं भी दिन-दो पीछे चलूँगा।'

गुस्सा ठण्ढा होने की खबर राम सिंह ने बादशाह के पास भिजवा दी। दूसरे दिन दरबार में राम सिंह से औरंगजेब ने पूछा 'सेवा आयेगा?

राम सिंह ने कहा-'उसका व्रत है, अतः आज न आयेगा'।

मनसबदारों को शाम को भी बादशाह को मुजरा करने जाना पड़ता था। शाम को राम सिंह के साथ सम्भाजी को भी शिवाजी ने भेजा था। वहाँ वह रामसिंह के साथ खड़ा था। बादशाह ने उसके आने की जानकारी ली और उसे सरोपा के वस्त्र एक रत्नजटित खंजर और मोतियों की माला भेंट की।

दरबार रोज लगता था। सुबह और शाम। और उसमें हाजिरी लगाना हर ओहदेदार का अनिवार्य काम था। शिवाजी भी घोषित ओहदेदार हो गये थे, फिर भी वे दूसरे दिन सुबह-शाम दरबार में नहीं गये। उनका यह व्यवहार मुसलमानी शहंशाही रिवाजों का अनादर था। इसलिए दरबार समाप्ति के बाद ही औरंगजेब के निकटवर्ती लोगों ने उन्हें घेरा। इस तरह घेरे जाने पर औरंगजेब ने आदेश दिया कि 'शिवाजी को 'राज अन्दाद ख़ान' की हवेली में ले जाया जाये।'

'राज अन्दाद ख़ान' आगरा किले का किलेदार था। सतनामी लोगों के राजद्रोह को इसी ने क्रूरता से दबाया था और इनाम पाया था।

यह आदेश सुनते ही राम सिंह मीर बक्शी अमीन ख़ान के पास गया, क्योंकि इस आदेश में क्या छिपा है? यह वह जानता था। उसने मीर बक्शी से कहा कि सिवा हमारे अभय कौल पर यहाँ आया है और बादशाह उसे मरवाना चाहता है, तो आप बादशाह से कहो कि 'पहले हमें मारें, बाद में मेरी सन्तान को मारें और फिर सिवा को हाथ लगायें।' मीर वक्शी अमीन खान ने राम सिंह का कहा तत्काल ही औरंगजेब को जाकर कहा।

औरंगजेब को अपने आदेश पर विचार करना पड़ा। उसने आदेश दिया कि राम सिंह अपनी ओर से ज़मानत पेश करे। राम सिंह ने यह सारी बात शिवाजी को बतायी। शिवाजी ने दूसरे दिन मंगलवार को सुबह नहा धोकर शिवलिंग की पूजा की और उस पर चढ़ाई बेल-तुलसी हाथ में लेकर राम सिंह को दी और कहा। 'मैं आगरा छोड़ कर न तो जाऊँगा, न अपना कोई बिगाड़ करूँगा।'

शिवाजी से वचन मिलने पर राम सिंह ने जमानत का कागज बनवाया और शाम को अमीन खान को दिया अमीन खान ने उसे बादशाह को दिया, औरंगजेब ने जमानत देख कर कहा कि 'शिवा के गुनाह मिर्जा राजा को देखकर माफ़ किये जाते है, पर आगे ये नहीं होगा।' फिर राम सिंह से कहा कि 'सिवा को अपने निवास से दूर रखो।'

शिवाजी को मारने के बीच में राम सिंह बाधा है, यह जब बादशाह को समझ में आ गया, तब उसने राम सिंह को काबुल भेजने की योजना बनायी, वैसे आदेश भी दिये, पर वे लागू न हो सके।

शिवाजी को यह ज्ञात हो गया कि बादशाह का इरादा उन्हें मारने का है, तब वे सावधान रहने लगे। इसलिए नये-नये प्रस्ताव औरंगजेब को भेजते रहे। ऐसे किसी प्रस्ताव को मान लेने पर उन्हें आगरा से बाहर जाने का बहाना मिल जाना था। पर, औरंगजेब इससे चिढ़ गया और उसने फौलाद ख़ान को शिवाजी के डेरे के चहूँ ओर का पहरा सख्त करने के आदेश दिये। यह 24 मई को हुआ।

औरंगजेब 'साँप भी मर जाये और लाठी भी न टूटे' के मार्ग पर चल रहा था। शिवाजी ने राम सिंह से कहा कि 'जाकर बादशाह से कहो कि जब फौलाद ख़ान की पहरेदारी लगा दी गयी है, तब मेरी ज़मानत से मुझे मुक्त करो और शिवाजी का चाहे जो करो।' पर, राम सिंह जैसा सच्चा राजपूत ऐसा कैसे कह सकता था। उल्टे उसने अपने आदमी शिवाजी की सुरक्षा में लगा दिये।

यह खबर औरंगजेब को लगी, तब उसने गुस्से में शिवाजी को मार डालने का आदेश अपने तोपखाने को और फौलाद ख़ान को दिया। पर, रामसिंह के आदमी वहाँ जमा थे। ये आदमी वहाँ क्यों आये हैं, यह राम सिंह से बादशाह ने पूछा। राम सिंह ने कहा-'मुझे आपने काबुल जाने का हुक्म दिया था, इसलिए मैंने अपने आदमी देश से बुलवाये थे। मैं खानदानी चाकर हूँ, बिना आदेश कैसे, क्या कर सकता हूँ। फिर शिवाजी भी बादशाही बन्दा है। आप अपने बन्दे को बिना कसूर मार डालो, तो मार डालो।'

औरंगजेब समझ गया, मामला सीधा नहीं है और उसने अपने आदेश वापस ले लिये। शिवाजी भी समझ गये थे कि भागने के सिवाय कोई चारा नहीं है। पहरेदारों से अधिक राम सिंह का औरंगजेब को दिया जमानत अर्ज इसमें बड़ा बाधक था। वे राम सिंह को समझाने लगे थे कि 'तू मेरी चिन्ता छोड़। तू मुक्त हो ले और जमानत अर्ज वापस ले ले।'

इस बीच शिवाजी ने हलका होने की दृष्टि से अपने साथ महाराष्ट्र से आये लोगों से कहा कि मेरे पास से दूर हो जाओ। राम सिंह ने इन लोगों को अपने डेरे के पीछे के बगीची में जगह दे दी। फिर शिवाजी ने फौलाद ख़ान के मार्फत औरंगजेब को सीधा अर्ज किया-'मैने अपने सारे आदमियों को देश जाने का आदेश दिया है, अतः उनके लौटने के कागज बना दिये जायें।'

औरंगजेब ने शायद इसका दूसरा अर्थ लिया कि 'अब शिवाजी अकेला रह जायेगा, तो उसे खत्म करना आसान हो जायेगा।' यह सोच कर राम सिंह को जमानती से मुक्त कर शिवाजी के लोगों को भी देश जाने की अनुमति उसने दे दी। फिर भी राम सिंह ने शिवाजी की सुरक्षा के लिए लगाये अपने आदमी बने रहने दिये, क्योंकि उनके प्राण को धोखा बना हुआ था।

इस बीच औरंगजेब ने दक्षिण जाने की योजना बनायी। अपने पीछे वह शिवाजी की पूरी जिम्मेदारी राम सिंह पर छोड़ जाना चाहता था, जिससे कि शिवाजी को मरवाया जा सके। पर, राम सिंह ने मना कर दिया। उसने कहा कि मैं भी दक्षिण आपके साथ चलूँगा।

शिवाजी के निवास के चारों ओर फ़ौलाद ख़ान की चौकियाँ और राम सिंह के पहरे चल रहे थे। सम्भाजी राम सिंह के साथ रोज दरबार जाता था। दोनों ही पक्ष शतरंज के खेल जैसे एक-दूसरे को मात देने की सोच रहे थे। एक बात अवश्य थी कि पूरे आगरा में धीरे-धीरे शिवाजी के लिए जनता और अधिकारियों में सहानुभूति बढ़ती जा रही थी। इसी को बढ़ाने के लिए राम सिंह से हुण्डी पर 66 हजार रुपये उठाकर मित्र जोड़ने के लिए शिवाजी ने खर्च करना शुरू किया। इसी बीच मिर्जा राजा का एक पत्र औरंगजेब को मिला, जिसमें लिखा था कि 'शिवाजी को कैदी की तरह नहीं, अच्छी तरह रखें। यहाँ उनके राज्य के लोगों को यह मालूम होने पर, वे निराश होकर आदिलशाह से मिल कर हमारे लिए कठिनाई पैदा कर सकते हैं।'

फिर, औरंगजेब का मिजाज बिगड़ा और शिवाजी को तत्काल मार देने का आदेश उसने दिया। परन्तु फिर राम सिंह के कड़े विरोध के कारण अपना आदेश वापस लिया और शिवाजी को विट्ठलदास की हवेली में रखने का आदेश दिया।

यह काम बहुत ही गुप्त ढंग से होना था। इसके लिए पहले शिवाजी के डेरे के पास का पहरा कड़ा किया गया। परन्तु यह खबर शिवाजी को मिल ही गयी। यह कृष्ण-जन्माष्टमी का दिन था और अगस्त की तेरह तारीख थी। इसी समय शिवाजी को राम सिंह ने यह बताया कि आपको मेरे घर आने से मना किया गया है। इस दिन के बाद से शिवाजी ने शीघ्रता की। अपने हाथी-घोड़े, पालकी आदि भारी सामान कवि परमानन्द के साथ पहले ही भेज दिये थे। परमानन्द शिवाजी के दूसरे आदमियों के साथ बादशाह से परवाना लेकर आगरा छोड़ गया था।

अब मूलचन्द सेठ के मार्फत शिवाजी ने अपने सारे अलंकार मोहरें, होन, मोती आदि दक्षिण में भेज दिये। उस जमाने के कई सेठ ऐसा व्यवहार विश्वासपूर्वक करते थे। मतलब शिवाजी भागने की दृष्टि से अपने को हलका करने में लग गये थे।

कुछ तकनीकी व्यवस्था भी दूरदर्शिता की दृष्टि से उन्होंने की। वे शाल ओढ़ कर एक हाथ बाहर लटका कर सोने लगे थे। उस हाथ में सोने का कड़ा पहना होता था। सेवकों आदि का आना-जाना भी कमतर कर दिया गया था। उनके पलंग के पास तक कोई आता-जाता नहीं था। दूर से ही उनपर नजर रखी जाती थी।

14 अगस्त को दरोगा के मार्फत शिवाजी ने बादशाह को अर्ज किया- 'श्रीकृष्ण जन्म को हमारा व्रत होता है। इस दिन से हम मेवा-मिठाई बाँटते हैं। आदेश हो तो, करें, नहीं तो....' आदेश मिल गया। मिठाई के पिटारे आगरा के जाने-माने लोगों को पहुँचाये गये। इन पिटारों में एक आदमी अन्दर बैठ सकता था। इनको

दो आदमी कन्धों पर ढोकर ले जाते थे। पूछताछ होती थी, पिटारे खोल कर देखे जाते थे। उनमें सचमुच मिठाई, मेवा भरा रहता था।

इतिहासकारों ने नहीं कहा है, पर यहाँ यह विचारणीय है कि जब मिठाई भर-भर पिटारे आगरा के धनी-मानी वजीर, उमराव आदि को भेजे जा रहे थे, तो पहरे पर खड़े सिपाहियों को भी भर-भर अँजुली मिलते ही होंगे और वे शिवाजी के लिए दुआ माँगते ही होंगे। और समय आने पर साथ देने को भी तैयार होंगे।

आश्चर्य की बात है कि 13 अगस्त जन्माष्टमी की रात को शिवाजी ने अपने सलाहकारों से मन्त्रणा कर योजना बनायी। 14 अगस्त को बादशाह से अनुमति लेकर पहली बार पिटारे भेजे गये। 15 और 16 अगस्त को भी ऐसा ही हुआ और 17 अगस्त शुक्रवार को जब सारा आगरा बादशाह के पीछे मसजिद में गया था, तब शिवाजी को लिये हुए पिटारे मथुरा के लिए चल दिये थे। कुल चार दिन में यह हुआ था। दोपहर को अपने सामने पिटारे भराते-भराते शिवाजी का और शायद सम्भाजी का भी सिर जोर से दुखने लगा। वे जाकर पलंग पर लेट गये।

उसके बाद डेरे में पूरी शान्ति बनी रही, जो दूसरे दिन सुबह तक थी। सुबह देखते क्या हैं कि पंछी उड़ गया है। बीच-बीच में कमरे में पहरेदार झाँक जाते। पलंग पर शाल ओढ़े शिवाजी, जिनके बाहर लटके हाथ में कड़ा है, सिरहाने पगड़ी है, मदारी मेहतर पैर दबा रहा है, आदि देख जाते। राजा को बहुत कष्ट है, यह समझते।

18 अगस्त को भोर में शिवाजी मथुरा में अपने सरदार के एक परिचित के यहाँ पहुँचे। सम्भाजी को उनके यहाँ रखा और उन्ही के बड़े लड़के को साथ लिया। यह मथुरावासी हिन्दी अच्छी जानता था। नहाये, वैरागियों को वेश बनाया और काशी की ओर निकल गये।

❑❑❑

16

राजा शिवाजी अँगूठा दिखा निकले

शिवाजी की आगरा जाने की और वहाँ से कराल काल से छूटकर सही सलामत निकल आने की घटना भारतीय इतिहास की हीरे जड़ित स्वर्णिम घटना है। इसके समतुल्य विश्व इतिहास में भी कोई घटना नहीं हुई थी।

पिछले प्रकरण में इसे विस्तार से नहीं दिया जा सकता था। अत: उसे यहाँ विस्तार से दिया जा रहा है। क्योंकि ऐसा न करने पर शिवाजी का यह स्वर्णिम इतिहास अधूरा रह जायेगा।

शिवाजी अपने पुत्र , वर्ष के सम्भाजी के साथ सोमवार दिनांक 5 मार्च 1666 को औरंगजेब से मिलने आगरा जाने को निकले और 30 सितम्बर 1666 को अपनी राजधानी राजगढ़ लौट आये। इस तरह वे केवल सात माह ही स्वराज्य से बाहर रहे।

औरंगजेब, जिसे 'हजरत सलामत किबलाये दीनों दुना अबुल मुजफ्फर मुइउद्दीन मोहम्मद औरंगजेब बहादुर आलमगीर' कहा जाता था, से शिवाजी मुस्तकिरुल ख़िलाफ़त अकबराबाद (आगरा) में विनम्र भेंट लेने वाले थे।

शिवाजी का दूसरे दिन भी दरबार में न जाना, उसके शत्रुओं के लिए शुभ था। उन्होंने जिसमें औरंगजेब की पत्नी भी थी, औरंगजेब को तबीयत से भड़काया। सबकी सुनने के बाद औरंगजेब ने आदेश दिया-'शिवा को राज अन्दान ख़ान की हवेली में ले जाया जाये।'

रामसिंह ने फिर जामिन-पत्र बादशाह को दिया।

इस तरह नित नये विचार शिवाजी का काँटा निकालने के लिए किये जाते और फिर वे फिस्स हो जाते।

प्राण संकट निकट रहते हुए भी शिवाजी ने अद्‌भुत धैर्य से काम लिया और अन्त में औरंगजेब अर्थात् पूरी सल्तनत को अँगूठा दिखा, दुष्टों के चंगुल से निकल भागे। और, ऐसा भागे कि फिर सारी मुगलिया सल्तनत उनको खोजते रह गयी पर वे हाथ न आये। औरंगजेब के शिकंजे से छूटने का अभूतपूर्व चमत्कार

कर दिखाया शिवाजी ने। शिवाजी ने आखिरी दाँव चलने के पूर्व भी छोटी-बड़ी जो युक्तियाँ की थीं, उनको जानना भी उपयोगी होगा–

1. शिवाजी बड़े लवाज़मे के साथ आगरा गये थे। उसमें हाथी, घोड़े, पालकियाँ, ऊँट के साथ ही सैकड़ों नौकर-चाकर भी थे। भागने के लिए हलका होने की दृष्टि से इस लवाज़मे को वापस भेजना आवश्यक था। शिवाजी ने अलग-अलग बहाने बनाते हुए अनुमति ले-लेकर इस सारे लवाज़मे से पीछा छुडाया।
2. नैतिक दृष्टि से भी मुक्त होने के लिए जयसिंह के पुत्र रामसिंह ने जो लिखित वचन औरंगजेब को दिया था, उसे भी रामसिंह से वापस करवा दिया।
3. जन्माष्टमी का बहाना बनाकर, व्रत को पूरा करने के लिए शहंशाह से मिठाई बाँटने की अनुमति माँगी। वह मिलते ही बड़े-बड़े पिटारों में ओहदेदारों को मिठाई भेजनी आरम्भ की।
4. उन्होंने भागने के लिए शुक्रवार का दिन चुना। शुक्रवार का दिन मुस्लिम शासन में छुट्टी का और मस्जिद में जाकर नमाज पढ़ने का दिन होता था। ऐसे में शहंशाह जिस मस्जिद में नमाज पढ़ने जाता था, वहाँ जाकर उसके दर्शन पाने का माहौल नगर में बन जाता था।
5. जिस दिन शिवाजी कैद से भागे, उस दिन मथुरा के देवी-देवताओं के लिए मिठाई भेजने की अनुमति औरंगजेब ने प्रदान कर दी थी।

इस सारे घटना में से कुछ ऐसे प्रश्न निकलते हैं कि जिनका उत्तर दिया जाना आवश्यक लगता है।

पहला प्रश्न है-शिवाजी आगरा गये ही क्यों? महाराष्ट्र के इतिहासकारों ने इस पर बहुत तर्क-वितर्क प्रस्तुत किये हैं, पर सबसे सरल और तर्कपूर्ण उत्तर इतिहासकार विजय देशमुख ने दिया है। उसमें मैंने कुछ संशोधन किया है और उत्तर इस प्रकार बना है-

'अपनी आन के लिए प्रसिद्ध एक हिन्दू राजपूत पहली बार शिवाजी पर भेजा गया था। वह पूजापाठी शंकरभक्त है। तुलसी और बेलपत्ती जिसके लिए पवित्र है, जो शिवाजी से आयु में दुगुना बड़ा, प्रौढ़ भी है, यह सब जब शिवाजी को ज्ञात हुआ, तब निश्चित ही उनका उदार मन उसके आने से भय-कम्पित नहीं हुआ होगा। उल्टे बहुत कुछ आदर से भर गया होगा।

शिवाजी जिन मुद्दों को लेकर युद्ध ठाने हुए थे। वे मुद्दे यह प्रौढ़ व्यक्ति समझ सकता है। यह बात भी उनके मन में आयी होगी। क्योंकि वे सारे मुद्दे धर्म के मुद्दे थे।

शिवाजी की ओर से थोड़ी ढिलाई या गफ़लत इसी सोच के कारण हुई, परन्तु जल्दी ही शिवाजी ने पाया कि वह पूरे शिकंजे में फँस गये हैं। वह अपने ही स्वराज्य में चारों ओर से पक्की तरह कैद कर दिये गये हैं। इस कैद से निकलने के लिए उन्हें मिर्जा के कहे अनुसार करने के सिवाय कोई चारा नहीं था। यह एक अन्तिम रास्ता था। शिवाजी को अपनी कूटनीति पर भरोसा था। उस रास्ते चलकर भी बहुत कुछ पाया जा सकता है। यह वह जानते थे और साहस तो उसका मित्र ही था।

मिर्जा की मर्जी शिवाजी को औरंगजेब के सामने खड़ा करने की थी। उसकी गुलाम प्रवृत्ति का वह बड़ा आदर्श था। उसने अब तक अपना उल्लू सीधा किया था और वही उसे आगे भी करना था। उसके लिए शिवाजी एक साधन मात्र थे। अपनी बड़ी-बड़ी बातों और धार्मिक ढोंग से उसने शिवाजी पर मोहिनी डाली और शिवाजी को उसकी चाल में फँसकर विवशता में दिल्ली जाना पड़ा।

शिवाजी जिस प्रौढ़ व्यक्ति से बातें करना चाहते थे, दुर्भाग्य से मिर्जा वैसा नहीं था। उल्टे वह उनमें से था, जिन्होंने अपनी बहनें-कन्याएँ मुगलों को ब्याह कर गौरव का अनुभव किया था। यह शायद शिवाजी को स्मरण नहीं रहा। मिर्जा ने शिवाजी के साथ कैसा छल किया, यह स्पष्ट दर्शाता है। मिर्जा द्वारा औरंगजेब को भेजा एक पत्र मिला है। यह पत्र तब भेजा गया था, जब शिवाजी आगरा में कैद थे। उसकी कुछ ही पंक्तियाँ उसके मन का छल स्पष्ट करने के लिए काफी हैं। वह पत्र कुछ इस प्रकार का था–

'शिवाजी पर आक्रमण करने को खुद बादशाह ने मुझे भेजा था। बहुत कम समय में मुझे सफलता मिली। उसके बाद हजारों तरकीबें भिड़ा कर उसे और उसके पुत्र को मैंने बादशाह के सामने भेज दिया है।'

इतिहासकारों को जिस दूसरे प्रश्न ने परेशान किया वह यह कि 'दरबार में किस विशेष बात ने संघर्ष की चिनगारी को हवा दी।'

देशमुख इस सम्बन्ध में दो मुद्दे रखते हैं। पहला यह कि चाहे जो कारण रहे हों, शिवाजी दरबार में बहुत देर बाद उपस्थित हुए और दूसरे उन्होंने कोर्निश नहीं की। कोर्निश में बादशाह के सामने जमीन पर सिर रख कर जमीन का चुम्बन लिया जाता है।

पहली भेंट में ऐसी कोर्निश करना आवश्यक था। कोर्निश करवा लेना बादशाह अपना अधिकार मानते थे और औरंगजेब तो निश्चित ही इसका बड़ा आग्रही होगा। शिवाजी की तरफ से कोर्निश न होने पर उसके मन में यह आना कि 'अभी भी झुकता नहीं है, जानता नहीं है, मैं कौन हूँ। अब देख, मैं कैसा मजा चखाता हूँ,' तो यह गलत नहीं होगा।

तीसरा बड़े मजे का प्रश्न यह है कि आगरे के किले में कैद शिवाजी पिटारे में बैठे या उसे कन्धा लगा कर बाहर निकले। वैसे पिटारे में घुड़ी-मुड़ी होकर बैठना बड़ा ही कठिन है, इसलिए यह मानना ही उचित जान पड़ता है कि वह पिटारे को कन्धे पर लिये (कहारों के वेश में) ही बाहर निकले।

पिटारों की जाँच करते समय सैनिकों का ध्यान भी पिटारे की ओर होगा, उसको ढोने वाले मजदूरों की ओर नहीं, यह सामान्य-सी बात शिवाजी समझ सकते थे। उन्होंने मजदूरों का वेश भी बनाया होगा। इस तरह यही बात सच लगती है कि मजदूर के वेश में पिटारे को कन्धा लगाकर ही शिवाजी बाहर निकले। एक बीच का रास्ता, जो मुझे दिखता है, वह यह है कि बच्चा एकदम नजर न आये, इसलिए उसे पिटारे में बैठाया गया हो सकता है। यह तर्क समन्वयकारी है। यह कहने की आश्यकता नहीं। पर, मुझे आश्चर्य है कि अब तक किसी शोधार्थी मराठी इतिहास संशोधक ने ऐसे पिटारे क्यों नहीं बनवाये और उसमें बैठकर, उस पिटारे को मजदूर से ढुलवा कर प्रत्यक्ष प्रमाण क्यों नहीं जुटाया? अद्‌भुत कार्य करने वाले शिवाजी ने आगरे के मौत के कुएँ से सही-सलामत बाहर आकर चतुराई का बेमिसाल झण्डा गाड़ा और विश्व-इतिहास रचा। शिवाजी के आगरा से राजगढ़ लौट आने की घटना पर अनेकों इतिहासकारों ने अपना अपना सिर खपाया है। सारांश यह निकला कि शिवाजी लगभग 1600 मील का सफर तय कर आगरा छोड़ने के दिन (17 अगस्त से) से 40वें दिन राजगढ़ पहुँचे।

इसके अर्थ होते हैं कि हर दिन 40 मील का सफर। 40 मील का सफर उस घोड़े पर आसानी से हो सकता है, जो रोज 7 घण्टे औसत चले और उसकी गति प्रति घण्टे औसत 7 मील हो। बिना घोड़ा बदले, रात में घोड़े को आराम देकर यह औसत पाया जा सकता था। उसके लिए घोड़े को एक सेर मक्खन और भींगा चना-हरा चारा भी दिया जाता था।

शिवाजी किस रास्ते से होकर लौटे, इस प्रश्न पर भी इतिहासकारों में मतभेद है। परन्तु विजय देशमुख के अनुसार आगरा-मथुरा इलाहाबाद-काशी-रतनपुर-देवगढ़, चाँदा-निजामाबाद-गुलबर्ग-पण्ढरपुर-फलटण-भोर रास्ते से होकर वे राजगढ़ पहुँचे।

मिर्जा की फ़ज़ीहत

शिवाजी के साथ जो अपमानास्पद व्यवहार औरंगजेब ने किया, उसके लिए उसे दोषी नहीं माना जा सकता। जिस औरंगजेब ने सत्ता पाने के लिए 36 व्यक्तियों का कत्ल किया था। उससे शालीन व्यवहार की अपेक्षा कैसे की जा सकती थी? दोषी तो मिर्जा राजा ही था, जो यह नहीं समझ सका था कि शिवाजी जैसे जानी दुश्मन से औरंगजेब जैसा कट्टर व्यक्ति कैसा व्यवहार करेगा? पर, मिर्जा को शिवाजी से कुछ लेना-देना नहीं था। उसे तो हर तरह का छल करके शिवाजी को शेर के मुँह में देना था और अपनी प्रतिष्ठा बढ़ानी थी। उसने वही किया।

शिवाजी को कैद में डालने के बाद औरंगजेब और उसके सलाहकार उसे मरवा डालने के पक्ष में ही थे। उसके लिए दिल्ली में बड़े दाँव-पेंच चले, पर ऐसा लगता है कि औरंगजेब चाहता था कि 'साँप मरे, पर लाठी न टूटे'। असल में जीजामाता की तपस्या अधिक बलवान थी। उसी के कारण शिवाजी ऐसा दाँव चलाने में सफल हो गये, जो सबकों भौंचक कर गया।

अपने को उस समय का बहुत चतुर राजनीतिपटु समझने वाले मिर्जा राजा की हालत तो इतनी खराब हो गयी कि वह ज्यादा दिन जी भी नहीं सका। 27 जुलाई 1667 को उसकी मृत्यु बड़ी दीन हालत में हुई। शिवाजी के भाग जाने में मिर्जा का हाथ था, यह आरोप भी उस पर लगा, जिससे कि उसके सारे नेक नीयती पर बट्टा लगा। इस सन्दर्भ में औरंगजेब को भेजा गया मिर्जा राजे का एक पत्र उसके मन में भरे अमर्ष को उजागर करता है। यह पत्र उसने औरंगजेब के एक वजीर जाफर ख़ान को लिखा था।

'बीजापुर, गोलकुण्डा व शिवाजी। इन तीनों के विरुद्ध मैने जान लगायी व लगाये रहूँगा। मैं चाहता हूँ कि एक बार शिवाजी मुझसे मिलने आये। ऐसा हुआ तो मौका लगते ही मेरे लोग उसे मरवा देंगे। यह बादशाह का बन्दा बादशाह के लिए कुछ भी करने को तैयार है। बादशाह अगर कहें, तो उसके कुल की कन्या से मैं अपने पुत्र को ब्याह दूँगा। उसकी जात और कुल हमसे इतनी हीन है कि हम उनका छुआ अन्न भी नहीं खा सकते। उसकी कन्या पकड़ कर लायी गयी, तो मैं उसे जनानखाने में भी नहीं ले सकता, पर बादशाह के लिए मैं सब करूँगा।'

❑❑❑

17

औरंगजेब की किरकिरी

अँगूठा दिखाकर भाग आने पर औरंगजेब और उसके सारे लोग कितने फड़फड़ाये व जले-भुने होंगे, यह चतुर शिवाजी न समझें तो और कौन समझे?

आगरा से 17 अगस्त को भागे शिवाजी 40 दिन में अर्थात् अनुमान से 30 सितम्बर को राजगढ़ पहुँचे। राजगढ़ पहुँचते ही उन्होंने सम्भाजी को मथुरा से लाने के लिए आदमी भेजे।

आगरा शहर के बाहर तीन कोस तक पिटारे आ जाने के बाद, वहाँ तैयार खड़े घोड़ों पर बैठकर शिवाजी, सम्भाजी और शिवाजी के सच्चे सरदार मथुरा की ओर दौड़ते गये। आगरा-मथुरा 40 मील का फासला पार करने के बाद सुबह चार बजे वे एक परिचित के यहाँ पहुँचे। परिचित काशीपन्त ने सम्भाजी को रख लेने का जिम्मा उठाया। सम्भाजी के साथ रहते, एक तो शिवाजी के पकड़े जाने की सम्भावना अधिक थी, दूसरे इतना लम्बा और जोखिम भरा प्रवास वह सह भी नहीं सकता था। काशीपन्त से शिवाजी राजे ने स्वयं बात की और कहा कि स्वराज्य पहुँचते ही वे इसे लेने हरकारा भेजेंगे, तब आप लोग भी सपरिवार आना। आपका योगक्षेम हम चलायेंगे।

यह कहकर काशीपन्त के पुत्र को मार्गदर्शक के रूप में लेकर शिवाजी अपने तीन साथियों निराजी पन्त, दत्ता जी पन्त और रघोजी थोरात को लेकर यमुना स्नान कर तथा वैरागी वेश धारण कर सुबह ही काशी के लिए निकल गये। राजगढ़ पहुँचने पर शिवाजी ने सम्भाजी के मृत हो जाने की खबर फैला दी।

काशीपन्त व विमल पिंगले अपनी माँ व सम्भाजी के साथ 20 नवम्बर 1666 को राजगढ़ पहुँचे। माता जीजाबाई बहुत प्रसन्न हो गयी, उन्होंने बहुत दान-धर्म किया। मार्गदर्शक कृष्णाजी पिंगले को एक लाख होन दिये और उसके कुटुम्बियों को पचास-पचास हजार होन बक्शीश दिये।

आगरा से आने के बाद शारीरिक व मानसिक थकान के कारण शिवाजी बीमार पड़े। बीमारी से उठते ही उन्होंने अपने वकील के द्वारा औरंगजेब के पास पत्र भेजा और जैसा कि अपेक्षित था, औरंगजेब ने वकील को कैद में डाल दिया। परन्तु काल की औषधि ने अपना काम किया। शिवाजी के आगरा से भाग जाने के 7 माह बाद 3 अप्रैल 1667 को शिवाजी के दो आदमियों त्र्यम्बक पन्त एवं रघुनाथ पन्त कोरडे को कैदमुक्त किया गया। इन दोनों को शिवाजी के भागते ही पकड़ा गया था। कुछ और समय बाद और दो ख़ास आदमियों मदारी मेहतर और हिरोजी फर्जन्द को भी छोड़ दिया गया। 20 अप्रैल को आदेश हुआ कि शिवाजी के वकील को छोड़ा जाये। छूटने के बाद वकील ने दूसरे दिन शिवाजी का पत्र बादशाह को पेश किया।

शिवाजी ने औरंगजेब को वकील के हाथों भिजवाये पत्र में जो लिखा था, उसकी भाषा पर पाठक गौर करें। उन्होंने लिखा था-'बादशाह की सेना की चाकरी में रहने पर ही मेरा कल्याण हो सकता है। मुझ पर हिन्दुस्तान के बादशाह ने जो सेना भेजी है, उसका सामना दुनिया का कोई भी व्यक्ति नहीं कर सकता। मेरी अर्ज है। मेरा पुत्र सम्भाजी 400 घुड़सवारों के साथ आपकी चाकरी करे। आपने उसे मनसब दी, तो उत्तम, नहीं तो, वैसे भी वह चाकरी करेगा। वैसे तो मैंने अपने सभी किले पहले ही आपको सौंप दिये हैं, पर जो कुछ बचे हैं और मेरे प्राण भी बादशाह के हैं।'

संस्कृत में एक उक्ति है-'वचनं किं दरिद्रता।' उपर्युक्त पत्र इसका साक्ष्य है। विनम्रता और झूठी चापलूसी की हद तक जाने का काम दूर दृष्टि वाले शिवाजी ही कर सकते थे। उन्होंने किया, क्योंकि अभी पत्थर के नीचे फँसी अँगुलियाँ निकालनी थीं। दूसरी सबसे बड़ी बात जिस पर किसी इतिहासकार का ध्यान नहीं गया, वह यह कि शिवाजी युद्ध में अपनी प्रजा को हमेशा बचाते रहे। पर, मुसलमानी तरीके में तो प्रजा पर अत्याचार भीषण से भीषणतम-यह पहला सूत्र होता था।

शिवाजी इससे निश्चित ही बड़े दुःखी रहते थे। लगातार छह वर्षों से स्वराज्य की प्रजा पीड़ित होती उन्होंने देखी, अनुभव की थी। (अफ़ज़ल ख़ान से मार्च 1659, मिर्जा को पुरन्दर सौंपने जून 1665 तक) निरन्तर छह वर्ष स्वराज्य के स्वप्न के लिए स्वराज्य की प्रजा ने हर तरह के अत्याचार सहन किये थे। प्रजा को राहत देना बहुत-बहुत आवश्यक था। इसके लिए अपने अभिमान को झुकाना, उसकी बलि देना, वह जरूरी समझते थे। इसलिए औरंगजेब को इतना चापलूसी भरा पत्र उन्होंने लिखा।

और, कुछ समय बीत गया। 6 मई को बादशाह ने आदेश दिया–'शिवाजी के वकील को बुला कर उसको दिलासा दिया जाये। उसे खर्चा देकर दो महीने में लौट आने को भी कहा जाये। उसको कहा जाये कि वह अपने मालिक से कहे कि तेरे अपराध हमने माफ कर दिये हैं। तुम्हारे लड़के को चाकर रख लिया है। बीजापुर के जिस किसी राज्य पर तुम कब्जा करोगे, वह तुम्हारा होगा। अपने राज्य में ही बने रहो, पर अपने पास की हर एक गतिविधि शाहजादे के पास दर्ज करवाओ।' आगे फिर यही सब बातें कलमबन्द हुईं, सन्धि हुई।

शिवाजी को जो आर्थिक चिन्ता सता रही थी, उसका कोई हल न निकला। मन में स्थिरता व शान्ति के लिए की गयी सन्धि से उल्टा यह हुआ कि लूट का रास्ता बन्द हो गया और स्वराज्य का खजाना कम रह गया। औरंगजेब ने शिवाजी की अर्जी भी मंजूर नहीं की थी।

इस कठिन परिस्थिति में से रास्ता निकालने के लिए शिवाजी ने जसवन्त सिंह को मध्यस्थ बनने के लिए निवेदन किया। शहजादा मुअज्जम को सहयोग देने के लिए महाराजा जसवन्त सिंह को भी भेजा गया था। शिवाजी ने जसवन्त सिंह को लिखा–'प्राण भय के कारण मैं आगरा से भाग आया। मेरे हित को देखते रहने वाले मिर्जा राजा का अन्तकाल हो चुका है, इसलिए आप मध्यस्थता करें व मेरे गलत कार्यों के लिए बादशाह से मुझे माफी दिलवाएँ। अपने पुत्र सम्भाजी को मैं शहजादे के पास नौकरी के लिए भेज रहा हूँ। वह मेरी सेना के साथ जहाँ आप कहो, वहाँ चाकरी करेगा।'

शिवाजी ने मुअज्जम को भी एक पत्र लिखकर अर्ज किया–'मैं मुगल साम्राज्य का निष्ठावान चाकर हूँ। मेरे पुत्र को बादशाह ने पंचहजारी मनसबदारी तो दी, पर तनखा के लिए जागीर अभी भी नहीं दी है। इसलिए मैं अर्ज करता हूँ कि मेरे अपराध क्षमा किये जायें और सम्भाजी की जप्त की हुई पंचहजारी फिर से बहाल कर उसे जागीर दी जाये। मैं कहीं भी आदेश होते ही चाकरी करने को तैयार हूँ'। मुअज्जम ने उस पत्र को अपनी सिफारिश लगा दिल्ली भेजा। सिफारिश में उसने लिखा। 'शिवा को अब पश्चात्ताप हो रहा है, इसलिए पुरन्दर सन्धि की शर्तों के अनुसार सम्भाजी को मनसबदारी वापस की जाये।' और, दिल्ली ने वे बातें मान लीं।

सम्भाजी को हाजिर होने का आदेश हुआ। सम्भाजी को विदर्भ की पन्द्रह लाख होन की जागीर मिली। सम्भाजी के साथ दस हजार की फौज जाने वाली थी। शिवाजी ने सम्भाजी के साथ सर नौबत प्रतापराव गूजर और आनन्द राव को मुतालिक बना कर भेजा। निराजी पन्त को शिवाजी राजा ने अपना वकील नियुक्त

किया। उन्हें औरंगाबाद में रहना था। राहु जी सोमनाथ और प्रह्लाद जी निराजी भी सम्भाजी के साथ रहने वाले थे। प्रह्लाद जी सेना सबनीस, तो निराजी को मोकासा का सूबेदार बनाया गया।

28 अक्टूबर 67 को सम्भाजी औरंगाबाद पहुँचे। इसी तरह मुअज्जम से लगातार पत्राचार कर शिवाजी ने औरंगजेब से 7 मार्च 67 को **राजा की पदवी** भी प्राप्त कर ली। सम्भाजी के जागीरदार नियुक्त होने से शिवाजी को स्वराज्य के अन्य कार्य करने लिए भी फुरसत हुई।

❑❑❑

18

नेताजी पालकर की कथा

शिवाजी के बचपन का मित्र, जीजाबाई का लाड़ला, जिसे इतिहास में शिवाजी का दाहिना हाथ माना गया, उस नेताजी पालकर के बारे में पाठकों को एक स्थान पर सब कुछ बताना बहुत जरूरी लगता है।

शिवाजी के जिस पहले पराक्रम-कथा से इस ग्रन्थ का प्रारम्भ हुआ है, उसमें पुणे के पास के एक किले 'पुरन्दर' का जिक्र आया है। उस पुरन्दर के किलेदार के वंशजों में जब जानलेवा दुश्मनी हो गयी, तब वे स्वयं ही शिवाजी से न्याय माँगने आये। बखेड़ा सुलझाने के लिए शिवाजी ने पुरन्दर पर कब्जा कर लिया और उसका जिम्मा नेताजी पालकर को सौंपा। उस समय तक शायद फ़तह ख़ान से युद्ध की सम्भावना नहीं थी। फ़तह ख़ान को हराने के बाद पुरन्दर का दायित्व नेताजी पालकर के पास ही रहा। वे उस किले के हवालदार नियुक्त किये गये।

अफजल ख़ान के आक्रमण (सन् 1659) के समय शिवाजी ने नेताजी पालकर को घुड़सेना का सर नौबत बनाया। शिवाजी की घुड़सेना धीरे-धीरे बढ़ते हुए दस हजार तक हो गयी थी। घुड़सेना में शिलेदार हुआ करते थे, जो घोड़े अपने पास रखते थे और राज्य से वार्षिक खर्च प्राप्त करते थे। 10 हजार में 3000 शिलेदार थे और शेष 7000 घोड़े स्वयं शिवाजी राजा के थे।

अफजल ख़ान-युद्ध के सारे दाँवपेंच शिवाजी अपने सरदारों के साथ बैठकर, वार्ता कर ही सुलझाते थे और नेताजी पालकर उनके प्रमुख सरदार होने के नाते उसमें शामिल होते थे।

परन्तु प्रत्यक्ष लड़ाई के अवसर पर शिवाजी ने नेताजी पालकर को प्रतापगढ़ से जहाँ अफ़ज़ल ख़ान का काम-तमाम हुआ, दूर ही रखा। उन्हें ख़ान की 'वाई' की दौलत और 'जनानख़ाना' आदि पर निगाह रखने का काम सौंपा गया था और वे उसमें बुरी तरह असफल हुए थे। फौज और सम्पत्ति दोनों की ही रक्षा नहीं कर पाये।

ख़ान और शिवाजी की भेंट के पहले और बाद में भी सर नौबत नेताजी पालकर प्रतापगढ़ पर नहीं थे। अफ़ज़ल ख़ान का काम-तमाम करने के दूसरे दिन अर्थात् 11 नवम्बर 1659 को शिवाजी प्रतापगढ़ उतरकर 'वाई' आ गये। शिवाजी ने बीजापुर की ओर सेना को मोड़ा। इस सेना में नेताजी भी सम्मिलित हुए और लगातार शिवाजी की दिग्विजय में साथ रहे।

कुछ काल का चक्र ऐसा चला कि शिवाजी पन्हालगढ़ में फँस गये। 8000 की फौज साथ थी। पर, बीजापुर की सेना के सेनानी ने अपने 40-50 हजार सैनिकों की फौज लेकर पन्हालगढ़ को घेर लिया। शिवाजी इस तरह किले के अन्दर बन्द हो गये। उनके दायें हाथ नेताजी पालकर बाहर थे, पर समय की बलिहारी ऐसी थी कि वे किसी भी तरह शिवाजी को न छुड़ा सकते थे न उनकी कोई मदद कर सकते थे।

इसके बाद नेताजी पालकर को कभी कहीं जीत, तो कभी हार का सामना करना पड़ा। दुःखी मन से वे माँ जीजाबाई से मिलने राजगढ़ पहुँचे। वहाँ उन्हें माताजी ने डाँट पिलाई, तो फिर वे पन्हालगढ़ पर हमला करने आये, पर फिर पिट गये।

राजा शिवाजी अपने ही साहस और पराक्रम से पन्हालगढ़ से भाग जाने में सफल हो गये। पन्हालगढ़ से मुक्त हुए शिवाजी का साथ फिर नेताजी पालकर से हो गया।

शाइस्ता ख़ान ने पुणे में डेरा लगाकर शिवाजी को त्रस्त करना शुरू किया था, पर उसकी दाल नहीं गल रही थी। ऐसे में उसने अपनी सेना को कारतलब ख़ान के नेतृत्व में एक विकट घाटी के रास्ते कोंकण भेजने की योजना बनायी, जिसकी खबर शिवाजी को लग गयी। शिवाजी नेताजी पालकर आदि के साथ उस घाटी में पहले ही पहुँच गये और वहाँ शाइस्ता ख़ान की सेना को बुरी तरह परास्त किया। दिन था 3 फरवरी 1661।

कारतलब ख़ान को परास्त कर शिवाजी दक्षिण कोंकण की ओर चले गये। सर नौबत नेताजी पालकर को मुगलों को परेशान करने का दायित्व दिया गया।

नेताजी और मोरोपन्त पिंगले इस कार्य को मुस्तैदी से पूरा करते रहे, पर मुगलों के क्षेत्र में लूट करने जब वे पहुँचे, तब उनपर मुगलों ने तीव्र आक्रमण किया। उनके तीन सौ घोड़े काट दिये। सिवाय भागने के नेताजी के पास कोई चारा नहीं था। इस तरह दौड़ते वे बीजापुर पहुँच गये। वहाँ एक मित्र रुस्तमे ज़ान मिला। यह शाहजी राजे के पक्ष का था। इसने मुगलों को रोका और नेताजी को बचा लिया। मुगलों से बचने पर वे शिवाजी के पास आ गये। शिवाजी कोंकण

से लौटकर राजधानी आ गये थे। उन्हें शाइस्ता ख़ान की दो वर्ष से चली आ रही पीड़ा से मुक्त होना था। इसके लिए एक विलक्षण साहसिक अभियान शिवाजी ने रचा और उसमें शिवाजी ने अपने जिन चुने हुए साथियों को लिया था, उसमें नेताजी भी थे। पर नेताजी के जिम्मे कोई अलग काम नहीं था।

शिवाजी जब दिसम्बर 1663 में सूरत लूटने के लिए निकले, तब उनके पास दस हजार की फौज थी और सर नौबत नेताजी पालकर जैसे दस सरदार भी साथ थे। लूट को राजगढ़ सुरक्षित पहुँचाने का काम शिवाजी ने नेताजी पालकर को ही सौंपा था, जिसे उसने मुस्तैदी से पूरा किया।

मिर्जा राजा जयसिंह और राजा शिवाजी के बीच जो सन्धि हुई और जिसे पुरन्दर की सन्धि कहा जाता है, उसमें शिवाजी का पुत्र सम्भाजी जो केवल नौ वर्ष का था, को पाँच हजारी मनसबदार बनाया गया। सन्धि के इस कलम के द्वारा मिर्जा राजा ने शिवाजी के दाहिने हाथ कहे जाने वाले नेताजी पालकर को सम्भाजी के पालक की मान्यता देकर उसे मुसलमानी सत्ता का एक तरह से नौकर बना लिया। पालकर न चाहते हुए भी दक्खन के सूबेदार के मातहत रहने को बाध्य हो गया अर्थात् बेमन से या लाचारी से अपनी 7000 पैदल सेना व सम्भाजी राजे के 1500 घुड़सवार सेना के साथ नेताजी को मिर्जा राजा की छावनी में आना पड़ा।

इस तरह छावनी में आना कोई सहज कार्य नहीं था, क्योंकि सम्भाजी का पालकत्व सँभालते ही उसे मिर्जा के आदेशानुसार आदिलशाह के विरुद्ध भी लड़ना था। नेताजी पालकर इस तरह नवम्बर 1665 में मिर्जा राजा की छावनी में आये और तत्काल ही शिवाजी के साथ आदिलशाही को बरबाद करने के लिए निकले।

परन्तु मिर्जा की सेना में शिवाजी और नेताजी के शत्रु भी बहुत थे। उनसे उन दोनों को जान का खतरा भी था। उनसे बचने की जुगत बैठाने के लिए राजा शिवाजी और नेताजी बीजापुर की ओर चले गये और एक दिन मिर्जा राजा को यह समाचार मिला कि नेताजी पालकर मुगलों का साथ छोड़कर आदिलशाह की फौज में शामिल हो गये।

शिवाजी के इतिहासकारों में इस घटना के कारण खोजने के लिए लम्बी बहस चली है कि नेताजी पालकर न केवल मिर्जा राजा को बल्कि शिवाजी को भी छोड़कर कैसे चले गये? यह कोई शिवाजी की सोची-समझी चाल तो नहीं थी? इस बात पर यह बहस अटक कर रह गयी। प्रचारित यह किया गया था कि शिवाजी ने अपने मित्र को एक गफ़लत में पकड़े जाने पर अपनी सेना से हटा दिया था और नेताजी ने मिर्जा राजा को यह सूचित किया था कि उसको बादशाह

ने जो मनसबदारी दी है, वह हल्की और अपमानजनित होने से, वह मुगलसेना को छोड़ रहा है। कारण जो भी रहा हो, पर नेताजी पालकर और शिवाजी एक-दूसरे से बिछुड़ गये। परन्तु उनके इस तरह बिछुड़ने का दर्द मिर्जा राजा को अधिक था, क्योंकि उसने जो सन्धि शिवाजी से की थी, वही रद्दी हो जाने का डर उसे होने लगा था। इसलिए नेताजी को वापस अपनी चाकरी में लाने के लिए मिर्जा राजा एड़ी-चोटी का जोर लगाये था।

उसी के प्रयास से 'शिवाजी' औरंगजेब से मिलने अपने पुत्र को लेकर आगरा रवाना हुए और तुरन्त ही नेताजी पालकर आदिलशाही छोड़कर मुगलों की चाकरी में आ गये। मिर्जा राजा ने उन्हें पाँच हजारी मनसब, जागीर और पचास हजार रुपये नगद दिये। मिर्जा राजा की फिर से जीत हुई थी। परन्तु शिवाजी के आगरा से भाग जाने में सफल हो जाते ही औरंगजेब ने मिर्जा राजा को पत्र लिखकर नेताजी पालकर को कैद कर आगरा भेजने का आदेश दिया। नेताजी के साथ उसके पुत्र को भी कैद किया गया। यह घटना सितम्बर-अक्तूबर 1666 की है।

इसके बाद नेताजी को प्राण बचाने के लिए मुसलमान बनना पड़ा (फरवरी 1667)। उसका नया नाम कुली ख़ान रखा गया। पर, औरंगजेब को इससे सन्तोष न हुआ। नेताजी की तीनों पत्नियों को भी दिल्ली लाया गया। उन्हें भी मुसलमान बनाया गया और फिर उनका विवाह मुसलमानी रीति से कुली ख़ान (नेताजी पालकर) से करवाया गया।

नेताजी पर औरंगजेब इतना खुश हुआ कि उसने उन्हें 17 अक्टूबर को सरोपा, पोशाक, सोने के अलंकारयुक्त घोड़ा, एक हथिनी दी और उन्हें काबुल की ओर रवाना किया। कुली ख़ान ने भाग जाने की कोशिश की, पर पकड़कर काबुल भेज दिया गया। इस नौकरी में रहते अपने अधिकार का उपयोग कर कुली ख़ान ने शिवाजी के भाग जाने के बाद पकड़े गये शिवाजी के कई आदमियों को युक्ति-युक्ति से छुड़ाया।

कुली ख़ान दस वर्ष काबुल में रहा, पर हमेशा शिवाजी के पास भाग जाने का अवसर खोजता रहा। दस वर्ष बाद उसे वह अवसर मिला और कुली ख़ान छत्रपति के पास लौट आया।

छत्रपति ने धर्मविधि से 19 जून 1676 को उसका धर्मान्तरण करवाया। सम्भाजी ने उन्हें सर नौबत भी बनाया, पर शिवाजी की मृत्यु के बाद वे टूट गये।

धर्मान्तरण कर हिन्दुओं को ईसाई बनाने का कार्य करने में गोवा हमेशा अग्रणी रहा। गोवा पर पुर्तगालियों का राज्य था। अपने इस धर्म कार्य को करने के लिए गोवा के वायसराय ने एक आदेश निकाला। आदेश के अनुसार गोवा के

नागरिकों को या तो ईसाई होना था या फिर गोवा (जिसे 'बार देश' भी कहा जाता था) से निकल जाना था। यह निष्कासन भी दो माह के अन्दर होना था। इसके पहले भी वायसराय ने ऐसा ही आदेश निकाल 7000 हिन्दुओं में से 4000 को ईसाई बना लिया था। अब बचे हुए हिन्दुओं को ईसाई बनाने के महा अभियान में वह लगा था। हिन्दुओं ने शिवाजी से इसके विरुद्ध गुहार लगायी।

गोवा के पुर्तगाली शासक अन्य तरह से भी स्वराज्य को दुःख देते थे। शिवाजी से मार खाये स्वयम्भू सरदार स्वराज्य में अपराध कर गोवा में घुस जाते थे और फिर वहाँ से स्वराज्य पर हमले करते, लूटते-पाटते थे। हिन्दुओं की गुहार सुनकर शिवाजी ने गोवा पर हमला बोला। अनेक गोदामों को तोड़ा। स्त्री-बच्चों को भी कैद कर लिया गया। गोवा को शिवाजी ने लूटा भी खूब। लूट में 150 लाख होन मिले। वायसराय को शिवाजी से सन्धि करने के सिवाय जब कोई रास्ता नहीं बचा, तब उसने अपना वकील भेजा, पर तब तक शिवाजी राजगढ़ चले गये थे। सारी शर्तें तय कर उस पर सील मुहर लगाने वायसराय के वकील को फिर राजगढ़ के चक्कर लगाने पड़े।

सन्धि के द्वारा वायसराय ने अपने धर्मान्तरण के क्रूर आदेश वापस लिये। स्वराज्य में उत्पात कर गोवा में भाग आने वाले को गोवा शरण नहीं देगा, यह माना गया। शिवाजी ने 1300 स्त्री-पुरुष कैदियों को मुक्त किया। कैद में किसी तरह की क्रूरता नहीं की गयी। फलस्वरूप एक भी कैदी नहीं मरा। वायसराय ने इस सन्धिपत्र पर 25 नवम्बर को हस्ताक्षर कर राजगढ़ भेजा था। धर्मान्तरण पर प्रभावी रोक लगाने के लिए शिवाजी ने अपने ही कड़े नियमों को तोड़ा, यह सिद्ध करता है कि शिवाजी को अन्य धर्मियों द्वारा हिन्दुओं का धर्मान्तरण किये जाने पर कितना गुस्सा आता था।

गोवा में सरकारी आदेश से हो रहे हिन्दुओं का ईसाई धर्म में धर्मान्तरण शिवाजी ने कैसे रुकवाया, यह हमने अभी पढ़ा। अब इसके विपरीत मुसलमान होने को बाध्य हुए हिन्दुओं की हिन्दूधर्म में वापसी से शिवाजी कैसे जुड़े थे, वह कथा भी हमने प्रस्तुत की है। इसके पूर्व जीजामाता ने भी ऐसा ही एक धर्म परिवर्तन (मुसलमान से हिन्दू) कराया था। पर उसे भारत के अन्धे समाज ने ही नहीं, समाज पुरुषों ने भी नहीं देखा। जबकि इन दो प्रत्यक्ष घटनाओं का प्रचार-प्रसार समाज पुरुषों द्वारा किया जाना उसकी एक लहर पैदा करना जरूरी था। पर, यह न हुआ और भारत की अपूरणीय क्षति हुई।

❑❑❑

19

दो वर्ष का शान्तिकाल

हमने ऊपर पढ़ा कि शिवाजी को औरंगजेब ने 7 मार्च 1667 को राजा का ख़िताब देकर अलंकृत किया। 30 सितम्बर 1665 को शिवाजी व मिर्जा जयसिंह के बीच सन्धि हुई और उसके बाद से ही स्वराज्य में शत्रु की तलवार नहीं चली, प्रजा को रौंदते घोड़े नहीं चले। शिवाजी की बची-खुची सेना जहाँ थी, वहीं बनी रही। स्वराज्य का शासन जीजामाता के नेतृत्व में राजगढ़ से चल रहा था और स्वराज्य में हुई टूट-फूट बड़ी तेजी से सुधार की ओर थी।

आगरा से पलायन (17 जुलाई 66 से 30 सितम्बर 1666) के बाद फिर से गुस्साये औरंगजेब का स्वराज्य पर आक्रमण होने की महती आशंका थी, जिसे शिवाजी ने औरंगजेब की शरण में जाकर किसी तरह रोक दिया। 22 अप्रैल 1667 को शिवाजी का औरंगजेब को लिखा पत्र तो शिवाजी की राजनीतिक पटुता, दूर दृष्टि और प्रजावत्सलता का अनुपम अभिलेख है। औरंगजेब ने भी राजा की पदवी उन पर यूँ ही नहीं लुटायी। उसने अपने पारखीपन को भी सिद्ध किया।

इस तरह स्वदेश में शान्ति व चैन बनाये रखने के उपाय शिवाजी ने किये। औरंगजेब के पुत्र शाहजादा मुअज्जम जो उस समय दक्षिण का सूबेदार था, ने इस काम में शिवाजी की भरपूर मदद की। उस मदद में महाराजा जसवन्त सिंह का भी हाथ हो सकता है, पर इस विषय में इतिहासकार मौन हैं। मुअज्जम ने शिवाजी की मदद क्यों की? यह अभी तक इतिहासकार खोज नहीं पाये हैं। उनका इस ओर ध्यान क्यों नहीं गया? यह प्रश्न ही है।

पर, शहंशाह औरंगजेब गजब का शक्की व्यक्ति था। उसे शक हुआ कि कहीं मुअज्जम और शिवाजी मिल गये, तो मेरी मिट्टी पिट जायेगी। उसने मुअज्जम को पत्र लिखा-'शिवाजी हरामी है। उसके सरदार प्रतापराव व निराजी पन्त फौजबन्द हैं। इनका कोई भरोसा नहीं, इसलिए उन्हें तुरन्त कैद करो। किसी तरह रियायत न करो।'

कुछ ऐसा शुभ काल चल रहा था कि मुअज्जम को बाप के ख़त की ख़बर पहले ही मिल गयी और उसने शिवाजी के सारे आदमियों को सुरक्षित निकल जाने दिया तथा बाप को लिखा कि-'आदेश का मैं अवश्य पालन करता, पर वे तो सब आठ दिन पहले ही निकल गये।' यह घटना नवम्बर 1667 की है। इस घटना से औरंगजेब और शिवाजी के बीच अब तक चली आ रही शान्ति-सन्धि भंग हो गयी।

अँगूठा दिखाकर शिवाजी राजा का आगरा से भाग आने से हुई किरकिरी को औरंगजेब कैसे भुला सकता था? वह तो राजनीति के शतरंज की मजबूरी थी कि उसने शिवाजी से शान्ति-सन्धि कर ली और अब तक निभायी।

वैसे औरंगजेब ने शान्ति भंग करने का एक प्रयास पहले भी किया था और कोई बेढब राजपूत होता, तो सन्धि को तोड़ ही देता। आगरा जाते समय शिवाजी को एक लाख रुपये मुगल साम्राज्य की ओर से यात्रा-खर्च के लिए दिये गये थे। वे सम्भाजी की जागीर से वसूल करने के आदेश औरंगजेब ने दिये थे। वह शान्ति-सन्धि भंग करने का पहला प्रयास था। परन्तु अब तो शिवाजी के आदमियों को कैद करने का आदेश देकर शान्ति-सन्धि को वास्तविक भंग किया गया था। शिवाजी के पास जब उनके लोग पहुँचे और उन्होंने राजा को घटना सुनायी, तब शिवाजी ने राजसी अन्दाज में कहा-'चलो दो वर्ष 10-15 हजार सेना का पेट भी भरा और शाहजादा मुअज्जम जैसा दोस्त मिला, बहुत हो गया। अब हम फिर मुगलों को मारने को स्वतन्त्र तो हुए।'

औरंगजेब विकृति के भँवर में

शाहजादा औरंगजेब जब दक्षिण का सूबेदार था, तभी शिवाजी ने अपनी स्वराज्य-स्थापना का कार्य शुरू कर दिया था। उस समय शाहजादे औरंगजेब की एक आँख दिल्ली के तख्त पर लगी रहती थी। तख्त पर एकाधिकार पाने को वह उतावला था। इसलिए दक्षिण की राजनीति में उसकी विशेष रुचि नहीं रहती थी। हालाँकि वह चाहता था कि दक्षिण की मुसलमानी सल्तनतों पर दिल्ली का अधिकार हो, पर दिल्ली के तख्त पर बैठने की महत्त्वाकांक्षा के आगे यह गौण विषय था। और, फिर कभी भी किया जा सकने की श्रेणी में आता था।

औरंगजेब का पिता शाहजहाँ गद्दीनशीन शहंशाह था। उसके बाद वह गद्दी उसके पुत्रों को ही मिलनी थी, पर वे चार थे। ऐसे में सुस्त बने रहने पर शहंशाह बनने के अवसर कम थे। औरंगजेब को यह मंजूर नहीं था। अतः मौका मिलते ही भाइयों को निपटा, पिता को कैद कर वह हिन्दुस्तान का शहंशाह बन बैठा।

शिवाजी ने दूरदर्शिता से उसके शहंशाह बन जाने पर अपने वकील को भेजकर उसको बधाइयाँ दी थीं। वस्त्र-आभूषण भी भेजे थे। हमने देखा है कि शिवाजी की दूरदर्शिता का लाभ उन्हें अफ़ज़ल ख़ान प्रसंग में मिला।

शहंशाह बन जाने के बाद अपने विस्तृत साम्राज्य को सँभालने में औरंगज़ेब लगा रहा और उसको काफिरों का सब कुछ नष्ट करने के धर्म-कर्तव्य को पूरा करने की याद नहीं आयी। अपना यह धर्म-कर्तव्य एक पराक्रमी हिन्दू के हाथों बुरी तरह लज्जित हो जाने के बाद प्रतिशोध की भावना से उसमें जागा, ऐसा भी नहीं कहा जा सकता। क्योंकि काफिरों के मन्दिर, मठ, पाठशाला आदि तोड़फोड़ डालने का फतवा उसने अप्रैल 1667 में अर्थात् शिवाजी के आगरा से 17 जुलाई 66 पलायन के ढाई-पौने तीन वर्ष बाद जारी किया था।

मेरे सामने प्रश्न यह है कि मेरे इस निरपेक्ष इतिहास-लेखन में उपयुक्त जनूनी फरमान की संगति कैसे लगाऊँ?

फ़तवा जारी होते ही सोमनाथ,, काशी, मथुरा आदि सैकड़ों स्थानों पर बने विशाल और मनोरम या छोटे देवस्थानों को ध्वस्त किया जाने लगा। मथुरा का केशवराय का मन्दिर जो राजा वीर सिंह बुन्देला ने 33 लाख रुपये में बनवाया था, गिरा दिया गया। केशवराय की मूर्ति दिल्ली के जहाँनारा मस्जिद की सीढ़ियों में लगायी गयी। काशी का विश्वनाथ मन्दिर भी पूरी तरह ढहा दिया गया। पूरे देश में हाहाकार मच गया। 'मुसलमान बनो या मरो', इस आदेश का पालन करवाया जाने लगा। कुछ थोड़ी जगहों पर जैसे पंजाब में सतनामियों या गुरु तेगबहादुर के शिष्यों ने इस राक्षसी आदेश का जी-जान लगा कर विरोध किया। पर, यह सच है कि इस देश की हिन्दू प्रजा में क्रोध का ज्वालामुखी नहीं फूटा।

फ़तवा तो शिवाजी के सामने ही जारी हुआ था, पर उन्होंने भी इसके प्रतिशोध में अपनी मुसलमानी प्रजा पर कोई अत्याचार नहीं किये। देश में अन्य भी हिन्दू राजा थे। उन्होंने भी खून के बदले खून की भावना से अपनी मुस्लिम प्रजा पर जुल्म नहीं ढाये। ऐसा क्यों हुआ? इस देश में ऐसा क्यों होता रहा है? बाबर से बहादुरशाह तक के सारे मुस्लिम शासकों को इस देश ने दिल्लीपति माना, फिर भी धर्मान्धता का जनून सिर पर सवार होने पर एक विक्षिप्त (पागल) व्यक्ति की तरह 'न भूतो' अत्याचार, बलात्कार, धर्मान्तरण, विध्वंस, मूर्तियों का खण्डन करने में उन्होंने अपनी आसुरी शक्ति लगायी और प्रजावत्सलता भूल गये।

इस देश के अध्यात्म में हिन्दू जनता के लिए शाहंशाही हमेशा तुच्छ ही रही। 'कोई नृप होइ हमें का हानि'? यह इस देश के वासियों का शाश्वत भाव रहा

है। साथ में 'क्या बिगरो हरि को, जो भृगु मारी लात' की भावना ने निस्पृहता और निष्क्रियता को हमारा स्वभाव बना दिया।

और, उधर हर मुस्लिम शासक विध्वंस धर्म से जड़ा-जकड़ा ही रहता आया। यह तथ्य भारतीय इतिहास का स्थापित सत्य है। 'छोटा' छोटा विध्वंस करता था, तो 'बड़ा' बड़ा विध्वंस करता था। मूर्तिभंजन तो उनके लिए धर्म-आज्ञा ही थी। यह देश निर्माण-धर्म को मानता है। विध्वंस को विकृत मानता है। औरंगजेब पर धर्मान्तरण का दौरा जब पड़ा, तो वह विकृति के भँवर में फँस गया और तब उसने जो-जो विध्वंस किये, वे उसके जातिगत, वंशगत और धर्मगत स्वभाव का ही अंश होने के कारण हुए, ऐसा मुझे ऐतिहासिक संगति लगाने के लिए कहना पड़ता है।

❑❑❑

20

मैदानी युद्ध से स्वराज्य-विस्तार

औरंगजेब ने सन्धि तोड़ी, शिवाजी मुक्त हो गये। कभी उन्हें युद्ध नहीं शान्ति चाहिए थी। अब उल्टा हो गया। हमेशा युद्ध स्थिति में रहते-रहने की आदत वाले शिवाजी और उनकी सेना को अपने हाथ-पाँव चलाने, कुछ करने की आवश्यकता लगने लगी थी। सन्धि का टूटना और खाते हुए बैठे अपने पराक्रमी साथियों का स्वराज्य में मिलना लाभप्रद हो गया था।

इसके पूर्व मुस्लिम सत्ताओं द्वारा शिवाजी पर युद्ध लादा जाता था। अफ़ज़ल ख़ान, शाइस्ता ख़ान व मिर्जा राजे ने आकर शिवाजी पर युद्ध लादा था। इस स्थिति के होते हुए भी शिवाजी ने मुगलों और आदिलशाही सत्ता क्षेत्र के टुकड़े काट-काट अपने स्वराज्य में मिलाये थे, उसे बढ़ाया था और वह भी शक्तिवान हो गये थे।

पर, मिर्जा राजा जयसिंह ने उनके स्वराज्य के दो तिहाई भाग पर जो कब्जा किया था, उसे वापस प्राप्त करने के लिए शिवाजी को कोई अवसर ही नहीं मिला था। अब वह दिसम्बर 1667 को मिला और तत्काल उन्होंने अपने घोड़े दौड़ाने शुरू किये। अब वह हर तरह से बलवान थे। इसलिए खोया हुआ राज्य प्राप्त करने के लिए आक्रमण-युद्ध किसी एक ही दिशा में केन्द्रित रखना जरूरी नहीं था।

मुगलों का दक्षिण का सूबेदार मुअज्जम था, जिससे शिवाजी के मित्रवत् सम्बन्ध थे। उससे भी 'साँप मरे और लाठी न टूटे,' इस तरह से व्यवहार करना था। वैसे ही किसी विशेष क्षेत्र, किले को प्राप्त नहीं करना था। जहाँ-जहाँ मुगलों की सत्ता है, वहाँ-वहाँ सत्ता स्थान काबिज करना और दण्डस्वरूप धन उगाहना, सीधी तरह न मिले, तो लूट मचाना, यही काम शिवाजी ने अपनी सेना को दिया था।

इस विस्तार से होते शिवाजी के निरन्तर हमलो से साम्राज्य बचाने के लिए औरंगजेब के पास कोई जयसिंह जैसा मोहरा नहीं रहा था। फिर भी उसने जनवरी 1670 को दाऊद ख़ान कुरेशी को दक्षिण भेजा और आदेश दिया कि 'जहाँ भी शिवाजी मिले, उसे पकड़ कर पीटो, अपना मुल्क छुड़ा लो।'

पर, बेचारा दाऊद ख़ान ऐसा कुछ कर नहीं सका और उसके देखते-देखते मुगल साम्राज्य लुटता-पिटता रहा। दिल्ली में बैठे औरंगजेब के पास रोज ही ऐसी शिकायतों के थैले जाते रहे। अब औरंगजेब ने स्वयं ही दक्षिण में उतरने का विचार बनाया। दरबारी ज्योतिषी को शव्वाल माह में कोई मुहूर्त खोजने को कहा गया।

एक मुसलमान शासक मुहूर्त के लिए अड़ा था और दूसरे हिन्दू मराठा ने कभी मुहूर्त के बारे में सोचा ही नहीं था। जिस दिन सैनिक दृष्टि से तैयारी दिखी, उसी दिन चल पड़ने का उनका रिवाज था।

पर, अब औरंगजेब दिल्ली छोड़ शिवाजी का सामना करने जा नहीं सकता था, यह अन्दर की बात थी। ख़ैर, उसने दो सरदार नेकनाम ख़ान और सफ़ारी ख़ान को भेजा। सारे के सारे बागलाण क्षेत्र में घुसे। नासिक के इर्द-गिर्द क्षेत्र को तब 'बागलाण' कहा जाता था। 27 जनवरी 1670 को नेकनाम ख़ान ने औरंगजेब को सूचना दी कि शिवाजी के बीस हजार घुड़सवार और उतनी ही पैदल सेना ने आकर सुल्तानगढ़ जीत लिया, किलेदार मारा गया। सुल्तानगढ़ के साथ मुल्हें आदि भी शिवाजी ने जीते।

नेकनाम ख़ान का साथ देने के लिए 4 दिन पहले ही (अर्थात् 26 जनवरी को) औरंगजेब ने दिलेर ख़ान को भेजा था, पर वह देर से आ पाया और तब तक सब कुछ हारा जा चुका था।

राजा शिवाजी को इतनी जीत के बाद भी पुरन्दर और सिंहगढ़ खोने का बहुत मलाल था। उन्हें प्राप्त करने के लिए उन्होंने योद्धाओं को नियुक्त किया।

सिंहगढ़ प्राप्त करने का काम तानाजी मालसुरे को शिवाजी ने दिया। महाराष्ट्र में सिंहगढ़ प्रकरण में 'पोवाड़ा' गीत लिखा गया, जो समाज में बहुत लोकप्रिय हुआ। कपोलकल्पित बातें उसमें जोड़ी गयी थीं, बहुत-सी गद्य रचना भी लिखी गयी। उसमें भी कल्पना का भाग अधिक था। उसी कल्पित को बहुसंख्यक लोगों ने ठोस इतिहास माना और वैचारिक मतभेदों की बाढ़ आ गयी। काफी कुछ प्रमाण जुटाने और वैचारिक आधार देने के बाद जो सिंहगढ़ की कथा अब इतिहासविदों ने मान्य की है, वह निम्नलिखित है-

पूर्व में कहा जा चुका है कि कोण्डाणा किला जो कि शिवाजी के प्रारम्भ के स्वराज्य का दिल था और जिसे दादोजी कोण्डदेव ने बड़ी हिकमत से स्वराज्य में जोड़ा था, युवा शिवाजी को अपने पिता शाहजी को आदिलशाही की कैद से छुड़ाने के लिए आदिलशाह को देना पड़ा था। यह घटना 1647 के मई माह की है। तब से कोण्डाणा चार फरवरी 1670 तक आदिलशाह के पास ही था।

'गढ़ आया (जीता) पर सिंह खोया' (गढ़ आला पण सिंह गेला) यह लोकोक्ति 'सिंहगढ़' के कारण बेहद प्रचलित हुई।

सामान्यत: तब किले घेर कर जीते जाते थे। सिंहगढ़ को जीतने के लिए उस पर रात के अँधेरे में दो सैनिकों को चढ़ाया गया। वे अपने साथ पाल की डोर लेकर चढ़े थे। ऊपर जाने के बाद डोरी छोड़ी गयी, फिर उससे मजबूत रस्सा बाँधा गया, जिसमें शायद सीढ़ियों की तरह पैर रखकर चढ़ने की सुविधा थी। उस पर से तानाजी सहित 300 मावले सैनिक ऊपर चढ़ गये।

किलेदार उदयभानु नामक एक राजपूत था। उसने किला बचाने के लिए अच्छी लड़ाई की। तानाजी मारे गये, पर किले के दरवाजे से अन्दर आयी सेना के मुखिया तानाजी के छोटे भाई सूर्याजी मालसुरे ने उदयभानु को मार डाला। इस किले को कोण्डाण के साथ ही सिंहगढ़ भी कहते थे। स्वराज्य में दुबारा सम्मिलित होने के बाद से यह सिंहगढ़ नाम से ही जाना जाता है। शिवाजी ने सिंहगढ़ की किलेदारी सूर्याजी मालसुरे को ही सौंपी।

स्वराज्य के प्रारम्भ से ही तानाजी मालसुरे ने शिवाजी का साथ दिया था। वह उन्हें भाई जैसे थे। जीजामाता का भी उन पर बहुत स्नेह था। उनके बहादुरी से मरने का माँ-बेटे दोनों को बहुत ही दु:ख हुआ। तानाजी को सिंहगढ़ लेने के लिए जब शिवाजी ने कहा, तभी अन्य वरिष्ठ मन्त्रियों मोरोपन्त, निरोपन्त व अन्नाजी पन्त को भी शिवाजी ने आदेश दिया था कि 'राजनीति चलाकर आप भी किले जीतो।' आदेश के अनुसार तीनों तीन तरफ चले गये।

शिवाजी राजगढ़ पर ही थे। महारानी सोयराबाई प्रसूत होने को थीं। उन्हें 24 फरवरी 1670 को पुत्र हुआ। यह औंधा जन्मा था। इस तरह के जन्म को अपशकुन माना जाता है। शिवाजी के ध्यान में यह बात आते ही उन्होंने कहा-'मुगलिया सल्तनत को यह औंधे मुँह गिराएगा।' अपशकुनी अफवाहें तुरन्त ही धुएँ में उड़ गयीं। शिवाजी ने अपने इस पुत्र का नाम शाहजी, शिवाजी, सम्भाजी की परम्परा से हट कर 'राजाराम' रखा। और, संयोग बना 7 मार्च 1670 को स्वराज का पुरन्दर किले पर कब्जा हो गया। पुत्र जन्म के बारहवें दिन आये इस सुयोग से राजगढ़ आन्दोत्सव से भर गया।

पुरन्दर पर शिवाजी के प्रथम पुत्र सम्भाजी का जन्म हुआ था। पुरन्दर जीतने में निलोपन्त ने बहुत पराक्रम किया था। उन्होंने मुगली किलेदार शेख़ रजीउद्दीन को कैद कर राजगढ़ भेज दिया। पुरन्दर की किलेदारी शिवाजी ने त्र्यम्बक भास्कर को सौंपी। पन्हाला किले पर से निकलते समय शिवाजी ने पन्हाला का जिम्मा

इन्हीं त्र्यम्बक भास्कर को सौंपा था और उन्होंने इसे तब तक लड़ाया था, जब तक शिवाजी ने पन्हाला के शत्रु सिद्दी जौहर को सौंपकर उन्हें वापस आने को नहीं कहा।

राजाराम के जन्म के बाद राजा शिवाजी ने माहुली पर कब्जा करने का प्रयास किया। माहुली का किला पुरन्दर जैसा ही मजबूत था। विशेष यह कि एक ही पहाड़ पर 'पलासगढ़', 'भण्डारगढ़' व 'माहुली' नाम के तीन किले थे। किलेदार मनोहर दास गौड़ ने शिवाजी के हाथ किला लगने नहीं दिया। शिवाजी के 1000 मराठे इस प्रयास में मारे गये।

माहुली से वापस आते समय शिवाजी की सेना ने कर्नाला, कल्याण, भिवण्डी के किले जीत लिये। इस लड़ाई में दो मुगल अधिकारी लोदी ख़ान और उजबेग ख़ान काम आ गये।

कल्याण, भिवण्डी जिला ठाणे में है, जो मुम्बई के पास महाराष्ट्र के पश्चिम में है। इस ओर भेजी गयी सेना ने ही चाँदवड़ (जिला नासिक) भी लूटा। इस तरह एक के बाद दूसरा क्षेत्र स्वराज्य से जुड़ रहा था और औरंगजेब की सत्ता मूकदर्शक बनी रहने को बाध्य थी। इसमें भी मुगल अधिकारियों के बीच खींचातान शुरू हो गयी।

शिवाजी को बाँध रखने के लिए औरंगजेब के भेजे दाऊद ख़ान, दिलेर ख़ान, मुअज्जम, जसवन्त सिंह आपस में ही एक-दूसरे की टाँग खींचने लगे थे। परिणामस्वरूप शिवाजी को खुली छूट मिल गयी थी।

जिस माहुली को लेने गये शिवाजी स्वयं अपने एक हजार जवान खो बैठे थे, वही माहुली मुगल अधिकारियों की आपसी खींचातान के कारण सहज मिल गयी। माहुली के किलेदार ने उसे समय पर कुमुक न मिलते देख इस्तीफा दे दिया। उसकी जगह अलीवर्दी ख़ान को भेजा गया। इस सन्धिकाल में शिवाजी ने फिर से माहुली जीतने का प्रयास किया। पाँच हजार की सेना उनके साथ थी, पर फिर भी माहुली सहज ही उनके कब्जे में नहीं आया। शिवाजी के दो सौ आदमी मारे गये। बाद में माहुली स्वराज्य में 16 जून 1670 को आया।

हार-जीत के होते हुए भी समय शिवाजी के अनुकूल था। सितम्बर 1670 अर्थात् वर्षाॠतु के अन्त तक खोया हुआ सारा क्षेत्र शिवाजी के स्वराज्य में आ गया।

औरंगजेब के भेजे बहादुर सरदार पस्त हो गये थे। शहजादा मुअज्जम और जसवन्त सिंह औरंगाबाद चले गये। दाऊद ख़ान बीमारी का बहाना बना बुरहानपुर में रह गया और दिलेर ख़ान गुजरात चला गया।

❑❑❑

21

सूरत फिर बे-सूरत हुआ

औरंगजेब से अबतक कई बार मुठभेड़ कर चुके शिवाजी अब बहुत सुदृढ़ और साहसी हो गये थे औरंगजेब की दाढ़ी नोचने की उनकी इच्छा फिर जाग गयी और 2 अक्तूबर 1670 को वह सूरत लूटने चले आये।

औरंगजेब ने सूरत नगर के चारों ओर कोट बनवाया था। पर किले फाँदकर अन्दर जानेवाले शिवाजी को कोट कोई बाधा हो ही नहीं सकती थी। पहली बार वह 10 हजार की फौज लेकर बहुत सावधानी से आये थे। पहले के अभियान में तो रात में यात्रा, दिन में जंगल में विश्राम किया गया था, पर अब तो वे धड़धड़ाते चले आये। उन्हें मालूम था कि उन्हें रोकने वाला अब कोई बचा ही नहीं है।

औरंगजेब के बड़े नामी सरदारों की दशा पाठकों को मालूम है, फिर भी 'मरता क्या न करता' की हालत में मुअज्ज़म ने दाऊद ख़ान को भेजा। दाऊद ख़ान बीमारी का बहाना बनाकर बुरहानपुर में पड़ा था। यह पाठकों को स्मरण होगा।

दाऊद ख़ान के साथ आठ-नौ सरदार भी लगाये गये। तोपखाना, हाथी, ऊँट भी साथ थे। 'तारिखे दिलकुशा' इस नामचीन इतिहास-ग्रन्थ का लेखक भीमसेन सक्सेना भी उनके साथ था।

शिवाजी ने इस बार केवल ढाई दिन ही सूरत लूटी। 3 अक्तूबर को सुबह से 5 अक्तूबर दोपहर बाद उन्होंने सूरत छोड़ी। सूरत छोड़ने के पूर्व मुख्य मुगल अधिकारी व प्रमुख व्यापारियों को पत्र लिखकर धमकी दी कि 'हर वर्ष 12 लाख होन भेजा करो, नहीं तो शहर खाक कर दूँगा।'

शिवाजी ने सूरत छोड़ी, तब आधी से अधिक सूरत जल रही थी। कंगालों और अँग्रेजों ने इसके बाद बहुत लूट मचायी। 66 लाख होन की लूट लेकर शिवाजी नासिक के रास्ते स्वराज्य की ओर जा रहे हैं, यह खबर दाऊद ख़ान को मिली। वह बहुत जोश से उनको रोकने चल पड़ा।

शिवाजी कंचन-मंचन की घाटी उतर रहे थे। कंचन-मंचन की घाटी नासिक जिले में 'वणी दिण्डोरी' के बीच पड़ती है। आजकल 'वणी' की देवी की बहुत यात्रा चलती है। नासिक तीर्थ आने वाला हर हिन्दू यात्री देवी के दर्शनों को अवश्य आता है।

शिवाजी को यह खबर रात को ही मिली। दाऊद ख़ान का सामना करना आवश्यक था। घाट की ऊँचाई पर जब शिवाजी घोड़े पर सवार खड़े थे, उस समय सूर्योदय हो रहा था और सामने से दाऊद ख़ान का एक सिपहसालार इख़लास ख़ान चला आ रहा था। इख़लास अपने पीछे-पीछे चली आ रही सेना के लिए रुका नहीं और उसने सीधे ही शिवाजी पर आक्रमण कर दिया। घनघोर युद्ध हुआ। सामने शिवाजी को सेना सहित खड़ा देख मुगलों में भी बहुत जोश भर गया। मराठों का हमला जबर्दस्त था। मुगल फ़ौजों ने मराठों को रोकने के लिए तोपें भी चलायीं परन्तु मराठी सेना ने तोपों की परवाह नहीं की और सारी मुगल सेना को चारों ओर से घेर कर उनकी कटाई-छँटाई शुरू कर दी।

तोपों से 50 मराठे वीरगति पा गये, पर तब तक मुगल सेना हजारों से घट गयी थी। विजयी शिवाजी मुगलों के घोड़े, शस्त्र व झण्डा लेकर अपने रास्ते आगे बढ़ गये। वैसे शिवाजी ने लूट का माल और उसके रक्षकों को पहले ही आगे भेज दिया था।

यह ऐतिहासिक तूफानी लड़ाई 17 अक्तूबर 1670 को हुई। लूटी गयी लक्ष्मी सुरक्षित स्वराज्य में आयी और विशेष यह कि मुगल सेना से आमने-सामने की लड़ाई लड़कर जीत सकने की एक उमंग और अतुल विश्वास भी साथ लायी।

पराभूत दाऊद ख़ान बचे-खुचे सैनिकों के साथ पस्तहाल हो, दूसरे दिन नासिक आया। फिर तीसरी बार भी सूरत को कब्जाने के इरादे से शिवाजी ने मुहिम चलायी थी। इसके लिए वे मुम्बई के पास नागाँव आये। किसी ज्योतिषी ने भविष्यवाणी की थी कि 29 नवम्बर तक शिवाजी सूरत का किला जीत लेंगे। पर, यह भविष्यवाणी झूठी साबित हुई। शिवाजी का वैसे भी ज्योतिषी और भविष्यवाणियों पर कतई विश्वास नहीं था। फिर भी 17 नवम्बर को नागाँव आने के बाद सूरत पर हल्ला बोलने के लिए शिवाजी अपने 160 पोत (समुद्री नावें) भी साथ लाये थे। जल-आक्रमण के साथ भू-आक्रमण के लिए 10 हजार घुड़सवार व 20 हजार पैदल साथ लिये 160 पोतों पर 'दरियासारंग' पोत के अधीन 3 हजार सेना थी।

नागाँव से 17 नवम्बर को शिवाजी की जलसेना ने आगे कूच किया। परन्तु 19 नवम्बर को ही यह जलसेना लौट कर आ गयी। क्योंकि शिवाजी को रास्ते में ही खबर मिली कि अहमदाबाद का सूबेदार सेना लेकर सूरत आ रहा है। सूरत का विचार छोड़ देने के बाद शिवाजी 'बागलाण' की ओर निकल गये। उनका नाविक बेड़ा 'दाभोल' के लिए भेज दिया गया।

शिवाजी के आक्रमणों से भी अधिक उनके आक्रमण के लिए आने वाली खबरों के कारण सूरत का व्यापार चौपट हो गया। सूरत जाने का विचार छोड़ देने के बाद शिवाजी बुरहानपुर की ओर बढ़े अर्थात् रास्ते में पड़ने वाले कई छोटे किले और उनपर मिली दौलत पर कब्जा करते ही रहे।

बुरहानपुर में दाऊद ख़ान का ठिकाना था। पर, वह वहाँ नहीं था। उसके काम को उसका पुत्र हमीद ख़ान वहाँ रहकर देख रहा था। जसवन्त सिंह भी वहीं था। शिवाजी बुरहानपुर आ रहे हैं, इसकी सूचना बेटे हमीद ख़ान ने बाप दाऊद ख़ान को दी।

दाऊद ख़ान बुरहानपुर की ओर दौड़ा। रास्ते में उसे खबर मिली शिवाजी ने बुरहानपुर का एक उपनगर, जो मुख्य शहर से केवल एक कोस दूर था, को लूट लिया है। वह और तेजी से बुरहानपुर की ओर बढ़ा, पर तब तक शिवाजी बुरहानपुर छोड़ बागलाण की ओर घूम चुके थे।

यहाँ शिवाजी ने सेना को विभाजित किया। एक भाग मोरोपन्त पेशवा ने सँभाला और वे बागलाण में उत्पात मचाने लगे तथा स्वयं शिवाजी 'कारंजा' की ओर बढ़े। दाऊद ख़ान शिवाजी को छोड़ उनके पेशवा मोरोपन्त का पीछा करने आगे बढ़ा।

विदर्भ क्षेत्र का 'कारंजा' नगर, जो आज के महाराष्ट्र में 'बाशिम' जिले में है, मुगल सल्तनत का बहुत वैभवशाली नगर था। महाराष्ट्र की एक विभूति श्रीनृसिंह सरस्वती का यह जन्मस्थान शिवाजी ने तीन दिन तबीयत से लूटा। सूरत की तरह ही यहाँ उनको रोकने वाला कोई नहीं था। मुगलों की ओर से वहाँ कोई नहीं था। बड़े-बड़े व्यापारियों को कैद किया गया, पर एक चतुर व्यापारी स्त्रीवेश में शिवाजी के सैनिकों की आँखों में धूल झोंक कर भाग ही गया। घरों से खोद-खोद सम्पत्ति निकाली गयी। नगद, जवाहरात, सोना-चाँदी, उत्तम कपड़ा। ऐसा एक करोड़ का माल शिवाजी को मिला। यह सारा माल चार हजार बैल व गधों पर लादकर राजगढ़ पहुँचाया गया। इतनी आराम की लूट तो सूरत में भी नहीं मिली थी।

लौटते समय फिर वही लूटपाट चलती रही, नन्दुरबार से वसूली की चौथ भरे जाने के कागज लिखवाये गये। विपुल धनराशि के साथ शिवाजी अपने पेशवा से मिले।

अपने पीछे-पीछे आ रहे दाऊद ख़ान को पेशवा ने खूब छकाया। उसे खबर मिली की 'मुल्हेर की पेठ' मराठों ने लूटी, तो वह मुल्हेर की ओर दौड़ा। रात में वह मुल्हेर पहुँचा। 'मुल्हेर' नासिक के उत्तर में पूर्व में 'धुले' (धुलिया) से लगा है और उसके पश्चिम में गुजरात है। पर मुल्हेर आने पर पता चला कि मराठे मुल्हेर से निकलकर 'साल्हेर' किले को घेरे बैठे हैं।

यहीं पर पेशवा की सेना से शिवाजी की सेना मिली। इस प्रचण्ड सेना शक्ति ने साल्हेर जीतने माला लगाकर किले पर आक्रमण किया। किलेदार फ़तुल्लाह ख़ान मारा गया। उसकी पत्नी का भाई किले पर था। उसने परिस्थिति समझ शिवाजी से बात की और किला उन्हें सौंप दिया। साल्हेर पर भगवा झण्डा फहरने लगा।

❑❑❑

22

पुणे पर फिर अमानुषी हमला

साल्हेर की हार से मुगल अधिकारियों की मन:स्थिति कितनी बिगड़ी, इसका एक अति करुण या दारुण उदाहरण देना आवश्यक है।

उस काल में मुगल और मराठे-ये दो चक्की के पाट हो गये थे, जो बार-बार एक-दूसरे पर रगड़ करते रहते थे, यह हमने देखा। युद्ध लड़ने के दोनों के अपने-अपने सबल कारण थे और समय ऐसा था कि युद्ध और मारकाट को स्वाभाविक व अनिवार्य माना जाता था। पर, युद्ध से दूर रहने वाले नागरिकों को बिना उनके किसी अपराध के कत्ल कर देना नीच बात थी। पर, गुस्सा उतारने, शत्रु को पाठ पढ़ाने के लिए ऐसा करना मुगलों की फ़ितरत थी।

दुर्भाग्य से पुणे इसका शिकार दो बार हुआ। शिवाजी के जन्म के पूर्व मुरार जगदेव ने पुणे को खण्डहर बनाया था। फिर वैसा ही संकट पुणे पर 1671 के दिसम्बर के आसपास आया।

दिलेर ख़ान बार-बार मुँह की खा रहा था। बुलन्द सेना का साथ होते हुए भी वह साल्हेर को बचा नहीं पाया था। इस अपमान से उबरने के लिए उसका कुटिल दिमाग चला। उसने सोचा और एकदम सही सोचा कि शिवाजी की कुल सेना इधर है, तो उसका नगर पुणे निराश्रित होगा। और, यह दिमाग में आते ही उसने पुणे पर धावा बोला तथा 9 वर्ष से छोटे बालकों को छोड़ सब स्त्री-पुरुषों की उसने निर्दयता से हत्या कर दी।

कत्लेआम करते ही वह साल्हेर अपने डेरे पर लौट गया। इस दारुण समाचार ने शिवाजी को बहुत दु:खी किया। पुणे की बची-खुची प्रजा-अर्थात् बच्चों की व्यवस्था उत्तम प्रकार से करने के लिए पड़ोस के किलों से उन्होंने रसद और आदमी भेजे। युद्ध से जिनका कोई लेना-देना नहीं था, उस प्रजा का कत्लेआम करने वालों को मजा चखाने का उन्होंने निश्चय किया। वैसे दिलेर ख़ान के इस दुष्ट कृत्य का दण्ड प्रकृति ने उसे तत्काल ही दिया।

पठान और गैर पठान मुसलमानों की हमेशा अनबन रहती थी। दिलेर के डेरे पर लौटने के बाद एकाएक वह अनबन इतनी भड़क गयी कि गैर पठानी पक्ष के सरदार बहादुर ख़ान ने जो कि पठान था, दिलेर ख़ान के छह सौ साथियों को तोप से उड़ा दिया।

पुणे का समाचार शिवाजी को राजगढ़ पर मिला। उन्होंने जल्दी से कई किलों पर से सेना को इकट्ठा किया और वे दिलेर ख़ान को मजा चखाने चल पड़े। परन्तु शिवाजी साल्हेर पहुँचे, इसके पहले पुणे का समाचार साल्हेर भी पहुँचा।

मराठों ने इसका बदला लेने की ठानी। मोरोपन्त की पैदल सेना और प्रतापराव की घुड़सवार सेना साल्हेर को घेरा डाले बैठे मुगलों पर गुस्से से टूट पड़ी। 12 घण्टा युद्ध हुआ। (1672 फरवरी प्रारम्भ) मुगल, पठान, राजपूत, रोहिला सब थे। युद्ध में हाथी, ऊँट, घोड़े, तोपें सबका प्रयोग हुआ। तीन कोस औरस-चौरस जगह पर अपना-पराया सूझता नहीं था। दोनों ओर के दस हजार आदमी खेत रहे। रक्त की नदियाँ बहीं, कीचड़ हुआ।

इस भीषण युद्ध में शिवाजी को प्रचण्ड विजय प्राप्त हुई। हजार दो-हजार मुगल सैनिक भाग सके। 30 बड़े ओहदेदार कैद हुए। छह हजार घोड़े, 925 हाथी, छह हजार ऊँट, खजाना, कपड़ा, बिछायत, जवाहरात हाथ लगे। मुगलों व मराठों की खुले आसमान के नीचे हुई (मेरे गणित से दूसरी, पहली वणी-डिण्डोरी की) इस जैसी प्रचण्ड लड़ाई इसके पहले हुई ही नहीं थी।

इस युद्ध में पेशवा मोरोपन्त, प्रतापराव सरनौबत अपने को बहुत ही झोंककर लड़े। उनके साथ आनन्दराव मकाजी, व्यंकोजी दत्तो, रुपाजी भोसले, शिंदोजी निम्बालकर, खण्डोजी जगताप, गोदाजी जगताप, मानाजी मोरे, विसाजी बल्लाल, मोरो नागनाथ, मुकुन्द बल्लाल आदि ने अति पराक्रम किया।

इस युद्ध में एक विशेष वीर था-सूर्यराव काकड़े। सूर्यराव शिवाजी का बचपन का दोस्त था। कवि कहता है कि कर्ण जिस प्रकार महाभारत युद्ध का वीर था, वैसा ही सूर्यराव इस युद्ध का। शिवाजी की सेना में वह पंचहजारी लश्करी अधिकारी था। वह तोप का गोला लगने से मारा गया।

साल्हेर की हार से मुगलों की इज्जत धूल में मिल गयी। बहादुर ख़ान और दिलेर ख़ान समाचार सुनते ही साल्हेर के लिए निकले, परन्तु उन्हें रास्ते में ही मुल्हेर पर भी मोरोपन्त के कब्जा कर लिये जाने का समाचार मिला। वे दोनों वहीं से लौट गये।

प्रतापराव और मोरोपन्त ने विजय-समाचार शिवाजी को पहुँचाने के लिए तुरन्त हरकारे भेजे। खबर सुन राजा बेहद खुश हुये। हरकारों के हाथ में सोने के कड़े पहनाये। तोपें दागीं। हाथी पर से शक्कर बाँटी। प्रतापराव, मोरोपन्त, आनन्दराव, व्यंकोजी को बहुत बख्शीश दिये। अन्यों को भी बख्शीश दिये। इस खुशी के अवसर पर कोई दाग न लगे, इसलिए शत्रु के कैदकर लाये गये सारे छोटे-बड़े अधिकारियों को वस्त्र व घोड़े देकर शिवाजी ने मुक्त कर दिया।

साल्हेरी के विजय से शिवाजी का प्रताप मध्याह्न के सूर्य जैसा हो गया।

❑❑❑

23

फरवरी 1672 के बाद

इस देश हिन्दुस्तान पर अपनी बपौती समझ क्रूरता से राज्य करने वाले, दक्षिण-उत्तर की मुगलिया सल्तनतों को खुले मैदान हुई शिवाजी की प्रचण्ड जीत ने भयचकित कर दिया। अपने दिन लदने लगे, यह प्रकट अहसास उनको अवश्य हुआ होगा।

शिवाजी ने साल्हेर का किला जनवरी 1671 में ही जीत लिया था। शिवाजी की इस जीत से मुगलों की नाक कट गयी। औरंगजेब को यह जीत चिढ़ा गयी। उसने बरसात के बाद ही उसे फिर से जीतने के आदेश दिये और परिणाम में हार पायी। साल्हेर की हार का दर्द औरंगजेब को कितना हुआ, यह उसके अपने सूबेदारों को लिखे पत्र से मालूम होता है। उसने दिलेर ख़ान, बहादुर ख़ान को लिखा-'तुम मर क्यों नहीं गये?'

खैर! शिवाजी को शक्ति से नहीं बातों से जीतना चाहिए। यह बात मुगल पक्ष को समझ में आ गयी। एक बहुभाषा कोविद ब्राह्मण को शिवाजी के पास भेजा गया। शिवाजी ने भी 'काज़ी हैदर' नामक एक वकील बहादुर ख़ान के पास भेजा। बहादुर ख़ान ने बहादुरी से उसे कैद कर लिया। कहावत है-'रस्सी जल गयी ऐंठन नहीं गयी'। अन्त में बहादुर ख़ान को अपनी गलती समझ में आ गयी और काजी हैदर को छोड़ दिया गया। बातें न हुईं, पर शिवाजी को यह समझ में आ गया कि अब कोई नया हमला जल्दी नहीं होगा।

जंजीरा की टीस

सिद्दियों का जंजीरा किले और क्षेत्र पर कब्जा होना शिवाजी की टीस थी। वह मानो पेट में पड़ गयी कोई गाँठ हो। सिद्दियों से जंजीरा को मुक्त करने का एक प्रयास तो ऐसा बुरा असफल हुआ कि जंजीरा तो मुक्त हुआ नहीं, 'दण्डाराजपुरी' नामक स्थान सिद्दियों के कब्जे में चला गया। शिवाजी का यह उदरशूल बेहद बढ़ गया।

कोई युक्ति भी काम नहीं आ रही थी। उधर अँग्रेज तगादा लगाये हुए थे। राजापुर में शिवाजी द्वारा की गयी लूट का उन्हें हर्जाना चाहिए था। अँग्रेज जाति भी ऐसी बेहया थी कि बार-बार टाले जाने के बाद भी शिवाजी के पीछे हर्जाना पाने के लिए टुरटुर किये थी। लूट का हर्जाना न शिवाजी ने किसी को दिया, न माँगने की किसी को हिम्मत थी। पर, अँग्रेज वणिक थे, लगे रहे थे।

अच्छा बहाना था, सिद्दी के खिलाफ बात बनाने को। शिवाजी ने अँग्रेजों से बात चलायी। 'दण्डाराजपुरी' का शिवाजी के हाथ से निकल जाना दूरदृष्टि से अँग्रेजों के लाभ का था, परन्तु उँगली पकड़ में आ रही है, तो पोचा भी हाथ आ ही जायेगा-ऐसी सोच वाले अंग्रेजों ने बेमन से शिवाजी की बात सुनी। बेमन की बातें व्यर्थ गयीं।

लेकिन एक दूर की कौड़ी से सिद्दियों को ढीला करने में शिवाजी सफल हुये। हुआ यह कि वर्षा के पूर्व वे देश के या स्वराज्य के दक्षिण किनारे पर बसे 'वेंगुर्ला' में थे। वेंगुर्ला में डचों का बड़ा भारी कारोबार था। शिवाजी का इनसे मेल-जोल बढ़ा। डचों की मुम्बई द्वीप पर निगाह थी। वह मिल जाये, तो मजा आ जाये, ऐसी उनकी आस रहती थी। शिवाजी ने उनकी इस आकांक्षा-पूर्ति में मदद देने की पेशकश की। 3000 सैनिक उनको देने की तैयारी भी दिखायी।

यह योजना अँग्रेजों को भड़काने के लिए थी। उनके कान में पड़ी तो वे चौकन्ने हो गये। दौड़-दौड़े शिवाजी के पास आये। 'सिद्दी व आपके बीच एक लाभकारी सन्धि करा देते हैं'-ऐसा प्रस्ताव किया। बात पूरी बनी नहीं, पर शिवाजी को इतना लाभ तो हुआ कि सिद्दी ढीले पड़ गये।

इस बीच 21 अप्रैल 1672 एक नया राजकार्य सामने आ गया। दक्षिण में गोलकुण्डा के शासक कुतुबशाह कहलाते थे। इनका राज्य आदिलशाह से सटा हुआ, उससे दक्षिण में पड़ता था। सुलतान कुतुबशाह ने अपने छोटे दामाद अबुल हसन को गद्दी सौंपने की बात कही थी। पर गद्दियाँ ऐसी और वह भी मुसलमानों में सरलता से कहाँ मिलती हैं? अबुल हसन के दो साढू और थे। बड़ा साढू भी दावेदार हो गया।

तलवारें खिंची। सेनापति ने अबुल हसन का साथ दिया। उसके साथ वजीर 'मादण्णा' और 'आकण्णा' भी थे। इस संघर्ष की हवा लगते ही शिवाजी ने अपना वकील बना निराजी पन्त को भेजा। अबुल हसन को गद्दीनशीन कराने में निराजी पन्त ने भी सहयोग दिया। इस काम को करने के बदले में एक लाख होन की सालाना की (खण्डणी) करभार भी ठोंका। दो तिहाई राशि नगद लेकर मई 1672 में निराजी पन्त रायगढ़ लौटे।

शिवाजी के वरिष्ठ सहयोगी मोरोपन्त पेशवा को राजा ने उत्तर की ओर भेजा। दो छोटे कोली हिन्दू राजाओं की पुर्तगालियों से खटपट चल रही थी। गोवा के पुर्तगालियों ने उत्तर में भी अपने पैर जमाये हुए थे। इस खटपट में मदद के लिए पुर्तगालियों ने शिवाजी को बुलाया था। उन दो राज्यों 'जह्वार' (नासिक से मुम्बई के रास्ते पर स्थित है) के विक्रमशाह और 'रामनगर' के सोमशाह का किस्सा दो बन्दरों का एक रोटी के लिए लड़ने जैसा था। शिवाजी वहाँ बिल्ली बनकर पहुँचे और एक-एक कर दोनों को भगाकर अपने हिन्दवी-स्वराज्य का विस्तार गुजरात तक बढ़ाया। मोरोपन्त को विक्रमशाह के यहाँ 15 लाख का खजाना मिला, वह अलग।

जह्वार से सूरत 100 मील व रामनगर से केवल 60 मील होने से रामनगर तक शिवाजी के आ जाने से, फिर सूरतवालों को कँपकँपी छूट गयी। वैसे भी सूरत पर धावा बोलने का शिवाजी का इरादा था और उस दृष्टि से जिनसे करभार (खण्डणी) वसूलनी थी, उन्हें पत्र भी गये थे। पर सूरतवालों के भाग्य से वर्षा ने कुहराम मचाया और साथ में यह समाचार भी आया कि दिलेर ख़ान सूरत बचाने निकल पड़ा है। ऐसी दोहरी विरोधी स्थिति के कारण मोरोपन्त को रायगढ़ लौटना पड़ा।

छत्रसाल से भेंट

बीजापुर में इस समय सत्ता पलट की स्थिति बन रही थी। उस पर नजर रखना जरूरी था। इसलिए शिवाजी कारबार के वेंगुर्ला में डेरा डाले हुए थे। यहीं शिवाजी और छत्रसाल की भेंट हुई। बुन्देलखण्ड के पन्ना नरेश चम्पतराय का पुत्र छत्रसाल मुगल सेना में नौकर था। मिर्जा राजे के साथ वह पुरन्दर की लड़ाई में भी था। बहुत वीरता से उसने काम किया था। पर, वहाँ उसकी उपेक्षा हुई थी। बाद में वह दिलेर ख़ान के साथ रहा, पर अनुभव वही, उपेक्षा भी वही।

शिवाजी आगरा से औरंगजेब को अँगूठा दिखाकर स्वराज्य में आ गये थे। शिवाजी की शौर्यगाथा ने छत्रसाल को मोह लिया। उसने मुगलों की नौकरी छोड़ने का निश्चय किया। पर, यह कोई सरल काम नहीं था। वह दिलेर ख़ान के साथ बागलाण (आज का नासिक) में शिवाजी के पेशवा मोरोपन्त को गुजरात में घुसने से रोकने आया था।

शिवाजी इस समय धुर दक्षिण में वेंगुर्ला के आसपास थे। कहा जाता है कि शस्त्र पशुओं पर लादकर अपनी रानी और सैनिकों के साथ छत्रसाल भाग निकला। दुर्गम पहाड़ों पर रात बिताते और दिन में यात्रा करते, शिकार से भूख मिटाते वह दक्षिण की ओर बढ़ा।

'छत्रप्रकाश' नामक काव्य में इसका वर्णन है। यात्रा में दो उफनती नदियों भीमा और कृष्णा को उसने पार किया।

(अ) 'देखी वहाँ भीमरा बाढ़ी'

(आ) 'कृष्णा नदी देखिये त्योंही'

पक्का साक्ष्य नहीं है, पर अनुमान यह है कि शिवाजी और छत्रसाल की भेंट जून-जुलाई 1672 को हुई।

मुगलों का एक सरदार शिवाजी से मिलने आया है, यह समाचार कौतूहल का विषय था। छत्रसाल को शिवाजी ने अपनी बगल में बैठाया। बड़ी आत्मीयता से पूछताछ की। छत्रसाल ने कुछ छिपाया नहीं। कहा-'आपकी चाकरी में रहना चाहता हूँ।'

शिवाजी ने समझाया-'मेरी नौकरी में रहेगा, तो नौकर ही रहेगा। ऐसा न करो, मेरे जैसा बनो। तलवार पर और अपने आराध्य देवता पर विश्वास करो। अपना राज्य स्थापित करो और बहादुरी के साथ मुगलों से भिड़ो। तुर्क मारो। तुर्क यदि हाथी है, तो तुम सिंह बनो। हमें माता भवानी ने सहाय किया, तुम्हें भी बृजनाथ सहायता करेंगे। क्षत्रिय बनो।'

इस तरह छत्रसाल को समझाया और उसका क्षात्रतेज जाग्रत किया। अपने हाथ से उसकी कमर में कृपाण बाँधी। छत्रसाल का तेज जागा, भ्रम टूटा। निश्चित ही शिवाजी ने अपने उदार स्वभाव के अनुसार उसे और भी मदद की, जो उसे अपने देश जाने और कार्य करने के लिए बहुत जरूरी थी। बागलाण से वेंगुर्ला आने में ही उसको शिकार पर भरोसा करना पड़ा था। यह बात राजा शिवाजी ने उससे निकाल ली थी। अत: शिवाजी ने उसकी भरपूर आर्थिक सहायता की। परिवार सहित बुन्देलखण्ड सुरक्षित लौट जाने की जुगत सुझायी।

मुगलों के दो और सरदार टूटे

1672 की भरी बरसात में ही मोरोपन्त पेशवा 15 हजार की सेना के साथ अपने परिचित रास्ते अर्थात् जव्हार से होते हुए नासिक, वणी के लिए निकले। नासिक का सूबेदार जाधवराव वैसे शिवाजी का ननिहाल का रिश्तेदार था अर्थात् लखुजी जाधव का पड़पोता था। वणी, दिण्डोरी का सूबेदार सिद्दी हिलाल था। यह सिद्दी हिलाल पूर्व में शिवाजी का ही चाकर था।

मोरोपन्त के हमले में दोनों ही परास्त होकर बहादुर ख़ान के पास भाग गये। बहादुर ख़ान ने उन्हें ऐसा लताड़ा कि वे दोनों फिर मोरोपन्त के पास आये। मोरोपन्त ने उन्हें आदर के साथ रख लिया।

सिद्दी हिलाल, जाधवराव और उनके दो अन्य साथी अपने घुड़सवार दल के साथ आये थे। इससे शिवाजी की सेना शक्ति बढ़ गयी थी। पहले ही 16 हजार की खड़ी सेना इस तरफ थी।

पन्हाला फिर स्वराज्य में

जंजीरा किले जैसा ही शिवाजी का एक उदर शूल 'पन्हाला' था। कभी स्वराज्य की शान रहे पन्हाला ने शिवाजी का ऐसा गला दबाया कि प्राण ही निकल जाने का भय हो गया। बहुत कठिनाई से परन्तु सफलता के साथ निकल आने के बाद पहले शाइस्ता ख़ान को निपटाना जरूरी था। और भी काम थे, इसलिए पन्हाला से छुटकारा पाने को उसे उन्होंने सिद्दी जौहर को सौंप दिया था।

1666 में एक बार उस पर कब्जा जमाने का किया गया प्रयास भी असफल हो गया था। बाद में आदिलशाह मित्र हो गया था, इसलिए उस पर विचार ही नहीं हो सकता था। अब बीजापुर से दोस्ती नहीं रही थी और शक्ति भी बढ़ गयी थी। इसलिए शिवाजी ने पुनः पन्हाला की ओर मुँह किया। परन्तु यह काम युक्ति से करना था। उसकी तैयारी करने के लिए उन्होंने अपने वजीर अन्नाजी पन्त को राजापुर भेजा। राजापुर से पन्हाला काफी पास है।

अन्नाजी को भेजने के बाद अपने एक चुने हुए वीर सरदार कोण्डाजी से गहन गुप्त चर्चा की। कोण्डाजी को पालकी, वस्त्र, अलंकार दिये। उसके दोनों ही हाथों में सोने के कड़े पहनाये। उसके साथ राणोजी व मोत्याजी नामक दो शूर सरदार भी दिये। ये तीनों शिवाजी के पैर छूकर शिरस्त्राण पहन कर निकले। अन्नाजी पन्त ने राजापुर पहुँचकर अपने हरकारों की सहायता से साध्य-असाध्य सभी बातों पर गुप्त मन्त्रणा की। तीन-चार दिन बाद कोण्डाजी की मण्डली भी वहाँ पहुँची।

अन्नाजी पन्त व कोण्डाजी ने किले पर अकस्मात् हल्ला करने की योजना बनायी। उसके अनुसार केवल साठ वीर सैनिकों के साथ कोण्डाजी आधी रात के अँधियारे में किले पर चढ़ जाएगा और अन्नाजी पन्त पिछाड़ी सँभालने के लिए सेना के साथ किले के पास के एक घने जंगल में छिपे तैयार रहेंगे, यह बात तय हुई।

फाल्गुन कृष्ण त्रयोदशी (6 मार्च 1673) को कोण्डाजी अपने साथियों के साथ पन्हाला की तलहटी में पहुँचा। किले के एक टूटे हुए सिरे से वे सब एक-दूसरे को सहारा देते हाथ में शस्त्र लिये किले की माची (बुर्ज) पर चढ़ गये। (भोर के कोई 2-3 बजे का समय होगा)। चढ़ते ही सिंग बजाये और मार-काट मचायी। सोते-ऊँघते पहरेदार कटते रहे। किलेदार जागा, तलवार भाँजते

आगे आया। कोण्डाजी ने एक ही वार से उसका सिर धड़ से अलग कर दिया। गणाजी, मोत्याजी अपने साथियों सहित पहुँचकर शत्रु को निपटाने लगे। अन्नाजी पन्त भी अन्दर आ गये।

किला जीतने का समाचार शिवाजी को 9 मार्च 1673 को मिला। नववर्ष का वह पहला दिन (चैत्र शुद्ध प्रतिपदा) था। शिवाजी को अपार हर्ष हुआ। तोपों की आवाज से और बाजे बजाकर सबको विजय की सूचना दी गयी थी। सबका मुँह मीठा किया गया। शिवाजी तुरन्त निकले। रायगढ़ की तलहटी के एक गाँव 'पाचाड़' आये। अपनी माताजी जीजाबाई का चरण स्पर्श किया। उनको खुशखबरी दी। धन्य-धन्य हो गयीं जीजाबाई। रायगढ़ किले की चढ़ाई चढ़ने से बचने के लिए वह 'पाचाड' में रहती थीं।

पन्हाला का रास्ता महाड़, पोलादपुर, प्रतापगढ़ से होकर जाता है (आजकल यह मुम्बई-गोवा राजमार्ग है)। पोलादपुर में कवीन्द्र परमानन्द का मठ था। राजा शिवाजी ने उनके दर्शन किये, वहाँ ब्राह्मणों ने उनकी कीर्ति में लिखे काव्य भी सुनाये। शिवाजी पोलादपुर से प्रतापगढ़ आये। वहाँ अपनी आराध्य देवी भवानी माँ के दर्शन किये। देवी की महापूजा करवाई। रातभर वहाँ रहकर पालकी में तीन दिन की यात्रा कर वे पन्हाला किले पर आये। आनन्दविभोर हुए लोगों ने उनका अभूतपूर्व स्वागत किया। 1660 में खोया पन्हाला 1672 में अर्थात् बारह वर्ष बाद स्वराज्य में सम्मिलित हुआ था।

अब मुगल, आदिल, कुतुब, अँग्रेज, पुर्तगाली, सिद्दी सबके मन में शिवाजी के प्रति भयमिश्रित आदर उत्पन्न हुआ।

एक चूहे ने बाघ, सिंह, हाथी सबको खाया था। कवि कहता है-

जैसे समुद्र के जल की गिनती नहीं
मध्याह्न का सूर्य जैसे देख सकते नहीं
अग्नि को मुट्ठी में लिया नहीं जा सकता जैसे
वैसे नृप शिवाजी जीता नहीं जा सकता'

यह स्थिति हो गयी।

❑❑❑

24

मोहरा व्यर्थ मरने का पश्चात्ताप

आदिलशाही दरबार 'पन्हाला' हाथ से निकल जाने पर चुप कैसे बैठ सकता था? पन्हाला वापस लेने के लिए फिर दरबार ने अपने एक वजीर-अब्दुल करीम बहलोल ख़ान को बारह हजार फ़ौज के साथ पन्हाला की ओर भेजा। बहलोल ख़ान बहुत वीर पठान नेता था। मिरज और बंकापुर की जागीर उसी के पास थी। मुहिम पर निकलने के पहले दरबारी रिवाज के अनुसार उसे दो मस्त हाथी, चार घोड़े, मूल्यवान वस्त्र और अनेक तरह के शस्त्र देकर सम्मानित किया गया। मजे की बात यह कि उसका यह सम्मान चार वर्ष के बालक आदिलशाह के हाथों करवाया गया। उसे इत्रपान देकर रणदुन्दुभी के साथ विदा किया गया।

उसके साथ सर्जा ख़ान, मुजफ़्फर मलिक, सिद्दी मसाऊद, कर्नूल का अब्दुल अज़ीज़, खिज़्रख़ान पन्नी तो भेजे ही गये, मुगलों के दिलेर ख़ान को भी सहायता के लिए आने का सन्देश भिजवाया गया।

शिवाजी के हरकारों ने तुरन्त ही यह खबर उन तक पहुँचायी। शिवाजी को उम्मीद थी ही। राजा ने अपने दो मातब्बर सरदारों सर नौबत प्रतापराव गूजर व आनन्दराव को पन्हाला बुलाया। वैसे वे पन्हाला की तलहटी में ही डेरा डाले हुए थे। तय हुआ कि जब तक बहलोल ख़ान तैयार हो रहा है, तब तक ही उस पर हमला कर उसे पकड़ कर लाया जाये।

शिवाजी के आदेश देते ही प्रतापराव गूजर 15 हजार सेना के साथ रात में ही निकले। उनके साथ सिद्दी हिलाल, विठोजी शिन्दे, कृष्णाजी भास्कर, विट्ठल पिलदेव, विसोजी बलाल और आनन्दराव ऐसे वीर सरदार भी थे। दो दिन में ही यह सेना उमराणी पहुँची।

उमराणी में बहलोल ख़ान का डेरा था। डेरे के पास ही एक जलाशय था। हाथियों को पानी पिलाने ले जा रहे सैनिकों को मराठा सैनिकों ने घेरा। प्रतापराव हजारों घुड़सवारों के साथ आदिलशाही डेरे पर टूट पड़े। घुड़सवार, पैदल भिड़

गये। भयंकर क्रन्दन शुरू हुआ। शाम तक युद्ध होता रहा। बहलोल ख़ान का एक हाथी पकड़ मराठे ले जाने लगे। उसको रोकने आये सैनिकों को मार दिया गया। बहलोल ख़ान का एक सरदार सिद्दी मुहम्मद बर्की भाग जाने की कोशिश में मारा गया।

बर्की के मरते ही बहलोल के होश उड़ गये। बहलोल ने प्रतापराव की मिन्नतें शुरू कीं। 'आप हमें छोड़ दो। हम लौट जायेंगे' आदि-आदि उसने बहुत कहा। प्रतापराव को उस पर दया आ गयी। उसको उन्होंने जाने दिया, कैद नहीं किया। प्रतापराव की यह दयालुता शिवाजी को पन्हाला पर मालूम हुई, तो वे बहुत भड़के - "क्यों उसे कैद कर नहीं लाया?"

प्रतापराव की कूटनीतिक हार हुई थी। शिवाजी को मुँह दिखाने लायक नहीं रहा था, वह। अतः लौटकर पन्हाला नहीं आया। हुबली की ओर दौड़ गया। दिनांक 16 अप्रैल को हुबली पर उसने आक्रमण किया। हुबली में अँग्रेजों का गोदाम था। उसे पुरुषभर खोदकर लूटा। अँग्रेजों को 7894 होन की हानि हुई। यह हिसाब भी उन्हीं का बनाया हुआ है। एक दुःखद घटना यह हुई कि लूट की धूम-धाम में बारूद खाने को आग लग गयी और 20 मराठा सैनिक मर गये।

हुगली की लूट का समाचार मिलते ही एक आदिलशाही सरदार हुबली को बचाने आया, पर तब तक प्रतापराव जो कुछ मिला, उसे बाँधकर आगे बढ़ गया था। प्रतापराव और बहलोल ख़ान एक-दूसरे को शिकस्त देने के लिए आगे-पीछे दौड़ रहे थे, तभी भारी वर्षा शुरू हो गयी।

शिवाजी 15 अप्रैल के आसपास पन्हाला छोड़ राजगढ़ चले गये। बहलोल ख़ान और प्रतापराव की एक-दूसरे को शिकस्त देने की खबरें उनको मिलती रहीं। इसी सन्दर्भ में बहलोल ख़ान से सन्धि करने का प्रयास भी उन्होंने किया, जिसे उसने ठुकरा दिया।

'न रहता बाँस तो न बजती ये बेसुरी'। यह बात शिवाजी के मन में बार-बार आती हो, तो कोई आश्चर्य नहीं। बहलोल ख़ान को जाने देने की प्रतापराव की गलती पर शिवाजी का क्रोध बढ़ता ही गया।

आखिर उन्होंने प्रतापराव को पत्र लिखा-"सेना ले जाकर बहलोल को निपटाओ, नहीं तो मुँह नहीं दिखाना।" प्रतापराव गूजर पर तो जैसे बिजली गिरी। वह बौरा गया और केवल छह सैनिकों को लेकर बहलोल ख़ान पर टूट पड़ा और छहों सैनिकों के साथ कट मरा।

प्रतापराव गूजर शिवाजी का सर नौबत अर्थात् बहुत उच्च सेनाधिकारी था। वह पराक्रमी भी था। पर, एक मानवीय भूल ने उसको कहीं का न रखा। उसका महानिर्वाण 24 फरवरी 1674 को हुआ। यह समाचार उसके सहकारी आनन्दराव ने शिवाजी को पत्र लिखकर भेजा। साथ में यह भी लिखा कि चिन्ता न करें, मैं हूँ।''

शिवाजी को बेहद दु:ख और पश्चात्ताप भी हुआ, पर क्या कर सकते थे? उन्होंने आनन्दराव को प्रतापराव के स्थान पर उसी वेतन पर काम करने का आदेश दिया। पर, साथ में यह भी लिखा कि 'शत्रु को चित किये बिना लौटना नहीं।'

आनन्दराव शूर मर्द था। शिवाजी का आदेश मिलते ही वह बहलोल ख़ान को खोजता उसके राज्य में अन्दर तक घुस गया। प्रतापराव की मृत्यु की खबर मिलने और बहलोल ख़ान को घेरे जाने की खबर पाकर मुगलों का सेनाधिकारी दिलेर ख़ान भी उसकी सहायता करने आया।

दिलेर ख़ान के साथ आ जाने से बहलोल ख़ान को जोश आ गया। वे दोनों अपनी सेनाओं के साथ आनन्दराव का पीछा करने लगे। जैसाकि ऊपर लिखा है शूर मर्द आनन्दराव रोज 40-45 मील दौड़ लगा कर्नाटक में घुस गया। दिलेर ख़ान और बहलोल हारकर कोल्हापुर लौट आये।

आनन्दराव को यह समाचार मिला और वह बेफिक्र होकर बहलोल ख़ान के क्षेत्र में लूटपाट करने लगा। साँपगाँव की पेठ में लुटे हुए माल को 3000 बैलों पर लादकर आनन्दराव स्वराज्य में लौटा। बंकापुर के पास बहलोल ख़ान के एक नायब ने उसे रोकना चाहा, पर वह उसके रोके न रुका। उलटे बहलोल ख़ान के 500 घोड़े व 2 हाथी अपनी लूट में और जोड़ लिये तथा वह लूट के साथ रायगढ़ आ गया।

उधर जंजीरे के सिद्दियों को सीधा करने गये मराठों की सेना ने उसे इतना परेशान किया कि वे अँग्रेजों के पास कोई समझौता करा देने के लिए गये।

आनन्दराव रायगढ़ आया, तब अँग्रेजों का एक प्रतिनिधि हुगली की लूट की शिकायत राजा शिवाजी से करने रायगढ़ आया था।

अँग्रेजों को शिवाजी पर बहुत गुस्सा था। राजापुर की लूट का हर्जाना उनको मिला नहीं था। उसे पाने के लिए उन्होंने शिवाजी का एक व्यापारी पोत मुम्बई में रोक लिया। फिर वे सोचने लगे कि शिवाजी को लिखा जाये-'जब तक हर्जाना नहीं मिलेगा हम ऐसा ही करेंगे।' पर, फिर उनकी सद्बुद्धि जागी और पोत छोड़ दिया गया तथा सारी बातें शिवाजी से आमने-सामने करने की नीति तय की गयी। उसी नीति के अधीन उनका एक प्रतिनिधि 'निकल्स' राजगढ़ आया।

अँग्रेज अधिकारी प्रायः डायरी लिखते थे। निकल्स भी डायरी लिखता था। उसने शिवाजी और रायगढ़ के सम्बन्ध में जो लिखा है, वह जानकारीपूर्ण और मनोरंजक होने से हम यहाँ दे रहे हैं-

23 मई 1673 को हम एक ऊँची पहाड़ी पर गये। वह किला था। ऊपर जाने के लिए पहाड़ में ही सीढ़ियाँ खुदी थीं। किला प्राकृतिक दीवार से सुरक्षित था। पर, जहाँ प्राकृतिक दीवार नहीं थी, वहाँ कहीं 24 फुट तो कहीं 40 फुट तक की ऊँची दीवार बाँधी गयी थी। किला इतना दुर्भेद्य बनाया गया है कि अन्न का भण्डार भरपूर हो, तो मात्र कुछ सैनिक भी किले को दुनिया से लड़ा सकते हैं। पानी के लिए बड़े तालाब हैं। वर्षा में वे लबालब भर जाते हैं। पहाड़ी पर अच्छा शहर ही बसा हुआ मैंने पाया। घर सामान्य बने हुए हैं, पर शिवाजी का महल बहुत बड़ा है। सारा राजकाज वहीं से चलता है।

राजा शिवाजी किले पर नहीं थे। मैंने फिर उनके पुत्र सम्भाजी से ही बात करनी चाही। पिलाजी ने मुझे कहा कि सम्भाजी अभी छोटे हैं, उतना अनुभव नहीं है, पर मैं उनसे कहता हूँ। वे मिलेंगे।

24 मई-सम्भाजी ने मुझे मिलने के लिए बुलाया। वहाँ शिवाजी का सचिव बैठा था। उसने इधर-उधर के बहुत प्रश्न किये। 'इग्लैंड के राजा के पास कितने आदमी हैं, घोड़े, सिपाही कितने हैं वह संख्या भी पूछी।' 'सामने के पेड़ पर कितनी पत्तियाँ हैं'-ऐसा उलटा प्रश्न मैंने किया। उत्तर वे दे नहीं सकते थे। फिर मैंने कहा-'जैसे आप मेरे प्रश्न का उत्तर नहीं दे पाये, वैसे ही मैं आपके प्रश्न का उत्तर नहीं दे सकता।'

इतने में सम्भाजी आया। उसने पूछा कि आपका क्या काम है? उसके पूछने पर मैंने उसे क्रम से सारे काम बताये। मेरा कहा सुनने के बाद उसने कहा-'इस सम्बन्ध में मैं कुछ कर नहीं सकता। हाँ, पिताजी को यह अवश्य बतला दूँगा कि आप आये हुए हैं। वे जल्दी आ जायेंगे। आपको इस ऊँचाई की हवा कष्ट देगी, इसलिए आप नीचे जाकर पाचाड़ में रहें, तो अच्छा।'' मैं फिर नीचे उतर आया।

30 मई-मुझे बताया गया कि राजा ने कुछ कपड़े मँगवाये हैं। इसका अर्थ यह हुआ कि वे तीर्थक्षेत्र में और रहेंगे।

31 मई-मैं सोच नहीं पा रहा हूँ कि क्या करूँ? मैंने पिलाजी से पूछा तो उसने कहा-'राजा का आना अनिश्चित है। यहाँ वर्षा भी बहुत है। बाढ़ भी आ सकती है। यहाँ की वर्षा भी बहुत कष्ट देगी।'

1 जून-शिवाजी ने गोवा के पास की एक पहाड़ी जीती, ऐसा समाचार है।

2 जून-नमक और लकड़ी के बारे में सम्भाजी का आदेश लेने की बात मैंने शामजी से कही। पर सायं को शिवाजी का अपनी माँ के पास एक मील दूर आ जाने का पक्का समाचार मिला। रात को तो हमने उसे पहाड़ी पर चढ़ते भी देखा

3 जून-बातें करने के लिए मैं किले पर चढ़ गया। 11 बजे मैं जिस कमरे में बैठा था, वहीं राजा आया। सब सिपाहियों को बाहर भेजा। राजा के आने के बाद भी निकल्स ने उनको पहचाना नहीं, यह देखकर राजा अप्रसन्न हो गये। पर, ऊपरी तौर से समय अच्छा न होने से वह मुझसे नहीं बोले। शाम चार बजे शामजी के हाथों मैंने प्रेसीडेण्ट का पत्र भेजा। पाँच बजे बुलावा आने पर मैं जाकर बैठा। पर, शिवाजी को आने में अभी देर थी। उसके आते ही खड़ा होकर मैं दरवाजे तक गया और पहली बार मैंने उन्हें नहीं पहचाना, इसके लिए क्षमा माँगी।

उसने (शिवाजी) मेरा हाथ पकड़ा और अपने बाईं ओर के मसनद के पास ही बैठाया। फिर पूछा-'क्या काम है?'

मैंने कहा-'सन्धि की बातें चल ही रही थीं, तभी अकस्मात हुबली लूटी गयी, जिससे बहुत हानि हुई। इससे नया गोदाम बनाने के सम्बन्ध में प्रेसीडेण्ट आशंकित हो गया है। यह लूट आपकी सहमति, आदेशों से हुई क्या?' ऐसा मैंने पूछा। ऐसा पूछते ही-'अँग्रेजों को कष्ट देने के आदेश मैंने कभी दिये नहीं। उनकी हमारी मित्रता है'-ऐसा उसने कहा।

यह सुन नुकसान की भरपाई के विषय में मैंने शान्ति से बात की। तब उसने कहा-'उधर गये मेरे लोग अभी उधर ही हैं। उधर के खास समाचार या पत्र अभी मेरे सामने नहीं आये हैं। किस सेना ने वह लूट की, कितनी लूट हुई, इसकी पूरी जानकारी मुझे पहले मालूम करनी होगी।'

'यह सब जानकारी हम आपको दें, तो भरपाई कर देंगे?' मैंने पूछा। उधर ध्यान न देते हुए उसने विदाई के पान मँगवाये तथा फिर 'और क्या काम है?' ऐसा पूछा। 'पहली माँग का कुछ भी फैसला नहीं हुआ'-ऐसा मैंने कहा, तब उसने कहा-'आज मैं दूसरा कोई उत्तर नहीं दे सकता।' नमक के मूल्य के बारे में आपकी इच्छा का ख्याल रखेंगे'-ऐसा आश्वासन उसने दिया।

सिद्दियों के सम्बन्ध में शिवाजी मुझसे कुछ बात करेगा, ऐसा मुझे लग रहा था। पर, सिद्दियों के बारे में और पकड़े गये जलपोतों के बारे में उसे आज ही पत्र मिल गये थे तथा बातचीत के समय उस पर चर्चा करने के लिए उसे स्मरण भी

कराया गया था, पर फिर भी उसने वे विषय पूरी तरह टाल दिये। स्मरण कराने वाले से उसने कहा-'अँग्रेज चाहें, तो माल छोड़ दें, पर मैं उनको वैसा करने के लिए कह नहीं सकता। हम अगर इसी तरह भरपाई करा लेते रहें, तो उसे कुछ भी नहीं देना पड़ेगा। यह सोच उसे खुशी ही हो रही होगी'-ऐसा मुझे लगा।

जून 6-प्रेसीडेण्ट के पत्र का उत्तर लेकर हमारा एक आदमी भीमाजी पण्डित अँग्रेजों के पास जायेगा, ऐसा सन्देश राजा ने भेजा।

निकल्स से हुई चर्चा का कुछ भी फल नहीं निकला। 'हम अँग्रेजों से मित्रता बनाये रखना चाहते हैं।' ऐसा शिवाजी ने बार-बार कहा, पर दिया कुछ भी नहीं।

सूरत के अँग्रेजों की (इस समय की शिवाजी की परिस्थिति देखते हुए) यह सोच थी कि 'एक ओर से बहलोल ख़ान व दूसरी ओर से मुगलों से घिरे होने के कारण शिवाजी प्रतिकार नहीं कर सकता है। इसलिए उससे सौजन्य का बर्ताव करने की आवश्यकता नहीं है।

सूरत के अँग्रेजों का भ्रम तोड़ते हुए मुम्बई के अँग्रेजों ने कम्पनी को लिखा-'सूरत के अँग्रेज समझते हैं, वैसी स्थिति नहीं है और शिवाजी दोनों का प्रतिकार करने में सक्षम है।'

मुम्बई के अँग्रेज सही थे, क्योंकि 27 जुलाई को ही वर्षा की झड़ी के बीच मराठों ने सतारा नगर जीता और लूटा। सैकड़ों बैलों पर लादकर वह लूट रायगढ़ लायी गयी।

भीमाजी पण्डित पूर्व योजना के अनुसार मुम्बई गया। उसने अँग्रेजों से चर्चा कर सन्धि कलमबन्द की। पर, शिवाजी की उस पर मान्यता ली जानी थी। इसके लिए अँग्रेजों ने नारायण शेणवी नाम के अपने वकील को रायगढ़ भेजा।

मार्च के तीसरे हफ्ते में शेणवी रायगढ़ के लिए निकला। राजापुर के नुकसान की भरपाई और सिद्दियों से मैत्री के सम्बन्ध में वह शिवाजी से चर्चा करे, यह उसे कहा गया था।

4 अप्रैल 1674 को नारायण शेणवी ने मुम्बई के डिप्टी गवर्नर को जो रिपोर्ट की वह, अँग्रेजों और शिवाजी के सम्बन्धों को जानने का अच्छा साक्ष्य है। इसलिए हम उसे यहाँ दे रहे हैं-

नारायण शेणवी लिखता है-'मंगलवार 24 मार्च को मैं रायरी (रायगढ़) पहुँचा। उसी दिन निराजी पण्डित से मिलने किले के तलहटी के गाँव पाचाड गया। मालूम हुआ निराजी पन्त किले पर हैं। एक नौकर से मैंने अपने आने की

खबर किले पर राजा के पास भिजवायी। उसी दिन निराजी का आदेश नौकर ले आया। 'शिवाजी की पत्नी का सूतक पूरा होने तक हमारे ही घर रहें'। बिना किसी काम का वहाँ पाँच दिन रहा। कल तीन तारीख को दोपहर निराजी मुझे दरबार में शिवाजी के सामने ले गया।

स्वागत व ख़ैरियत की बातें हो जाने पर मैंने राजापुर के सम्बन्ध में प्रश्न किया। निराजी ने अपनी ओर से हमारे पक्ष में काफी बातें कहीं। शिवाजी ने तत्काल कारकून को आदेश लिखने के लिए कहा–'राजापुर की भरपाई तीन हफ्तों (किश्तों) में होगी। राजापुर की जकात से 2500 होन, आने वाले 1 सितम्बर को और 500 होन अगले दो सालों में दिये जायेंगे।'

नये वर्ष जून के प्रारम्भ में स्वयं को राज्याभिषेक करा लेने के लिए सुवर्ण का हीरों जड़ित एक भव्य सिंहासन शिवाजी बनवा रहा है। इस समारोह के लिए असंख्य ब्राह्मणों को बुलवाकर वह बड़ा दान-धर्म करने वाला है। परन्तु यह राज्याभिषेक वह स्वयं का कराने वाला है या कोई दूसरा राजा होने वाला है, यह मालूम नहीं। क्योंकि लोग ऐसा कहते हैं कि निजामशाही वंश का एक राजा उसके कब्जे में है।

फतेह ख़ान और सिद्दी से किसी तरह की सन्धि करने की इच्छा शिवाजी की नहीं है, यह बात निराजी पन्त ने मुझे कही। सातवली (सावित्री) की खाड़ी में सिद्दी सम्बूल की दौलत ख़ान से लड़ाई हुई। उसमें सिद्दी के 100 और दौलत ख़ान के 40 आदमी मारे गये। पराजय के बाद सिद्दी हरेश्वर भाग गया। यह खबर शिवाजी ने स्वयं मुझे कही।

अब 'आक्जेण्डन' के साथ तुरन्त नजराना भेजें। निराजी ने कहा कि 'नजराने में अरबी घोड़ा न भेज कर मूल्यवान रत्न या राज्यारोहण के समय पहने जा सकें ऐसे अलंकार भेजें। नजराना 1000/1200 रुपयों का हो।'

नारायण शेणवी के उपर्युक्त पत्र के अनुसार महाराज की एक पत्नी काशीबाई – 20 मार्च के आसपास दिवंगत हुईं। राज्याभिषेक की पूर्व तैयारी के समय शिवाजी को दो आघात सहने पड़े। पहला सरनौबत प्रतापराव गूजर की मृत्यु का और दूसरे पत्नी काशीबाई की मृत्यु का।

शिवाजी के राज्यारोहण का समाचार शायद नारायण शेणवी ने ही पहले सार्वजनिक किया। दिल्ली की मुगल सत्ता को नचा-नचा और नोच-नोच कर राजा शिवाजी ने उसे गौण बना दिया था, तो शिवाजी के विराट पराक्रम से

झुकी हुई दो बड़ी मुगल सत्ताओं ने अपना अस्तित्व बनाये रखने के लिए उसे वार्षिक करभार देना शुरू कर दिया था। अँग्रेज, पुर्तगाली, डच, फ्रेंच, जंजीरकर का सिद्दी भी शिवाजी की कृपा के आकांक्षी हो गये थे। इस तरह शिवाजी को जमीनी सार्वभौमिकता प्राप्त हो गयी थी। उन्हें केवल मुद्रांकित होना शेष था। वह राज्याभिषेक के द्वारा किया जाना था और उसी कार्य को करने की तैयारी रायगढ़ पर चल रही थी।

अगले कुछ पृष्ठों पर इसलिए हम शिवाजी के राज्याभिषेक की संक्षित कथा प्रस्तुत कर रहे हैं।

❑❑❑

25

राज्याभिषेक की ओर बढ़ते कदम

प्रज्ञावन्त शिवाजी के अमित पराक्रम को हमने देखा। उन्होंने लगभग पच्चीस वर्षों के काल में एक छोटी जागीर से अपने को अमित वैभव का स्वामी बना लिया था। शिवाजी को पहाड़ी चूहा कहा जाता था, तो हमें यह कहना होगा कि एक पहाड़ी चूहे ने अपने को ऐरावत बना लिया। इन्द्र के हाथी का नाम 'ऐरावत' था।

गढ़कोट, किले, जलदुर्गों के साथ वह असंख्य सेना दल के स्वामी हो गये थे। भूमि पर विचरण करने वाली पैदल और घुड़सवार सेना के साथ ही समुद्री सेना भी उन्होंने खड़ी कर ली थी और इस सेना के कारण ही भारत में अपने नौकाबल के कारण आकर शासक बनने का स्वप्न देखती विदेशी शक्तियाँ भी कम्पित होने लगी थीं। यह तथ्य अवश्य ही प्रकट करने योग्य है कि शिवाजी से कई गुना अधिक बलशाली मुगल सेना ने भी समुद्री सेना का निर्माण नहीं किया था। वैसा सोचा भी नहीं था। पूरे भारत ने शिवाजी के शौर्य का लोहा मान लिया था। कुतुबशाह, आदिलशाह, सिद्दी, अँग्रेज, डच, पुर्तगाली सभी शिवाजी को सार्वभौम राजा की तरह कर (टैक्स) भी देने लग गये थे। मुगल बादशाह भी शिवाजी से सहमा रहने को बाध्य था।

इतना सब कुछ प्राप्त कर लेने के बाद भी उस समय की समाजमान्य वैधानिक स्थिति के अनुसार वह एक स्थापित राज्य के विद्रोही जागीरदार भर थे, जिसने लूट को अपने राजस्व का प्रमुख स्रोत बनाया था। इसलिए उन्हें लुटेरा ही कहा जाता था।

अँग्रेजी पत्र-व्यवहार में तो शिवाजी को लुटेरा ही कहकर उन्हें नीचा दिखाया जाता था। शिवाजी का इस तरह अवमूल्यन करने से वे कभी चूकते नहीं थे, परन्तु व्यावहारिक दृष्टि से विचार करें, तो शिवाजी द्वारा की जाती लूट न तो तिरस्करणीय थी और न ही आततायी थी। भारत में पूर्वकाल से ही शत्रु राष्ट्र को लूटना हमेशा ही त्याज्य माना जाता था। उस समय धर्मयुद्ध ही युद्ध होता था। युद्ध से दूर की प्रजा को लूटना या अन्य तरह से कष्ट पहुँचाना अधर्म माना

जाता था। इसी कारण लड़ाई चलते रहते भी किसान को खेती करते देखे जाने की बात विदेशी यात्रियों ने लिख रखी है।

परन्तु महमूद गजनी के आक्रमणकाल से लूट आरम्भ हो गयी। सेना के साथ प्रजा को भी शत्रु मानकर हर तरह से उसे लूटना, उस पर अत्याचार करना सैनिक धर्म माना जाने लगा। शिवाजी के सामने ऐसा ही शत्रु था। ऐसे शत्रु से तो उसी की रीति-नीति से लड़कर ही जीता जा सकता था। शिवाजी ने वैसा ही किया।

प्रचण्ड शक्तिशाली शत्रु से लड़ने के लिए, प्रचण्ड सैन्यबल खड़ा करने के लिए विपुल धन की आवश्यकता थी। वह नागरिकों से प्राप्त राजस्व से कभी भी पूरी नहीं हो सकती थी। ऐसे में शत्रुपक्ष द्वारा स्थापित लूट की नीति पर चलने के सिवाय शिवाजी को कोई चारा ही नहीं था।

परन्तु फिर भी एक हिन्दू राजा होने से उनकी लूट भी बड़ी सात्त्विक और आचार-संहिता से बँधी होती थी, यह स्पष्ट करना आवश्यक है। इस्लामिक आक्रमण, जिसका अनिवार्य अंग लूट होती थी, बहुत ही राक्षसी होती थी। ऐसे राक्षसी आक्रमणों की आदत न होने से ही भारतीय शौर्य मुस्लिमों से परास्त हुआ था।

मुस्लिम आक्रमण में हर देवस्थान को तोड़ना-फोड़ना, लूटना पहला काम होता था। फिर दूसरा मोर्चा स्त्रियों पर होता था। बलात्कार के बाद अंगभंग करना या गुलाम-लौंडी बनाने के लिए नग्न करके कैद करना और घसीटते हुए ले जाना, सामान्य समझा जाता था। फिर अन्य सम्पत्तियों को तोड़ना, फसलें काट लेना या जला देना, जलाशयों में माँस, मृतक को डाल कर दूषित करना तथा प्रजा पर अपना धर्म जबरन लादना आदि क्रूर कर्म होते थे।

शिवाजी राजे की सेना ऐसा कुछ न कर केवल बाजार लूटती थी। वह भी सामान्य रूप से धन न देने पर या छल करने पर। शिवाजी या उनके सेनानायक किसी बस्ती में पहुँचने पर धनिकजन और व्यापारियों को भेंट के लिए हरकारा भेज कर बुलवाते थे, फिर सोच-समझ कर निश्चित किया गया आँकड़ा उन्हें कह दिया था और फिर वह राशि वसूल करने का काम होता था।

ऐसा सब कुछ तय आचार-संहिता के अनुसार होते हुए भी वह लूट ही कहलाती थी और उसको करने वाला लुटेरा ही कहा जाता था। शत्रुपक्ष तो वैसा कहने को स्वतन्त्र था ही।

शिवाजी के समय की मुस्लिम सत्ताएँ भी लूटतन्त्र को अपनाये हुए थीं, परन्तु उनके पीछे एक स्थापित राज्यशक्ति थी। वैसी शक्ति शिवाजी को भी

प्राप्त कर लेनी चाहिए। यह बात तब बहुत शक्ति से सामने आयी। शिवाजी का राज्यविस्तार हो गया और प्रशासनिक व्यवस्था बनाये रखने तथा प्राधिकार रखने की आवश्यकता पग-पग पर पड़ने लगी।

बिना वैधानिक आधार तैयार किये यह न हो सकता था और वैधानिक आधार दिया जाने का अर्थ था, शिवाजी का राज्याभिषेक कर उन्हें छत्रपति घोषित करना।

पर, राज्याभिषेक कोई सामान्य उत्सव-समारोह नहीं होता अर्थात् वह शिवाजी के नूतन स्वराज्य में होने वाला बहुत बड़ा उत्सव-समारोह होना था। उसमें बहुत बड़ी संख्या में वेदविद्या के जानकार विद्वान्, पण्डित सम्मिलित होने थे। उनको विशेष निमन्त्रण भेजकर बुलवाया जाना था। उनके आने-जाने के प्रबन्ध के साथ उनको उनकी पात्रता और मान्यता के अनुसार दान-दक्षिणा दी जानी थी। ब्राह्मणों व भिक्षुकों के लिए नित्य भोजन आदि का प्रबन्ध होना था।

वैदिक काल से मान्य तथा वेदजनित शास्त्रों के द्वारा परिष्कृत पारम्परिक रूप से प्रतिष्ठापूर्ण, लोकजीवन को विश्वास दिलाने वाला राज्याभिषेक का किया जाना इन कारणों से अनिवार्य लगने लगा। इसकी अनिवार्यता को बढ़ाने वाला एक तथ्य तो इतना त्रासदीपूर्ण है, कि जिसकी विवेचना करना भी लज्जास्पद है।

महाभारत-युद्ध के बाद के काल का कालमापन करने वालों ने इसे 'कलियुग' कहा और इस काल में अर्थात् कलियुग के प्रारम्भ में ही महाभारत युद्ध से उपजे भयानक सामाजिक कष्टों से भारत की प्रजा को जूझना पड़ा। उस भयंकर युद्ध में भारत की सारी युवा पीढ़ी नष्ट हो गयी थी। उस नरसंहार में सारे देश में जो लाखों 'युवतियाँ विधवा हो गयी थीं-वे निकृष्ट जीवन जीने को बाध्य हो गयी थीं।

कलियुग प्रवेश के साथ ही भोगी गयी यह विकट आपदा समाज के विचारों को विकृत किये बिना नहीं रही और उसके बाद जब मुस्लिम आक्रमण ने सारा देश हिला दिया, तब नरसंहार के साथ ही क्रूरतम अत्याचार भी समाज को भोगना पड़ा और देखते ही देखते दिल्ली पर राजा की जगह शहंशाह बैठ गया। तब बेहद निराशा और हताशा में रचे गये हमारे ग्रन्थों में यह कहा गया कि अब देश में हिन्दू राजा नहीं होगा। जो होगा वह यवन राजा ही होगा। ग्रन्थों के बाहर भी प्रजा में वही सोच जड़ तक जाकर प्रजा को प्रभावित कर चुकी थी। मुगल शासक विष्णु का अंश जगदीश्वर समझा जाने लगा। वैसी काव्य रचनाएँ होने लगीं और अपने को राजपूत कहलाने वाले उनको अपनी बहन-बेटियाँ देकर गुलाम राजा हो गये।

भाग्यवाद हमारा एकमेव सहारा रह गया था। ऐसे में पुरुषार्थ से पग-पग संघर्ष करते अपना सिक्का और रौबदाब निर्माण करने वाले शिवाजी का राज्याभिषेक कराकर उन्हें छत्रपति घोषित करना काल को मात देने के लिए परम आवश्यक था। इससे जहाँ शासन के छोटे से कर्मचारी से वरिष्ठतम कर्मचारी को एक प्रभावकारी शक्ति प्राप्त होनी थी, वहीं उसे एक शासनाधिकार भी प्राप्त होना था।

❑❑❑

26

राजधानी : रायगढ़

राजा शिवाजी की पहली राजधानी राजगढ़ किले पर थी। यह किला पुणे के पास स्थित है। उस किले (राजगढ़) में शिवाजी को सुरक्षा की दृष्टि से कई दोष दिखने लगे, तभी राजधानी बदलने का विचार होने लगा। आगरा से लौट आने के बाद तो शिवाजी उस किले पर कम ही रहने लगे और उनकी आवा-जाही रायगढ़ पर अधिक होने लगी। ऐसा कदाचित् सुरक्षा कारणों से ही हो।

रायगढ़ जो अब मुम्बई-गोवा राजमार्ग पर 'महाड' नामक स्थान से उत्तर की ओर है, पहले कभी 'रायरी' नाम से जाना जाता था। शिवाजी ने जब 'जावली' पर कब्जा किया, तब चन्द्रराव मोरे इसी जावली किले पर आकर छिप गया था और शिवाजी ने छल करके ही उसे बाहर निकाला था।

'रायरी' यह नाम शिवाजी को पसन्द न आया और उन्होंने इसका नाम 'रायगढ़' किया। यह किला अनेक तरह से विशेष है। सह्याद्रि पर्वतमाला से घिरा होते हुए भी इससे कोई भी पहाड़ी चिपकी हुई नहीं है। अर्थात् पर्वतों के रास्ते से इस पर कोई आ नहीं सकता। फिर दो नदियों ने इसको घेरा हुआ है, जिनके पाट काफी चौड़े हैं। नदी का डेढ़ मील का पाट कोंकण में नहीं दिखता, जो यहाँ है। बरसात में ये नदियाँ इतना रौद्र रूप धारण किये रहती हैं कि कोई इस पार से उस पार जाने की बात सोच भी नहीं सकता।

इस किले की एक विशेषता यह भी कि वह दूर से नजर ही नहीं आता। दिख जाये तो ऊपर वर्णित स्थितियों के कारण उसको घेरना मुश्किल और घेर भी लिया, तो उसे जीतना कठिन है।

मिर्जा राजा जयसिंह के आक्रमण के समय ही शिवाजी को एक अति सुरक्षित किले की आवश्यकता अनुभव हुई और जैसा कि ऊपर लिखा गया है, आगरा से लौटने के बाद ही रायगढ़ को राजधानी बनाने के काम का प्रारम्भ हुआ।

इस बुलन्द और दुर्गम किले को देखने के बाद विदेशी लोगों ने भी इसकी बहुत सराहना की। एक अँग्रेज टामस निकल्स ने यह कहा कि कुछ सैनिक और भरपूर खाद्य-सामग्री हो, तो इसे दुनिया से लड़ाया जा सकता है। बस केवल कोई घर का भेदी न हो।

इस किले की ऊँचाई भी विलक्षण है। जिस पहाड़ी पर यह बना है, वह पहाड़ी मानो तराशी हुई है। मतलब यह कि किसी भी तरह से पहाड़ी पर चढ़ना सम्भव नहीं है। किले पर विस्तीर्ण मैदान है, जो उत्तर-दक्षिण एक मील और पूर्व-पश्चिम डेढ़ मील है। रायगढ़ की एक विशेषता यह भी है कि वह समुद्र के पास है। दक्षिण भारत में उतरना भी यहाँ से सुलभ है। शिवाजी की आवाजाही यहाँ बढ़ने पर उनके निवास की व्यवस्था के लिए निर्माण कार्य किया जाने लगा। शिवाजी और उनके परिवार के लिए प्रासाद बनवाये गये। सारा निर्माण कार्य आबाजी सोनदेव की देख-रेख में होता रहा।

रायगढ़ को राजधानी बनाने का निर्णय हो जाने के बाद इसे और अधिक सुरक्षित बनाया गया। उसके लिए पहाड़ी को अधिक दुर्गम बनाने के लिए कई स्थान सुरंग लगाकर उड़ा दिये गये। पानी के लिए किले पर प्राकृतिक रूप से ही बने बहुत तालाब थे। उनको और अधिक ठीक-ठाक किया गया। उनमें प्रमुख थे गंगासागर, हाथीताल और कुशावर्त ताल।

एक राज्यसभा का निर्माण किया गया। उसमें पश्चिम की ओर सिंहासन रखने के लिए एक ऊँचा चबूतरा बनवाया गया। सिंहासन के ठीक सामने पूर्व की ओर प्रवेशद्वार बनाया गया। राज्यसभा की लम्बाई 200 फुट थी और उसमें 6000 आदमी बैठ सकते थे। राज्यसभा का प्रवेशद्वार इतना ऊँचा था कि उसके नीचे से हाथी, जिस पर ध्वज लिये आदमी बैठा हो, आराम से निकल सकता था। इसी द्वार पर उस काल की परम्परा के अनुसार नगारखाना (नक्कारखाना) भी बनाया गया। यहीं बैठ कर वाद्य वादक नगारे आदि बजाते थे।

पहले भी उल्लिखित है कि छत्रपति शिवाजी के बैठने के लिए 32 मन सोने का नग जड़ा सिंहासन बनवाया गया। वह जिस राज्यसभा में रखा जाना था, उस राजसभा की विशेषता यह थी कि सिंहासन के पास बोला जाने वाला हर शब्द 200 फुट दूर के मुख्य द्वार पर भी जैसे का तैसा सुना जा सकता था। राजकाज जहाँ से चलना था, वह प्रधान कार्यालय जिसे 'सदर' कहा जाता था, भी बनवाया गया। उसी के साथ न्यायसभा और मन्त्रियों आदि के लिए भवन

भी बनवाये गये। इसके साथ ही बाजार का निर्माण भी कराया गया। अति उच्च ऐसे स्थान के इस बाजार में बहुमोल रत्न, सुवर्ण, आभूषण आदि भी खरीदे-बेचे जाने की व्यवस्था थी।

बाजार के आगे चार फर्लांग पर पूर्व की ओर एक प्रासाद बनवाया गया, जिसे 'जगदीश्वर का प्रासाद' कहा गया। पूर्व में यहीं पर 'वाडेश्वर महादेव' का मन्दिर था। इसी मन्दिर का जीर्णोद्धार कर उसे भव्य प्रासाद का रूप दिया गया।

❑❑❑

27

शिवाजी छत्रपति बने

विशेषरूप से बनवाये गये 32 मन सोने के नग जड़े सिंहासन पर शिवाजी जब बैठे, तब सूर्योदय होने को 1 घण्टा 20 मिनट शेष थे। तिथि थी ज्येष्ठ शुद्ध त्रयोदशी और दिनांक था 6 जून 1674।

महाराष्ट्र में तब भी और आज भी शक संवत प्रचलित है। उसके अनुसार नृप शालिवाहन शक 1596 चल रहा था। हर वर्ष को नाम दिये जाने की प्रथा के अनुसार इस वर्ष का नाम 'आनन्द' संवत्सर था।

एक बहुत मजे का सन्दर्भ रायगढ़ से भेजे गये एक पत्र में मिलता है। पत्र भेजने वाला नारायण शेणवी अँग्रेजों की ओर से शिवाजी से मिलने आया था। 4 अप्रैल 1674 को उसने रायगढ़ से मुम्बई जो पत्र भेजा था, उसमें वह लिखता है कि ऐसी उम्मीद है कि शिवाजी का राजतिलक अगले नये वर्ष के जून में होगा।

जून से कोई नववर्ष प्रारम्भ तो होता नहीं, फिर इस विशेष उल्लेख का क्या अर्थ हो सकता है? एक बात जो समझ में आती है, वह यह कि मुहूर्त खोजते समय तत्कालीन मुस्लिम कालमापन का विचार भी किया गया होगा। मुसलमानी फसली 1084 का वर्ष 24 मई 1674 से शुरू हो रहा था।

राज्याभिषेक जैसा अविस्मरणीय प्रसंग हिन्दू-मुसलमान दोनों के ही ध्यान में रहे, इसलिए नये फसली वर्ष के प्रारम्भ में यह तिथि तय हुई, यह कहना अच्छा था और वास्तव में राज्याभिषेक कार्य इस दिन के केवल 5वें दिन से अर्थात् 29 मई से प्रारम्भ भी हुआ था।

शिवाजी की राजकाज पद्धति कितनी दूरदर्शितापूर्ण और समन्वयकारी थी, यह इससे प्रमाणित होता है। जून में वर्षा प्रारम्भ हो जाती थी। अतः जून के पूर्व का मुहूर्त खोजना अधिक ठीक हो सकता था। पर, वैसा नहीं किया गया। प्रजा में समन्वय स्थापित करने के लिए ही मुसलमानी वर्ष के प्रारम्भ को विचार में लिया गया।

उपर्युक्त तर्क इतिहास लेखक विजय देशमुख ने प्रस्तुत किये हैं। पर ऐसा लगता है कि यह मात्र एक संयोग ही था, सोच-विचार कर समन्वय साधने को बनायी गयी नीति नहीं थी। मुहूर्त गागाभट्ट की तैयारी के बाद का ही निकाला जाना था और वह भी गागाभट्ट के द्वारा ही। वैसे ही राज्याभिषेक के समारोह के लिए की जाती तैयारियों के साथ निर्माण कार्यों का भी इसमें विचार करना आवश्यक था। और, वही सब सोच-समझ कर मुहूर्त तय किया गया।

आनन्द नाम संवत्सर (वर्ष) राजा शिवाजी के स्वराज्य के लिए, उनके स्वयं के लिए और सबसे अधिक तपस्वी जीजाबाई के लिए 'न भूतो न भविष्यति' जैसा आनन्द दे गया।

शताब्दियों बाद भारतभूमि ने, स्त्रीशक्ति की प्रतीक जीजाबाई के, अपने कोख से जन्मे और 'मेरा शिवा, मैं बनाऊँगी राजा' इस संकल्प से अभिषिक्त अपने पुत्र को छत्रपति बनते देखा। 'मेरा मैं बनाऊँगी राजा' यह जीजाबाई का संकल्प था।

शिवाजी का राज्याभिषेक वेदकाल से चली आ रही परम्परा के अनुसार होना था। पिछली कई शताब्दियों से ऐसा आयोजन नहीं हुआ था। ग्रन्थों में सब कुछ लिखा हुआ था, पर व्यवहार में वह सब न आने से, अधिकार और आत्मविश्वास पूर्वक यह कार्य कर सके, ऐसा आचार्य खोजना पहला काम था।

महाराष्ट्र से काशी जाकर बसे ब्राह्मण कुल के 'गागाभट्ट' नामक एक धुरन्धर विद्वान् ने इस कार्य का जुआ अपने कन्धे पर लेने के लिए सहमति दी। विशेष यह कि काशी में निवास करते और बीच-बीच में महाराष्ट्र की यात्रा करते समय गागाभट्ट ने जब-जब शिवाजी की एक से बढ़कर एक पराक्रम की कथाएँ सुनीं, तभी उनके मन ने शिवाजी का राजतिलक कर, उन्हें प्रतिष्ठापूर्ण छत्रपति बनाने की बात तय की धी-ऐसा कहा जाता है। यह संयोग ही था कि काशी में राजतिलक कराने के लिए अधिकारी आचार्य की खोज जब की जाने लगी, तब उन्हें भी पूछा गया और वे आनन्दविभोर होकर राजी हो गये। उन्हें निमन्त्रित किया गया और वे अपने कुछ शिष्यों के साथ महाराष्ट्र आये। शिवाजी ने उनके लिए पालकी भेजी और उन्हें बड़े ही आदर के साथ रायगढ़ लाया गया।

वेदों तथा वेदजनित शास्त्रों के धुरन्धर विद्वान् गागाभट्ट ने रायगढ़ आते ही इस महत्तम कार्य में आनेवाली बाधाओं पर कितनी गहराई से विचार किया, इसकी एक झलक भर हम यहाँ दे रहे हैं।

परन्तु शिवाजी ने इस कार्य में बाधक बन सकने वाले शत्रुपक्ष के बारे में कैसा विचार किया और कैसी दूरदर्शिता से उसका निराकरण किया, यह पहले जान लेते हैं।

शिवाजी द्वारा स्वयं का राज्याभिषेक करा लेने के आयोजन के समाचार से उनके सभी शत्रुपक्ष क्रोधित हुए होंगे। अभी-अभी तक जिसे शतकों से स्थापित वे सारे सुलतान एक जागीरदार, एक चूहा, एक लुटेरा कहते थे, उसकी यह बढ़ी हुई हिम्मत उनके लिए हिमाकत जैसी ही थी। पर, अब वे उसके विरोध में कुछ कर नहीं सकते थे। उन सबको यह समाचार भारी कष्ट देने वाला था, परन्तु शिवाजी जानते थे कि उनमें एक ही ऐसा था, जो विघ्न उत्पन्न कर सकता है। और, वह था दिल्लीपति शहंशाह औरंगजेब। वह इस शुभकार्य में विघ्न उत्पन्न न करे, इसके लिए शिवाजी ने बड़ी दूरदर्शिता से जो प्रबन्ध किया, वह प्रशंसनीय था।

संयोग ही था कि उस समय औरंगजेब पेशावर की ओर उठ रहे आँधी को रोकने चला गया था। उसका दक्षिण का सूबेदार बहादुर ख़ान राजकाज सँभाल रहा था। शिवाजी बहादुर ख़ान की लायकी जानते थे, पर फिर भी पूर्ण सुरक्षा के लिए शिवाजी ने बहादुर ख़ान को एक हाथी और अन्य कुछ वस्तुओं का नजराना भेजा। साथ में शहंशाह की ओर भेजने के लिए एक पत्र और एक पत्र स्वयं बहादुर ख़ान को भी भेजा। बहादुर ख़ान को लिखा-'आप मेरे सब अपराध शहंशाह से माफ करवाएँ। बादशाह से वैसा क्षमादान का पत्र आते ही मैं सम्भाजी को आपकी ओर भेज दूँगा।' राज्याभिषेक के अवसर पर इस तरह पत्राचार चलाये रखकर सम्भावित बाधा को बहुत चतुराई और दूरदृष्टि से शिवाजी राजा ने दूर रखा।

अब गागाभट्ट के सामने शिवाजी के राज्याभिषेक को लेकर क्या प्रश्न थे, उनको देखें। पुरातन और दृढ़मूल मान्यता थी कि केवल क्षत्रिय कुल के व्यक्ति को ही राजा बनने, राज्याभिषेक करने, करवाने का अधिकार है। इस बाधा को दूर करने के लिए काशी से रायगढ़ आते ही गागाभट्ट ने शिवाजी की कुल-परम्परा की गहरी छानबीन की। उन्होंने पाया कि मेवाड़ के सिसौदिया वंश की ही एक शाखा महाराष्ट्र में आ बसी थी। यही शाखा बाद में 'भोंसले' इस नाम से ख्यात हुई। गागाभट्ट द्वारा किया गया यह शोधकार्य महाराष्ट्र की काशी कही जाने वाली नगरी पैठण के आचार्यों को दिखाकर उनसे सहमति प्राप्त की गयी।

फिर सिंहासनाधीश्वर बनना चाहने वाले व्यक्ति का उपनयन-संस्कार होना आवश्यक था। उत्तर के सिसौदिया वंश में उपनयन की पद्धति थी। अतः शिवाजी

का उस कुल का होना निश्चित होने पर, कुल-परम्परा के पालन के लिए भी शिवाजी का उपनयन किया जाना आवश्यक था। परन्तु चूँकि उपनयन-संस्कार की अधिकतम निश्चित आयु शिवाजी ने कभी की पार कर ली थी तथा उनके हाथों रक्तपात भी हुआ था, ब्रह्मचर्य जो उपनयन की आवश्यक शर्त होती थी, वह भी भंग हुई थी, ऐसे में विरोधी ब्राह्मण वर्ग को प्राचीन ग्रन्थों में से आधार खोजकर, उन्हीं की भाषा में सन्तुष्ट करना आवश्यक था। गागाभट्ट ने वह किया।

शिवाजी के विवाह भी समुचित वैदिक पद्धति से नहीं हुए थे। ऐसे विवाह से बनी पत्नी को राज्याभिषेक के लिए किये जाने वाले धर्मकार्य में सम्मिलित होने का अधिकार मान्य नहीं था। अतः समन्त्रक विवाह कराना आवश्यक था।

फिर वेदशास्त्रों में दिये गये नियमों के अनुसार राज्याभिषेक का कार्य कराने के लिए एक नयी संहिता भी बनानी आवश्यक थी। इस संहिता में पग-पग पर किये जाने वाले कार्यों का क्रमवार उल्लेख हो तथा प्रत्येक पग के साथ गाये जाने वाले मन्त्रों का निश्चय हो, उसमें होने वाली क्रियाओं और उसमें लगने वाले उपकरणों आदि का उल्लेख हो, यह भी देखना था।

गागाभट्ट ने संहिताकरण का यह कार्य श्रमपूर्वक किया। कहीं भी आपत्ति के लिए स्थान न छोड़ा। कार्य के अनुसार ब्राह्मण वर्ग का क्रम निश्चित किया। एक विशेष बात गागाभट्ट ने यह की कि शिवाजी के कुलपुरोहित को भी पूरा सम्मान दिया। उन्हें सारे कार्यों में उचित स्थानों पर हाथ बँटाने दिया। सब कार्यों को करते समय मुहूर्त का ध्यान रखना आवश्यक होता था। मुहूर्त देखने के लिए पानी में घटिकापात्र डालकर समय नापने की पद्धति थी। एक दो व्यक्ति (ज्योतिषी) इसी काम पर नियुक्त रहते थे।

राज्याभिषेक का प्रारम्भ शिवाजी के उपनयन-संस्कार (मुख्य राज्याभिषेक 6 जून के पूर्व 9 दिन) के साथ हुआ। उपनयन के बाद तुला दान आदि प्रायश्चित के कार्य हुए। 'होन' नामक सुवर्ण (सिक्कों) मुद्रा से शिवाजी को तौला गया। इस कार्यक्रम के दर्शकों में विदेशी लोग भी थे। हेनरी आक्जेण्डन ने 16 हजार मुद्राओं से शिवाजी को तौले जाने की बात लिखी है। एक डच अधिकारी ने 17 हजार सिक्कों से तोले जाने की बात लिखी है। खैर! इससे इतना ही स्पष्ट होता है कि शिवाजी का तुलादान एक ऐतिहासिक मान्य घटना थी।

उसके बाद शिवाजी के अपनी पूर्व पत्नियों से सशास्त्र, समन्त्रक विवाह हुए। इस विवाह-संस्कार के बाद ही शिवाजी की वर्तमान बड़ी पत्नी सोयराबाई को राज्याभिषेक के धार्मिक कार्यों में सम्मिलित होने का अधिकार मिला। इसके

बाद गागाभट्ट ने शिवाजी राजा द्वारा निम्नलिखित संकल्प करवाया। शिवाजी इस समय बहुत प्रसन्नचित थे। क्यों न हों, उनका एक स्वप्न जो पूरा हो रहा था-

मम प्रजा परिपालनाधिकारि सिद्धि द्वारा परमेश्वर प्रीत्यर्थ साम्राज्यादिफल प्राप्तर्थ गणेशपूजन तदंगत्वैन ब्राह्मणैः पुण्याहवाचनम् मातृकावसो द्वारा पूजनं नान्दिश्राद्धं पुरोहित वरणादिकं च करिष्यै॥"

शिवाजी द्वारा लिये गये संकल्प के अनुसार प्रथम गणेश पूजन, नान्दीश्राद्ध, नारायण पूजन, गोदान का कार्य हुआ।

पुरोहितों ने फिर सोयराबाई के साथ शिवाजी को इस मण्डप में आमन्त्रित किया, जिसमें महावेदी स्थापित थी। इस वेदी के पूर्व में घृत से भरा स्वर्णकुम्भ, दक्षिण में दही से भरा रजतकुम्भ, पश्चिम में दूध से भरा ताम्रकुम्भ और उत्तर में जल से भरा मृत्तिकाकुम्भ रखा हुआ था। सभी को आम की पत्तियों और रंगीन वस्त्र से सजाया गया था। इन्हीं कुम्भों के पास देश की विभिन्न पवित्र नदियों के तथा समुद्रजल से भरे कुम्भ रखे थे।

महावेदी पर पहले ग्रहनक्षत्रों की स्थापना तथा पूजा की गयी। फिर अग्निपूजा कर उसे चेताया गया। वेदों की चारों शाखाओं के ब्राह्मणों ने वेदपाठ करते हुए उस अग्नि में आहुतियाँ डालीं। पूर्णाहुति के बाद शिवाजी को अभिषेकशाला में ले जाया गया। वहाँ उन्हें पंचामृत-स्नान कराया गया। फिर कुम्भों में रखे सरिता और समुद्रजल से उनका अभिषेक पुरोहित ब्राह्मणों के साथ ही उनके मन्त्रिमण्डल के अष्टप्रधानों ने भी किया।

इस अभिषेक के होते ही शिवाजी शास्त्रसम्मत अभिषिक्त राजा हो गये। उन्हें उचित वस्त्र-अलंकार से शोभित किया गया। अब शिवाजी प्रतिइन्द्र हो गये थे। उनकी आरती पुत्रवती सुवासिनियों और कुमारी कन्याओं ने उतारी।

गागाभट्ट फिर उन्हें पहले से सजे-धजे रथ तक ले आये। मन्त्रघोष के बीच छत्रपति ने रथ और अश्वों की पूजा की। रथ पर विधिपूर्वक ध्वज व छत्र लगाया गया था। पूजन के बाद छत्रपति रथ पर (सवार) आरूढ़ हुए। कुछ दूर तक रथ को स्वयं चलाकर ले गये। वहाँ पर धनुष से बाण चलाये और फिर रथ वापस ले आये। रथ से उतरकर छत्रपति शिवाजी ने अपनी कुलदेवी का वन्दन किया। उसके बाद शिवाजी ने आचार्य गागाभट्ट, अपने कुल पुरोहित और उपस्थित सभी ब्राह्मणवृन्दों को आदरसहित प्रणिपात किया, उनसे आशीर्वाद प्राप्त कर अपनी राज महिषी सोयराबाई व पुत्र सम्भाजी को लेकर वे माताश्री जीजाबाई के दर्शनों को आये। छिहत्तर वर्ष पार कर गयीं उनकी माता ने अपने थरथराते हाथ उनकी पीठ पर रख आशीष दिया। एक हाथ जब वे अपने पुत्र छत्रपति की पीठ पर फिरा

रही थीं, तभी उनका दूसरा हाथ आँचल को पकड़कर आनन्द से झर रहे आँसुओं को पोंछ रहा था। आज उनका आनन्द असीम था।

इसी मंगल क्षण को खींच लाने के लिए वे पिछले तैंतालीस-चवालीस वर्ष से जूझ रही थीं। 'मैं अपना राजा स्वयं बनाऊँगी' जो देश में स्वराज्य लायेगा, यह उनकी मूक प्रतिज्ञा आज फलित हो रही थी।

माँ जीजाबाई से आशीष प्राप्त कर वे तीनों उस राज्यसभा की ओर चले, जहाँ दमकता सुवर्ण सिंहासन रखा था और हजारों नेत्र जिसे देख रहे थे। स्वर्ण सिंहासन के पास जाने पर छत्रपति उसके सामने घुटनों के बल बैठे और उन्होंने उस सिंहासन का वन्दन किया। फिर वे पूर्व की ओर मुँह किये खड़े रहे और मुहूर्त पूरा हो जाने का संकेत गागाभट्ट से प्राप्त होते ही वे उस स्वर्ण सिहांसन पर बिना पाँव का स्पर्श किये, दाहिना घुटना उस पर रखते हुए बैठ गये।

जैसाकि प्रारम्भ में ही कहा गया, शनिवार दि. 6 जून 1674 को सूर्योदय के पूर्व 1 घंटा 20 मिनट रहते अर्थात् ज्येष्ठ शुद्ध त्रयोदशी को छत्रपति शिवाजी स्वर्ण सिंहासन पर वेदों और उससे जनित शास्त्रों की सारी परम्पराओं, मर्यादाओं का यथोचित पालन करते हुए विराजे। पुरोहितों ने उन पर छत्र धरा। वेद की ऋचाएँ गाते हुए उन्हें मंगल कामनाएँ दीं, उन पर अक्षत और फूलों की वर्षा की।

पुरोहितों के आचार्य प्रमुख गागाभट्ट ने शिवाजी के मातृ-पितृ वंशपरम्परा का उल्लेख करते हुए सभामण्डप में उपस्थित हजारों सामान्य और गण्यमान् लोगों के बीच शिवाजी को 'छत्रपति सिंहासनाधीश्वर' हो जाने की घोषणा की।

शताब्दियों की काली रातें चीरकर हिन्दू पराक्रम सिंहासनाधीश्वर बना था। रायगढ़ ही नहीं, महाराष्ट्र भूमि आज धन्य-धन्य हुई। जय-जयकार के कोलाहल से सारा दरबार भर गया और रायगढ़ की तोपों ने गरज-गरज कर इस घोषणा को जन-जन तक पहुँचाया। स्वराज्य के हर किले पर रखी तोपों ने भी इसी समय गर्जना की। हर किले पर रायगढ़ जैसे ही मंगल और युद्ध वाद्य बज उठे, शक्कर बाँटी गयी।

उपस्थित भाट व चारण ऊँची बुलन्द आवाज में अपनी रचनाएँ सुनाने लगे। बाद में नर्तकियों द्वारा नृत्य भी प्रस्तुत किया गया। सोलह सुवासिनियों एवं सोलह कुमारियों ने छत्रपति की पंचारती उतारी।

इसके बाद छत्रपति शिवाजी को नजराने देने का कार्य प्रारम्भ हुआ। सबसे पहले राजकार्य धुरन्धर राजश्रिया विराजित, सकल गुणालंकरण राजमान्य राजेश्री पण्डित मोरोपन्त पिंगले पन्तप्रधान (प्रधानमन्त्री) ने छत्रपति को मुजरा किया व

आठ हजार होन धीरे-धीरे छत्रपति के सिर पर डाले। उसके बाद रामचन्द्र पन्त अमात्य ने सात हजार होन और दो सर कारकुनों (सचिवों) ने, हरेक ने पाँच हजार होन नजराने में भेंट किये। अन्य प्रधानों ने भी ऐसा ही किया।

इसके बाद सामान्य उपस्थित लोगों ने भी नजराने भेंट किये। शिवाजी सिंहासनाधीश्वर छत्रपति हो जाने का आनन्द वहाँ उपस्थित सभी लोगों के चेहरे पर स्पष्ट दिख रहा था। इस अनुपम उत्सव में स्त्रियाँ भी बहुसंख्या में उपस्थित थीं। उनके बैठने की व्यवस्था अलग थी।

अँग्रेजी कम्पनी की ओर से आक्जेण्डन, नारायण शेणवी के साथ उपस्थित था। उसने छत्रपति को हीरे की एक अँगूठी भेंट की। छत्रपति ने उसे पोशाक देकर सम्मानित किया। आक्जेण्डन ने वहाँ का सारा दृश्य अपनी डायरी में लिख लिया। राज्यसभा से बाहर आते समय उसने द्वार के पास दो छोटे हाथी और सुवर्ण अलंकार से सजे दो घोड़े भी खड़े देखे। रायगढ़ पर चढ़ने का रास्ता इतना विकट होते हुए भी ये जानवर ऊपर कैसे लाये गये, इसी प्रश्न में वह उलझा रहा।

नजराने अर्पण करने के राजदर्शन कार्यक्रम के बाद एक श्रृंगारित सफेद घोड़ा सिंहासन के पास लाया गया। उसपर छत्रपति बैठे और राज्यसभा के द्वार तक आये। वहाँ फिर वे एक श्रृंगारित हाथी पर बैठे। महावत के स्थान पर छत्रपति के एक मन्त्री हबीरराव मोहिते बैठे। पीछे सुवर्ण का मोरचोल लेकर पन्तप्रधान बैठे। फिर शोभायात्रा प्रारम्भ हुई। यह अति भव्य शोभायात्रा देखने के लिए दोनों तरफ लोग जमा थे। वे खील-बताशे व फूल छत्रपति पर बरसा रहे थे। तरह-तरह के वाद्य बजाते वादक आगे-आगे चल रहे थे। उसके पीछे भगवा ध्वजवाहक हाथी था। उसके पीछे राजचिह्न उठाये सिपाही चल रहे थे। उनके पीछे सैनिक और बीच में छत्रपति का हाथी चल रहा था। उसके पीछे भी बड़ी संख्या में सैनिक थे।

रास्ते पर लाल रोरी छिड़की हुई थी। झड़ियाँ और तोरण तथा द्वार भी बीच-बीच में बनाये गये थे। यह शोभायात्रा पहले 'शिवाई देवी मन्दिर' पर रुकी। छत्रपति ने उतर कर देवी का दर्शन किया, फूल चढ़ाये, फिर यात्रा 'जगदीश्वर प्रासाद' आयी। वहाँ भी छत्रपति ने उतर कर देव-दर्शन किया, प्रदक्षिणा की।

राजभवन के पास जब शोभायात्रा आयी, तब फिर छत्रपति की पत्नियों ने उनकी आरती उतारी। उन सबको छत्रपति ने वस्त्र अलंकार दिये। राजमन्दिर में प्रवेश कर छत्रपति शिवाजी ने कुछ देवता दर्शन किया और वे माँ साहब के दर्शनों को आये। उनके पास बैठे-'बोले आपके आशीर्वाद से मनोरथ पूरा हुआ।' माँ साहब को भी उन्होंने वस्त्रालंकार दिये, उनके चरण छुए।

इसके बाद से 12 दिन तक अन्नदान और दान-दक्षिणा का कार्य चलता रहा। छत्रपति ने अपने हाथों सबको धन दिया। कवि, भाट, नर्तक जैसे सारे गुणीजनों, विद्वानों को दक्षिणा दी। गागाभट्ट को एक लाख रुपये दक्षिणा व मूल्यवान वस्त्रालंकार दिये। महिलाओं, पुरुषों, बच्चों को भी छत्रपति ने सम्मानपूर्वक धन दिया। बच्चों, स्त्रियों को एक-दो रुपये, तो पुरुषों को चार रुपये दिये गये।

राज्याभिषेक के कुल खर्च का अनुमान डचों ने डेढ़ लाख पगोडा कहा। एक नामी इतिहासकार 'सभासद' कुल खर्च एक करोड़ बयालीस लाख बताते हैं। जदुनाथ सरकार नामक अग्रणी इतिहासकार ने 10 लाख होन या पचास लाख रुपये राज्याभिषेक पर व्यय किये जाने की बात कही है, जो काफी सही लगती है।

मराठी इतिहास जैसा कि सर्वविदित है, बखरों में लिखा गया। बखरकारों द्वारा वर्णित इतिहास प्रशंसात्मक और अतिशयोक्तिपूर्ण भी है। पर, कभी-कभी ऐसी चुटीली बात बखरकारों ने लिखी हैं, जिसकी प्रशंसा करनी पड़ती है। 'सभासद' नामक बखरकार ने शिवाजी के राज्याभिषेक को लेकर लिखा है-

'इस युग में जब सब ओर मुसलमानी बादशाह हैं, ऐसे में एक मराठा छत्रपति हो गया, तो यह कोई सामान्य बात नहीं हुई।'

अर्थात् असाधारण बात हुई और अब तक शिवाजी राजा की जो कहानी हमने पढ़ी, उससे भी यही बात पुष्ट होती है।

❑❑❑

28

कृतार्थ माँ परलोकवासी हुईं

जीजाबाई अपनी आयु के छिहत्तर वसन्त पार कर गयी थीं, जब उनके पुत्र शिवाजी का राज्याभिषेक 6 जून 1674 को हुआ। कितनी तृप्ति उनको हुई होगी, इसको किसी दूसरे उदाहरण से व्यक्त नहीं किया जा सकता। इसी तृप्ति के मधुकलश को मुँह में लगाये सिंहासनारोहण के केवल बारह दिन बाद जीजाबाई का तृप्त होकर 17 जून 1674 को महाप्रयाण हुआ।

छत्रपति शिवाजी की राजधानी रायगढ़ के नीचे बसे एक छोटे से गाँव पाचाड में उनका निवास रहता था। जब से ऊँचे किले में पालकी में जाना उन्हें कष्टकर लगने लगा, तब से वे पाचाड में रहने लगी थीं। शिवाजी ने जब राजछत्र धारण किया, तो उनका मातृछत्र उनसे नियति ने छीन लिया।

लखुजी जाधव की इकलौती कन्या थीं जीजाबाई। आज के महाराष्ट्र के बुलढाणा जिले के धुर दक्षिण में स्थित 'सिन्दखेड़ राजा' नामक किले पर उनका जन्म 12 जनवरी 1598 को हुआ था। पौष पूर्णिमा का वह दिन था। अपनी आयु के बारहवें वर्ष में उनका विवाह शाहजी राजे से सन् 1610 में हुआ। उस समय शाहजी 16 वर्ष के थे। शाहजी के पिता मालोजी भोसले का निधन सन् 1606 में होने के बाद निजामशाह ने शाहजी को पिता की जागीर, ओहदा सौंपा और उनको 'राजा की पदवी भी दी।

मुस्लिम सल्तनत की नौकरी करते हुए अपना स्वराज्य स्थापित करने की उमंग शाहजी में अंकुरित हो गयी थी। यह एक तरह की पैतृक अभिलाषा ही थी। शाहजी के पिता और दादा में भी यह अभिलाषा जागृत होने से ही वे मामूली सिपाही से उठते हुए जागीरदार और मुसलमानी सत्ता में बड़े ओहदेदार बने थे।

पति शाहजी में उगते इस अंकुर को जीजाबाई ने अनुभव किया था। पर बड़ी बेबसी थी। मुस्लिम सत्ता का शिकंजा बहुत मजबूत था। पति-पत्नी के बीच भी इस सम्बन्ध में चर्चा करना संकट को बुला सकता था। ऐसा वेदना भरा काल था

वह। गृहस्थी फली-फूली। एक पुत्र हुआ-सम्भाजी। उसके बाद चार बार कोख हरियाई, पर फल काल के गाल में समाते रहे।

प्रौढ़ता और पराक्रम पर विश्वास जम ही रहा था कि जीवन को समूल बदल देने वाले उल्कापात का सामना करना पड़ा। जीजाबाई छठी बार गर्भवती हुईं, तो अधिक सँभाल कर रहने की गरज से दोनों पति-पत्नी परिण्डा (उस्मानाबाद) किले पर सुख-निवास करने आये। और, एक दिन वह उल्कापाती समाचार आया। पिता लखुजी जाधव और उसके तीन पुत्रों को भरी दोपहर दरबार में मौत के घाट सुला दिया गया। लखुजी अपने पुत्रों सहित आदिलशाह का मुजरा करने आये थे। जीजाबाई अपने पिता से विशेष लगाव रखती थीं। यह जीवशास्त्रीय मान्यता है कि पुत्री का पिता के साथ विशेष भावबन्धन होता है। जीजाबाई के बुद्धिमती होने से उन्हें अपने कुल का पराक्रमी इतिहास ज्ञात होने की बात स्वीकारनी होगी। उन्हें यह निश्चित ज्ञात होगा कि उनके पिता लखुजी जाधव उस मुस्लिम गुलामी के काल में जन्मे पहले वीर राज्यकर्मचारी, पराक्रमी हिन्दू मराठा थे, जिसके पूर्व तीन सौ वर्षों में ऐसे पुरुष का जन्म नहीं हुआ था। ऐसे गौरवशाली पिता की पुत्री को अपने पिता पर कितना अभिमान होगा, यह बखाना ही नहीं जा सकता।

पर, जिस सत्ता की उन्होंने चालीस वर्ष सेवा की, उसे ही भरे दरबार में उसी सत्ता ने बेरहमी से बिना किसी कारण कटवा दिया था। जो दण्ड राजद्रोहियों को भी एकाएक नहीं दिया जाता, वह इस राजनिष्ठा से भरपूर व्यक्ति को दिया गया था। उसे गाल पर बैठी मक्खी की तरह मारा गया था।

जीजाबाई कितने क्रोध से भर गयी होगीं, कल्पना कर ही नहीं सकते। शाहजी ने नौकरी को लात मारी और भरे क्रोध में मारकाट मचाने वह पुणे की ओर चले। पत्नी और अपने साथियों, सैनिकों को लेकर रास्ते में विध्वंस मचाया।

गर्भवती जीजाबाई का गर्भ ऐसे क्रोधयुक्त काल में क्रोध से संस्कारित होता, भागम-भाग में पलता-बढ़ता रहा। वे दौड़ते-भागते 'शिवनेरी' पर पहुँचे। पराण्डा किला उस्मानाबाद के उत्तर-पश्चिम में है, तो शिवनेरी पुणे के धुर उत्तर में है। दोनों के बीच 125 मील का अन्तर तो होगा ही।

यहाँ पहुँचते-पहुँचते जीजाबाई कितने ही वैचारिक आन्दोलनों से गुजरी होंगी। पति-पत्नी के बीच भी उन्हीं आन्दोलनों को लेकर चर्चा हुई होगी। बार-बार यह मन में आता होगा कि ऐसा कुछ करना चाहिए, जिससे यह नासूर ही समाप्त हो जाये। ऐसे कृत निश्चय पर वे आये होंगे।

जैसाकि स्त्री का स्वभाव होता है, उसके मन में यह बार-बार आया होगा कि मेरे मन में उठ रहे संकल्प को मेरे गर्भ में पल रहा बालक ही पूरा करे, तो अच्छा हो। किले की देवी 'शिवाई' से इसलिए उन्होंने पूरे मन से प्रार्थना करते हुए अपना एक संकल्प किया होगा।

जीजाबाई की तपस्या का फल शिवाजी के संघर्षशील जीवन में बार-बार दिखता है। शाइस्ता ख़ान प्रकरण में तो यह इतना स्पष्टता से प्रकट होता है कि शिवाजी पर दैवी कृपा थी, इस तथ्य को नकारा ही नहीं जा सकता। ऐसी यह दैवी कृपा प्राप्त करने के लिए उन्होंने तो किसी भी तरह का पूजापाठ आदि नहीं किया था।

जैसा कि पहले कहा जा चुका है, शिवनेरी पर कोई राजनीतिक बवाल नहीं था। शान्ति थी। पारिवारिक कलह-प्रपंच जैसी भी कोई स्थिति नहीं थी। मन के संकल्प को दृढ़ करने का ऐसा उपयुक्त वातावरण वहाँ था। जीजाबाई ने इसे दैवी अवसर मान पुत्रजन्म के बाद अपने मन में उभरे संकल्प को पक्का करने और उसे अपने शिशु के तन-मन पर पूरी श्रद्धा से आरोपित करने के लिए तप या व्रत जैसा कुछ वहाँ किया होगा और उसी तपव्रत को पूरा करने, वहाँ तीन वर्ष जमकर रहीं। न तो मायके का ध्यान किया न पति-पुत्र (सम्भाजी) का। उस काल में उनकी शाहजी से भी भेंट नहीं हुई। ऐसी तपस्या भारतीय इतिहास में किसी स्त्री या पुरुष ने नहीं की। शाहजी से उनकी भेंट पुत्रजन्म के छह वर्ष बाद हुई। तब वे माहुली किले पर एक वर्ष साथ रहे। माहुली से शाहजी और जीजाबाई अलग-अलग दिशा की ओर गये।

इतिहासकार लिखते हैं कि ऐसा विभाजन पुणे की जागीर बचाने के लिए किया गया था। ये वे ही इतिहासकार हैं, जो जीजाबाई के तीन वर्ष लगातार शिवनेरी पर रहने को ऐतिहासिक दृष्टि से कोई महत्त्वपूर्ण घटना नहीं मानते। जबकि ऊपर विस्तार से उस घटना को शिवाजी व जीजाबाई के जीवन की बहुमूल्य और परिवर्तनकारी घटना सिद्ध की गयी है। यह तो शिवनेरी छोड़ने के समय ही निश्चित हो चुका था कि जीजाबाई शिवाजी को राष्ट्रोद्धारक के रूप में विकसित करेंगी ही। इसलिए उन्हें पुणे की ओर जाना ही था। अर्थात् जीजाबाई का पुणे जाना ग्रह-व्यवस्था से अधिक संकल्पपूर्ति की दृष्टि से उठाया गया पग था।

इस बीच आदिलशाह दरबार की ओर से पुणे को बेचिराग कर दिया गया था। गधे को जोत कर, हल चला कर, वहाँ लोहे का एक खम्भा गाड़कर, उसपर फटा जूता लटकाया गया था।

शाहजी को, जो राजनीतिक शतरंज के एक मजबूत खिलाड़ी साबित हो चुके थे आदिलशाही राजधानी से दूर कर्नाटक में भेजना बीजापुर की सत्ता की मजबूरी हो गयी थी।

अपने ही वज्र संकल्प से भारित जीजाबाई अपने पुत्र शिवाजी को लेकर वीरान पुणे में आयीं। शाहजी ने उनके साथ एक दूरदर्शी, राजनीतिपटु और उस क्षेत्र के बीजापुरी सत्ता के सूबेदार दादोजी कोण्डदेव को भेजा और उनके साथ भेजी एक हजार घुड़सवार सेना, जिसके सेनानी का नाम 'सिद्दी हिलाल' था।

स्वराज्य-स्थापना के लिए शिवाजी ने क्या-क्या करतब किये, यह तो इस पुस्तक का विशेष ही है। पर, संक्षिप्त में यह कहना जरूरी है कि गर्भ से ही भागमभाग उनके जीवन की अनिवार्यता बनी थी। ऐसे भागमभाग में स्वराज्य का प्रशासन जीजाबाई ही सँभालती रहीं होंगी, इसमें किसी साक्ष्य की आवश्यकता नहीं। जीवन संकटपूर्ण था, क्योंकि उन्हें एक ही समय में आठ-दस शत्रुओं से भिड़ना पड़ता था। ऐसे-ऐसे निर्णय लेने पड़े, जो किसी पुस्तक में लिखे नहीं मिलते। दो उदाहरण मैं फिर भी दे रहा हूँ।-

शिवाजी का दिया निर्णय खारिज किया-

किसी गणेशजी तबीब नामक व्यक्ति को पुणे परगने के एक गाँव बेहखड़े में जमीन ईनाम में दी गयी थी। ईनाम सम्बन्धी शाहजी राजा का पत्र उसके पास था। परन्तु किसी प्रकरण की सुनवाई करते समय शिवाजी ने वह ईनाम खारिज कर दिया।

गणेशजी जीजाबाई के पास पुणे के लालमहल में आया। अपनी बात साक्ष्य के साथ जीजाबाई के सामने रखी। जीजाबाई ने शिवाजी का आदेश निरस्त करने का आदेश दिया। पुत्र ने न्याय किया-ऐसा होने के बाद भी न्याय की बात सामने आते ही पुत्र प्रेम में न बहकर जीजाबाई ने सही बात कही।

इसी प्रकार शाइस्ता ख़ान पर शिवाजी द्वारा किया गया आक्रमण किसी दैवी प्रतिभा का चमत्कार था, ऐसा दृढ़ता से कहा जा सकता है। फिर भी वह विजयी हुए। अपने सिर उन्होंने राजमुकुट पहना, छत्रधारण किया। शिवाजी 'छत्रपति शिवाजी महाराज' हुए। निश्चित ही इस सबके पीछे जीजाबाई का तपबल था।

इतिहासकार अक्सर ऐसे बेमतलब के प्रश्न उछालते हैं कि उनकी बुद्धि पर तरस आता है। राज्याभिषेक की मूल प्रेरणा किसकी थी? ऐसा एक प्रश्न इतिहासकारों ने उठाया और दो चार सम्भव नाम प्रस्तुत किये। उसमें जीजाबाई

का नाम भी प्रस्तुत कर, उसे इस कारण खारिज भी कर दिया कि राज्याभिषेक जीजाबाई की प्रेरणा से हुआ, इसका कोई साक्ष्य नहीं मिलता।

धुरन्धर राजनीतिक व्यक्ति को जिसने गढ़ा, वह व्यक्तित्व सीधे-सीधे प्रेरणा का श्रेय कैसे लेगी? माँ ही पुत्र को आगे करे, यह तो उस माँ के ऊपर लांछन होता। पर निश्चित रूप से माँ-बेटे के बीच इस सम्बन्ध में चर्चा हुई होगी और यह निर्णय लिया गया होगा कि यह कार्य किसी तीसरे व्यक्ति से करवाया जाये।

इतिहासकार राज्याभिषेक का प्रेरणापुरुष जिसे मानते हैं, उसका पद भी यही सिद्ध करता है कि वह तो आदेश का पालनकर्ता भर था। शिवाजी के प्रमुख सलाहकार और चिटणीस बालाजी आवजी ने राज्याभिषेक करवाने की बात कही, यह इतिहासकार मानते हैं, तो मानते रहें। पर, जिसने अपने पुत्र को पिण्ड से महापुरुष बनाया, वृद्धावस्था में उसके मन में बार-बार यह आया होगा कि 'सिउबा' के सिरपर अब छत्र धरा जाये, उसे सुवर्ण सिंहासन पर बैठाया जाये, तो मैं मरने के लिए फुरसत पाऊँ।'

शिवाजी के 'छत्रपति शिवाजी महाराज' घोषित हो जाने और वह महोत्सव अपनी बूढ़ी आँखों से देख लेने के बाद केवल 12वें दिन बिना किसी बीमारी के शान्तभाव से जीजाबाई का परलोकगमन क्या यह सिद्ध नहीं करता? इससे अधिक बड़ा साक्ष्य और क्या चाहिए इतिहासकारों को।

❑❑❑

29

हिन्दवी अस्मिता की पुनर्प्रतिष्ठा

श्रीशिवराज्याभिषेक/उत्सव/समारोह से मध्ययुग में हिन्दवी स्वराज्य की प्राणप्रतिष्ठा हुई। यह हर दृष्टि से एक क्रान्तिकारी समारोह था। यवनों के कारण इस देश में राजधर्म भी बदल गया था। उसे फिर से स्थापित करना आवश्यक था और छत्रपति ने सिंहासन पर बैठने के बाद तुरन्त ही उस दृष्टि से कदम बढाने आरम्भ किये।

पुरातनकाल से भारत के हिन्दू राजा राजकाज में सहयोग व परामर्श देने के लिए अष्टप्रधान नियुक्त करते थे। छत्रपति ने भी ऐसा ही किया। नव नियुक्त प्रधानों के पदनाम भी उन्होंने संस्कृत में रखे। राज्याभिषेक के तुरन्त बाद छत्रपति शिवाजी ने शक संवत् भी शुरू किया, पर उसे अपना नाम न देकर–'स्वस्ति श्री राज्याभिषेक शक' कहा। इसके पूर्व देश को विक्रम संवत और शक संवत ज्ञात थे, जो राजाओं के नाम पर थे। अपने नाम पर संवत छत्रपति शिवाजी भी चला सकते थे, पर ऐसा न कर जो किया, वह व्यापक सोच का व्यक्ति ही कर सकता था।

राज्याभिषेक के बाद छत्रपति शिवाजी ने ताँबा और सोने के अपने नाम के सिक्के ढालने शुरू किये। इस सिक्के पर 'राजा शिव छत्रपति' ऐसा लिखा गया। जरीकाम युक्त केसरिया ध्वज 'हिन्दवी स्वराज्य' का राष्ट्रध्वज घोषित किया गया। संस्कृत भाषा को स्थापित करने के लिए अर्थात् मुगलिया भाषा से पिण्ड छुड़ाने हेतु छत्रपति ने 'राजव्यवहार–कोश' तैयार करने का काम रघुनाथ पन्त हनुमन्ते को सौंपा। मन्त्रियों के पद नाम इसी नीति के अधीन संस्कृत में किये गये।

राज्याभिषेक–समारोह के लिए आये विदेशी व्यक्तियों में एक विशेष व्यक्ति हेनरी ऑक्जेण्डन था। हेनरी राज्याभिषेक–समारोह से बहुत पहले ही रायगढ़ किले पर आ गया था। उसे अँग्रेजों के हित में एक समझौता करने भेजा गया था। उसका अनुमान था कि राज्याभिषेक की धूमधाम में वह अपने हित का समझौता करा लेगा। उसे जल्दी करवाने के लिए लगाया गया था, परन्तु छत्रपति के एक

मन्त्री जो बाद में न्यायाधीश बनाये गये, ने उसे 30 मई को साफ-साफ शब्दों में कहा कि राज्याभिषेक होने तक कोई 15 दिन और आगे भी उतने ही दिन कोई काम नहीं होगा।

हेनरी ऑक्जेण्डन छत्रपति को राज्याभिषेक के अवसर पर नजराना भेंट करने भी आया था। 26 मई को छत्रपति ने उसे मिलने का समय दिया। तब उसने उन्हें और सम्भाजी राजे को नजराना भेंट किया। उस समय उसने छत्रपति को एक कुर्सी भी भेंट की।

उपर्युक्त नजराने के सम्बन्ध में कुछ मजेदार बातें जानना रुचिकर होने से उसे हम यहाँ दे रहे हैं-

अँग्रेजों के ही एक दूत नारायण शेणवी ने अपने पत्र में मुम्बई को लिखा था कि शिवाजी अपना राज्याभिषेक कराना चाहते हैं और उन्हें अच्छा-सा नजराना भेंट करना चाहिए।

छत्रपति के लिए-

1 हीरा जड़ा सिरपेंच	रु. 690
2 हीरा जड़ा ब्रेसलेट	रु. 450
2 मोती	रु. 510
योग -	1650

सम्भाजी को-

दो ब्रेसलेट	125
आठ हीरों की एक कण्ठी	250
योग -	375

सिवाय मन्त्रिमण्डल के अन्य मन्त्रियों जैसे-

मोरोपन्त (शिवाजी का सबसे प्रिय) दो बड़े मोती	रु. 400
अन्नाजी पण्डित (शिवाजी का अत्यन्त प्रिय) 7 तोले के सोने के 2 हार	रु. 125
निराजी पण्डित (अन्य प्रिय) ओढने के वस्त्र	रु. 70
रावजी सोमनाथ (शिवाजी का सचिव)	रु. 70

कुल 2690 रुपये का नजराना अँग्रेजों की ओर से दिया गया।

समझौता कराने ही आये ऑक्जेण्डन को अँग्रेजी कम्पनी की ओर से कलम बन्द समझौता-पत्र दिया गया था। साथ में मराठी में अनूदित प्रतियाँ भी थीं। उसने इन प्रतियों को छत्रपति व प्रधानमण्डल को दीं।

ऑक्जेण्डन का प्रयास और इच्छा थी कि प्रस्तुत समझौता पूरा ही स्वीकार हो, परन्तु छत्रपति ऐसा कैसे कर सकते थे? अँग्रेजों से हम मित्रवत व्यवहार करेंगे, उन्हें स्वराज्य में व्यापार करने की छूट होगी–इन दो मुद्दों पर सहमति दी गयी पर, अँग्रेजी सिक्के स्वराज्य में चलें और अँग्रेजी नौकाएँ किनारे पर लगने पर उन्हें जप्त न किया जाये, यह मान्य नहीं किया गया।

अपनी प्रतिष्ठा बढ़ाने और अन्य लाभ प्राप्त करने के अन्दरूनी हेतु से अँग्रेजों द्वारा यह प्रस्ताव किया गया था। वैसे ही किनारे पर लगी नौकाएँ जप्त न करने पर कभी भी बड़ा धोखा हो सकता था। नौका के पीछे शत्रु स्वराज्य में घुस सकता था। बिना जकात चुकाये व्यापार करने देने के प्रस्ताव को भी नहीं माना गया।

समझौते पर तुरन्त हस्ताक्षर करने की माँग भी नहीं मानी गयी और उसे लटकाकर रखा गया।

राज्याभिषेक के लिए आये कवि भूषण की उपस्थिति भी विलक्षण थी।

जैसाकि सबको ज्ञात है कविभूषण ने 'श्रीशिवराज भूषण' नामक ग्रन्थ लिखा, जिसमें वह अपना परिचय देते हुए लिखते हैं–

देसन देसन ते गुनी आवत जाचन ताहि।
तिनमें आयो एक कवि भूषन कहियतु ताही
दुज कन्नौज कुल कस्यपी रतनाकर सुतधीर।
वसत त्रिविक्रमपुर सदा तरनि तनूजा तीर।।

कवि भूषन ने 'शिवा बावनी' नामक दूसरा ग्रन्थ भी लिखा। श्री शिवराज भूषन ग्रन्थ के अन्त में वह काव्य रचना का काल इन पंक्तियों में लिखते हैं–

सन सत्रह सै तीस पर, सुचि वदि तेरसी भान।
भूषन सिव भूषन कियो पढ़ियो सकल सुजान।।

कवि ने उत्तर भारत में प्रचलित विक्रम संवत का उल्लेख किया है। उस संवत का ईसवी संवत 1674 होता है। शिवराज्याभिषेक के बाद केवल पन्द्रह दिन में श्री शिवराय भूषन-ग्रन्थ कवि ने लिखा।

छत्रपति शिवाजी कितने निरभिमानी थे, इसका एक साक्ष्य रायगढ़ किले पर निर्मित एक प्रासाद (महल) है, जो वास्तव में है तो 'शिव-मन्दिर' पर उसे मन्दिर की तरह सीधा एक शिखर न बनवा उस समय प्रचलित मुगल वास्तुतन्त्र के अनुसार चारों कोनों पर चार शिखरों को (मीनार) बनवाया गया और उसे शिवमन्दिर न कहकर 'जगदीश्वर प्रासाद' नाम से जाना जाये, यह शिवाजी की इच्छा थी।

पृथ्वीपति राजा को विष्णु मानने की मान्यता इस देश में प्राचीनकाल से प्रचलित है। इसी को आधार बनाकर जब शाहजहाँ दिल्ली के तख्त पर बैठा था, तब एक कवि जगन्नाथ ने उसे 'दिल्लीश्वरो व जगदीश्वरो' कहकर देश को लज्जित किया था।

शिवाजी ने 'शिव' को ही 'जगदीश्वर' माने जाने के लिए 'जगदीश्वर-प्रासाद' का निर्माण करा कर शम्भुमहादेव ही जगदीश्वर हैं, मुगल या अन्य कोई छत्रपति उसके स्थान पर नहीं बैठ सकता, यह स्थापित करने का प्रयास कर, अपनी नम्रता, अपने निरहंकारित्व को सहज ही प्रकट किया।

❑❑❑

30

सारांश शिवाजी

छत्रपति शिवाजी का चरित्र चिरंजीवी प्रेरणा देने वाला चरित्र है। अनेकानेक राजनीतिक सामाजिक, धार्मिक, प्रशासनिक, युद्धक, आक्रमक समस्याओं का सामना इस नायक को करना पड़ा और हर समस्या का निदान उन्होंने खोजा तथा एक दिशा का निर्माण किया।

छत्रपति को जिन समस्याओं, परिस्थितियों का सामना करना पड़ा वे अब सब बदल गयी हैं। वैसे यह कहना अधिक उपयुक्त होगा कि उनका स्वरूप बदल गया है। मूलतः समस्याएँ वही हैं और रहती भी हैं। इसलिए छत्रपति शिवाजी जैसे हिमालयी चरित्र को पढ़ना, समझना, समस्या का हल खोजने की उत्तम चाबी देता है। आजकल जिसे 'मास्टरकी' कहा जाता है, वैसा ही यह है।

बहुत विस्तार से तो नहीं, परन्तु अति संक्षेप में भी नहीं, ऐसा यह चरित्र ग्रन्थ प्रस्तुत करने के बाद अधिक कुछ कहना शेष भी नहीं रहता, फिर भी एक दृष्टि में आ सके, ऐसा चरित्रसार या 'सारांश शिवाजी' मैं यहाँ प्रस्तुत कर रहा हूँ।

शिवाजी के काल में भारत में मुस्लिम शासन था। यह शासन दीर्घकाल से इस देश पर बिना रोकटोक चलते रहने से देश की एक तरह से प्रकृति बन गयी थी। उसके विरोध की बात सोचना भी देश ने छोड़ दिया था। ऐसे में ऐसी प्रकृति या प्रवाह के विरोध की बात सोचना तक जहाँ अप्राकृतिक हो, वहाँ कोई कदम विरोध में उठाना अपने आप में विकट साहस था।

प्रवाह को नकारना या उसके उलटे चलना, स्थापित को विस्थापित करना, यह कार्य हमेशा ही होता आया है और ऐसा करने वाले वीरों से ही इतिहास बनता है। पर, जहाँ प्राणभय देहरी पर ही खड़ा हो, वहाँ ऐसा करने का संकल्प लेना अपने पैरों को कटवा लेना होगा। यह अच्छी तरह ज्ञात होते हुए भी आगे बढ़ना बड़े ही कलेजे का काम होता है। परन्तु छत्रपति ने यह किया। उन्हें जिन लोगों ने भी चूहा कहा, उन्होंने सही कहा। वह प्रारम्भ में

शक्ति और आकार में चूहा ही थे, पर हमारे गणेश देवता ने उन्हें ही अपना वाहन बनाया। ऐसा ही कुछ शिवाजी ने किया। अपने शक्ति और आकार की चिन्ता न करते हुए 'हिन्दवी स्वराज्य' की स्थापना का माता जीजाबाई का दिया संकल्प-मन्त्र लेकर वे आगे बढ़े और बढ़ते ही रहे तथा 'हिन्दवी स्वराज्य' की स्थापना उन्होंने की। उनके समकालीन वैरियों को भी उनकी प्रशंसा करनी पड़ी।

मुश्किल से तीस साल के अन्दर उन्होंने यह करिश्मा किया और प्राचीन भारत की अस्मिता को फिर से स्थापित किया। एक रास्ता बनाया। हमें अपनी अस्मिता का विस्मरण हो चुका था। उस विस्मरण की स्थिति से उन्होंने पूरी हिन्दू जाति को उबारा। उनके इस कार्य की महानता को व्यक्त करने के लिए हमारे पास शब्द ही नहीं हैं। ऐसा मैं कह नहीं सकता, क्योंकि भूषण ने उसे पहले ही कह दिया है।

पुणे की एक छोटी जागीर के जागीरदार थे वह। पिताजी उस शासन के नौकर थे, जिसको कुतरने का काम चूहे को करना था। बच्चे के हर उत्पात के लिए पिताजी को कैद किया जा सकता था। और, ऐसा होने पर सब काम जहाँ के तहाँ छोड़कर पहला काम अति नम्र होने का स्वांग भरते हुए, उनको छुड़वाने की जुगत बिठाने का करना पड़ता था। शिवाजी को ऐसा स्वांग भरना खूब ही आता था। इस युक्ति का उन्होंने डटकर उपयोग किया और शत्रु को छकाकर परास्त किया।

मैंने प्रारम्भ में ही जो कथा लिखी है, उसमें ऐसा सब कुछ शिवाजी को करना पड़ा था, उन्होंने किया था और विराट शक्ति के शत्रु को मुँह की खानी पड़ी थी। 'युक्ति' के तो वह बेताज बादशाह थे।

इस सारांश में सबसे पहले हम छत्रपति के युद्ध-सम्बन्धी प्रयासों की विवेचना करेंगे, क्योंकि युद्ध-प्रयासों के सफल होते रहने से ही वे आगे कुछ कर पाये। वह समय भी विकट मारकाट वाला था।

युद्धक शक्ति प्राप्त करने के प्रयासों को प्रारम्भ से देखें, तो हम देखते हैं कि कन्धे से कन्धा भिड़ाकर या जान न्यौछावर करने की तैयारी के साथी जोड़ने का उनमें अद्‌भुत कौशल था। वही उनका आधार-बल था, यह कहें तो अतिशयोक्ति नहीं होगी।

दास मनोवृत्ति के साथ ही एक-दूसरे को खा जाने, हड़प लेने की प्रवृत्ति भी उस समय के समाज में जड़ जमाये हुए थी। ऐसे में देश की सोचने वाले, युवकों की खोज करना, उन्हें अपने साथ जोड़े रखना सहज सम्भव काम नहीं था। ऐसी विपरीत स्थिति में छत्रपति ने जो मित्र जोड़े, यह उनकी वाणी और

कृति का ही कमाल था-ऐसा कहना पड़ता है। इन्हीं गुणों के कारण फूलों के पास जैसे भ्रमर आते हैं, वैसे ही युवा उनके पास आये। और, जो आये वे, उनके ही होकर रह गये।

शिवाजी एक छोटे जागीरदार के बच्चे थे। जागीरदार के बच्चे तब भी बिगड़ैल ही होते होंगे। परन्तु शिवाजी अपनी माता के कारण न तो कुसंगति में पड़े, न बिगड़ैल बच्चे बने। उलटे गुणवान बने। स्पष्ट ध्येय के धनी हुए। विशाल दृष्टि भी उनके पास थी। और, यह सब गुण उनके आसपास के समाज में सराहा गया, तभी तो उनको बचपन से ही हीरे जैसे मित्र मिले। सैनिकों की भरती करने की शिवाजी ने अपनी पद्धति बनायी। इस्लामी शासक सैनिकों की भरती अधीनस्थ अधिकारियों के मार्फत करते थे। ये लोग आक्रमण के लिए निकलते समय जो मिलता, उसको जबरन सेना में भरती कर लेते थे। उन सैनिकों को वेतन देने के लिए शासन-जमीन या जमीन का महसूल अपने अधिकारियों को देते थे। गरीब सैनिकों का पिसना सामान्य-सी बात रहती थी।

शिवाजी ने इस पद्धति को बन्द किया। सैनिकों को ख़ज़ाने से नगद वेतन देना शुरू किया। वह भी हर प्रतिपदा को मिल जाने पर कड़ाई से नजर रखी। विशेष पराक्रम दिखाये जाने पर सैनिक को इनाम-बढ़ोतरी मिलती थी। दूसरा यह कि युद्ध में सैनिक कम से कम हताहत हों, यह युद्ध करते समय देखना सैनिक अधिकारी का काम होता था। इसी कारण, शिवाजी की सेना में मुस्लिम भी भरती होना पसन्द करते थे। अर्थात् अधिकतर भरती छत्रपति के नजर-गुजर होने के बाद ही होती थी।

शूर, निष्ठावान, सच्चा व्यक्ति भरती पा जाता था, तो कामचोर, बड़बोला, व्यसनी आदि को सेना में स्थान न मिलता था। परख लेने के बाद भी सेना में भरती के लिए ज़ामिन (ज़मानत) देना पड़ता था।

छत्रपति का सैनिकों के प्रति बड़ा प्रेम था। अधिकारियों को तो वे भाई मानते थे। जख्मी हुए सैनिकों को बख़्शीश दिया जाता था। सैनिक के मृत होने पर उसकी पत्नी को वेतन का आधा मिलता था। जहाँ तक बनता छत्रपति मृत सैनिक के घर जाते, उसकी सन्तान को नौकरी पर रखा जाता।

अनुशासन भी बहुत कठोर था। आक्रमण के लिए निकलने पर पहली मंजिल पर हर सैनिक की खाना-तलाशी होती थी। उसके निजी सामान की सूची बनती थी। वापसी पर स्वराज्य की सरहद पर फिर खाना-तलाशी होती थी। लूट का माल छिपाकर रखने पर कड़ा दण्ड दिया जाता था।

सेना में किसी भी तरह से स्त्री रखना प्रतिबन्धित था। स्त्री, गाय, ब्राह्मण को कैद नहीं किया जाता था। बिना कारण किसी को विशेषकर गरीब प्रजा, छोटा बच्चा, छोटा दुकानदार, किसान को सताना मना था।

लूट तुरन्त सरकारी खजाने में जमा करनी होती थी अर्थात् लूट का कुछ अंश सैनिकों को भी मिलता था। शत्रु-प्रदेश के धर्मस्थानों को हाथ लगाने पर छत्रपति दण्डित करते थे।

सेना का डेरा अधिकतर नदी किनारे वृक्ष की छाया में होता था। उसमें केवल दो तम्बू रहते थे। उसमें से छोटा शिवाजी के लिए और बड़ा अधिकारियों के लिए होता था। प्रारम्भ में केवल पैदल सेना ही छत्रपति के पास थी। कुछ इने गिनों से बढ़ते-बढ़ते यही संख्या एक लाख तक पहुँची थी।

किलों की लड़ाई में और जीत के बाद उस क्षेत्र के संरक्षण व बन्दोबस्त में पैदल सेना की भूमिका प्रधान रहती थी। आगे घुड़सवार सेना भी बनी। घुड़सवार सेना में दो तरह के सैनिक होते थे। अपना घोड़ा रखकर अपने ही शस्त्र से लड़ने वाला 'शिलेदार' नियमित खर्चा लेता था। पर दूसरे सैनिक 'बारगीर' कहलाते थे। उनको घोड़ा, शस्त्र सब स्वराज्य से मिलता था। छत्रपति कुल सेना बारगीरों की ही रखना चाहते थे, पर ऐसा हो न सका।

प्रारम्भ में छत्रपति की घुड़सवार सेना भी कम ही थी। प्रतापगढ़ के युद्ध में (1659 में) छत्रपति को शत्रु के 4000 उत्तम घोड़े हाथ लगे। इससे उत्साहित होकर शिवाजी ने घुड़सवार सेना को बढ़ावा दिया। राज्याभिषेक के समय एक लाख से अधिक घोड़े शिवाजी की सेना में थे। हर पच्चीस घोड़े के पीछे एक 'पखालजी' व एक 'नालबन्द' रहता था। इसके सिवाय भी घोड़े की सेवा आदि के लिए आदमी रहते थे। घोड़े का वैद्य भी सेना में रहता था।

स्वराज्य की सैन्यशक्ति का सबसे प्रमुख भाग किले होते थे। प्रारम्भ से ही किलों की महत्ता छत्रपति ने जान ली थी और सेना के इस भाग का वे बड़ा जतन करते थे। राज्याभिषेक के समय कोई तीन सौ किले हिन्दवी स्वराज्य में थे, ऐसा अनेक लेखकों ने लिखा है।

हमने रायगढ़ का वर्णन पढ़ा है। वह पहाड़ी दुर्ग है। सारा स्वराज्य ही पहाड़ी क्षेत्र होने से पहाड़ी दुर्गों की संख्या सबसे अधिक थी। समुद्र के किनारे भी शिवाजी के स्वराज्य में कई नामवर जलदुर्ग थे। इसके सिवाय खुले मैदानी इलाके में ज़मीनी किले बनवाये जाते थे।

ज़मीनी किले के चारों ओर मिट्टी का परकोटा होता था। परकोटा के अन्दर खन्दक खोदी जाती थी। यह 30-40 फुट गहरी रखी जाती थी। इस खन्दक में भरे हुए पानी में मगरमच्छ छोड़े जाते थे। खन्दक पर से आने-जाने के लिए पुल भी बनवाया जाता था। खन्दक के बाद तटबन्दी बाँधी जाती थी। ये भी मिट्टी की, जिन पर दो बैलगाड़ियाँ एक साथ जा सकें, इतनी चौड़ी होती थीं। मिट्टी के तटबन्दी पर तोप के गोले बेअसर रहते थे।

जैसाकि ऊपर लिखा गया है, हिन्दवी स्वराज्य में पहाड़ी दुर्ग ही अधिक थे। ये किले शत्रु को बड़े आराम से पाँच छह माह तक लड़ाते रहते थे। पहाड़ी किले पर निर्माण किये जाते भवन, वर्षा और आँधी से सुरक्षित रहें, ऐसे मजबूत बनाये जाते थे। किले की बाहरी दीवारें तराशी जाती थीं, जिससे शत्रु किले पर चढ़ न पाये। दुर्ग में तीन-चार दरवाजे रखे जाते थे, जिससे संकट के समय भागा जा सके। सूर्योदय व सूर्यास्त होने पर ही किले का मुख्य दरवाजा खोला जाता था। रात में तट पर पहरा रखना ज़रूरी होता था। किले पर पानी के लिए हौद या तालाब बनाये जाते थे। पानी भरपूर रहे, इसका ख़्याल रखा जाता था। पर, पानी का उपयोग बड़ी ही मितव्ययता से किया जाता था। किले के निवासी आवश्यक शाक-भाजी उगाते थे।

अन्न-संग्रह के लिए अम्बरखाना और बारूद के लिए बारूदखाना होता था। बारूदखाना बिल्कुल एक कोने में बस्ती से दूर रखा जाता था। बारूद मटकों में रखी जाती थी। किले पर ब्राह्मण, ज्योतिषी, वैदिक, रसायनी वैद्य, काष्ठ औषधि वैद्य, शस्त्र वैद्य, पंचाक्षरी, घाव बाँधने वाले, लुहार, बढ़ई, चमार, नाई आदि समाज जीवन के लिए आवश्यक हुनर वाले व्यक्ति रखे जाते थे।

राजनीतिक प्रज्ञा

किले की सुरक्षा विशेष रूप से घरभेदियों से करने के लिए छत्रपति ने जो व्यवस्था की थी, वह उनके प्रज्ञावान होने का साक्ष्य है। किले का दायित्व तीन अधिकारियों पर रहता था। पहला मराठा अधिकारी 'किलेदार या हवलदार', दूसरा अधिकारी 'ब्राह्मण सबनीस' और तीसरा अधिकारी 'कायस्थ प्रभू कारखानीस' रहता था। हवलदार के जिम्मे लश्करी व्यवस्था थी, सबनीस जमाखर्च देखता था। किले पर नियुक्त कर्मचारियों की उपस्थिति भी वही देखता था। कारखानीस अन्न व बारूद के भण्डारण को देखता था। किले की सुरक्षा इन तीनों पर थी, इसलिए किसी तरह के षडयन्त्र या घरभेद होना सम्भव नहीं था।

समुद्र से समीपता और नाविक शक्ति के बल पर सुदूर देशों से आये विदेशियों की खुराफातों से संरक्षण प्राप्त करने और उनपर अपना दबदबा बनाये रखने के लिए शिवाजी ने अपनी नाविक सेना भी निर्माण की।

इसके लिए स्वयं ही नौकाओं का निर्माण कराया। उस पर अपने ही सैनिक व खलासी नियुक्त किये। उनको सुरक्षा देने और आधार देने हेतु अपने जलदुर्ग भी निर्माण किये। पुराने जलदुर्ग विकसित किये।

शिवाजी की नौ-सेना में कई तरह की नावें थीं। पर थीं वे सारी छोटी या मध्यम, सरपट भाग सकें ऐसी। बड़े भारी जहाज विदेशी शक्तियों के पास होते थे और उनको उसका घमण्ड भी था। अँग्रेजों का बड़ा जहाज 500-600 टन भारी होता था। उसमें 35-36 तोपों के साथ 100-120 सैनिक होते थे। शिवाजी ने अपने जहाज 300 टन तक के बनवाये। उस पर 10-12 तोपें और 30-40 सैनिक रहते थे। वैसे बड़ी संख्या इनसे भी छोटी नावों की ही थी। छत्रपति ने जब नाविक सेना बनाने हेतु नावें बनवाने का निर्णय लिया, तब उन्होंने एक विदेशी शक्ति से इसके लिए सहायता माँगी। उस शक्ति ने सहर्ष सहयोग दिया। कोई दो-एक वर्ष बाद उनकी समझ में यह आया कि यह नावें तो हम पर ही नियन्त्रण रखने के लिए बनवायी जा रही हैं, तब उन्होंने अपना हाथ खींच लिया। पर, तब तक देशी कारागीरों ने सारी विद्या सीख ली थी और शिवाजी की नाविक सेना हर दृष्टि से उन्नत और स्वदेशी हो गयी थी।

स्वराज्य में नाविक शक्ति के निर्माण के लिए आवश्यक उतने सागौन की लकड़ी नहीं थी। सागौन के बदले आम, कटहल की लकड़ी चल सकती थी, परन्तु इस सम्बन्ध में छत्रपति के विचार बहुत ही आदर्श थे। उनकी आज्ञा थी कि नावों के निर्माण में आम, कटहल की लकड़ी चल सकती है, पर उनको हाथ न लगाया जाये, क्योंकि ये पेड़ कोई साल दो साल में खड़े नहीं होते। प्रजा इनको पुत्रवत् पालन करके ही बढ़ाती व जतन करती है। ऐसे पेड़ काटे जाने पर उनको बहुत दु:ख होगा। अत: ऐसा न किया जाये। किलों पर आम, कटहल, इमली, पीपल, बड़, नींबू, सन्तरा इत्यादि वृक्ष किले के बीच में लगाये जाने पर शिवाजी उसकी सराहना करते थे। शिवाजी का कहना यह रहता था कि पेड़ हमारे सगे सम्बन्धी जैसे हैं। बड़ी कठिनाई से विशेषकर किलों पर वृक्ष बड़े हो पाते हैं, ऐसे में उनको निर्ममता से काटा नहीं जाये।

समुद्र पर अपनी सत्ता का घमण्ड, पुर्तगालियों व अँग्रेजों को बहुत था। सिद्दी भी अपने को बड़े तीसमार खाँ मानते थे। पर जल्द ही उनका यह भ्रम

टूटा। सिद्दियों का मजबूत गढ़ जंजीरा था। उसके आसपास के समुद्र पर उनका बड़ा खौफ रहता था। यह भ्रम 1675 के अगस्त में तब टूटा, जब शिवाजी की नाविक सेना जंजीरा किले की दीवारों तक पहुँची और सिद्दी कुछ कर न पाये। दूसरी बार के सन् 1678 हमले में तो सिद्दी बेड़े में ऐसा प्राणभय उत्पन्न हुआ कि उन्हें जंजीरा छोड़ मुम्बई में भाग आना पड़ा था।

पुर्तगाली कहते थे कि समुद्र पर हमारी सत्ता है। बिना हमारी अनुमति के कोई भी समुद्र में संचार न करे और यह वास्तविकता थी कि मुगल बादशाह को भी मक्का की यात्रा पर जाने के लिए पुर्तगालियों से अनुमति लेनी पड़ती थी। परन्तु 1678 के बाद से शिवाजी की नौसेना किसी की परवाह न करते हुए समुद्र पर स्वतन्त्र संचार करने लग गयी थी। एक बार तो चौथाई के झगड़े में स्वराज्य की नौ सेना ने पुर्तगालियों के जहाज ही जप्त कर लिये थे।

खान्देरी के युद्ध में अँग्रेजों के भारी जहाजों रिहेंव्ज और हैण्टर की स्वराज्य की नौसेना ने ऐसी पिटाई की कि अँग्रेजों को कहना पड़ा–'लम्बे समय तक हम उनके सामने नहीं टिक पायेंगे, क्योंकि ये सरपट्टी नावें हमें आसानी से बहुत परेशान करती हैं।'

अभी हमने छत्रपति शिवाजी के युद्ध-प्रयासों को देखा। यह उनके व्यापक व्यक्तित्व का एक भाग था। उनके अन्य अनगिनत विशेषताओं के सम्बन्ध में अब हम जानने का प्रयास करेंगे। अन्य विशेषताओं को हम उनका चरित्र कह सकते हैं। निजी चरित्र उनके प्रशासकीय चरित्र में घुल मिल गया था। अतः निजी चरित्र का अलग से बखान करना सम्भव नहीं है। एक राजा के रूप में उनका प्रशासनीय चरित्र लक्षणीय, प्रशंसनीय और आज भी अनुकरणीय है।

उनके आर्थिक प्रशासन का आधार किसान था। छत्रपति ने यह गहराई से समझा था और अपने अधिकारियों को वे इस सम्बन्ध में बारम्बार निर्देश देते थे और लिखते थे। छत्रपति की धुआँधार भाग-दौड़ में भेजे गये ऐसे अनेक पत्रों में से केवल एक पत्र साक्ष्यरूप में प्राप्त है। यह 5 सितम्बर 1676 को लिखा गया था। 1676 का लिखा यह पत्र शिवाजी के राज्याभिषेक के बाद का अर्थात् काफी कुछ शान्ति काल का होने से बच गया-ऐसा कहा जा सकता है। इस पत्र में लिखा है कि (1) सरकारी अधिकारियों को चाहिए की वे स्वयं गाँवों में घूमें और किसानों को एकत्रित कर उनसे बातें करें। (2) उनकी कठिनाइयों को जानकर किसान की कूबत (सामर्थ्य) के अनुसार उसे भूमि दें (3) कूबत

होते हुए भी बैल, हल या निर्वाह के लिए अन्न न हो, तो वह उसे पैसा दें, बैल लेकर दें, मन-दो-मन अनाज दें। (4) इस तरह दिये हुए धन को कर्ज मानें, पर उस पर ब्याज न लेकर परिस्थिति के अनुसार धीरे-धीरे वापस लें। (5) खेती करने वाला किसान यदि आसमानी विपत्ति के चलते कर्ज न चुका पाये, तो वह सच्ची स्थिति जानें और छत्रपति को बताकर उसका कर्ज माफ करवायें। सूबेदार को इस तरह किसानों के लिए लाख दो लाख भी खर्च करने की अनुमति थी।

किसानों जैसा ही व्यवहार नारियल, सुपारी, ताड़, कटहल, आम के बगीचे लगाने वाले बागवानों के साथ भी किया जाये। आँधी, अतिवृष्टि से होने वाली हानि का अनुमान लेकर उस अनुपात से लगान में माफी दिलवाने का काम सरकारी अधिकारी करें। कोंकण में पैदा होने वाले नारियल व सुपारी का भाव सरकार से बाँधे जाते थे। बिक्री के समय सरकारी अधिकारी उपस्थित रहता था। वह बिक्री से सरकारी जकात वसूल करता था।

स्वराज्य में जमीन आते ही उसकी पड़ताल कर श्रेणी ठहराकर उसकी पक्की नाप-जोख करने के आदेश थे। जमीन की 12 श्रेणियाँ मानी जाती थीं और लगान जमीन की श्रेणी के अनुसार ही लिया जाता था।

हिन्दवी स्वराज्य में लगान मुसलमानी राज्यों से कम था। वहाँ उत्पादन का 1/2 लगान था, तो स्वराज्य में यह 2/5 था। स्वराज्य में लगान वसूली सरकारी अधिकारी करता था। मुसलमानी राज्यों में किसानों से कोई सरोकार न रखा जाता था। वतनदार से निश्चित राशि ले ली जाती थी और वतनदार किसानों से मनमानी लगान वसूलने के लिए स्वतन्त्र होता था। परिणाम में किसान पिस जाता था।

स्वराज्य में सरकारी अधिकारियों को आदेश था कि वे किसान की उगायी एक पत्ती का भी लोभ न किया करें। स्वराज्य में किसान चाहे तो लगान नगद न देकर गल्ला (अन्न) देकर भी चुका सकता था। लगान से जमा अन्न कोठियों में जमा किया जाता था, जो बुरे समय में किसानों को ही बेचा जाता था।

जमीन और किसानी कार्य से जुड़े अमीन, बाबू आदि को सरकार से मासिक वेतन दिया जाता था। किसानी जैसे ही व्यापार और उद्योग से सरकार को राजस्व मिलता था। स्वराज्य का पश्चिमी भाग समुद्र का किनारा होने से विदेशियों का सारा आयात-निर्यात इसी किनारे पर स्थित बन्दरगाहों से होता था और वह कल्पना से बाहर विविध था। शिवाजी के काल में ऐसा व्यापार न केवल अँग्रेज, पुर्तगाली वरन, फ्रांसीसी, डच, ॲबसीनियन, चीनी, बहरीनी, आमिनीयन, लार्तार, ग्रीक व अरब भी करते थे।

इनका लाया माल पश्चिम किनारे पर के बीसियों छोटे-बड़े बन्दरगाहों पर उतरता और लदता था। इस आदान-प्रदान पर ली जाती जकात से स्वराज्य का खजाना भरता था। अनगिनत रोजगारी इससे निर्माण होती थी। जकात वसूली के लिए स्वराज्य में सरकारी अधिकारी नियुक्त थे। बन्दरगाह पर माल के उतरते-चढ़ते जैसे जकात ली जाती थी, वैसे ही किनारों, घाट रास्तों पर से गुजरते समय भी जकात वसूली जाती थी।

माल ढोने के कार्य में अधिकतर बैल ही काम में लाये जाते थे, परन्तु घोड़े, गधे और ऊँट से भी यह काम लिया जाता था। माल ढोने का काम आज जैसे ही कुछ खास लोग (जातियाँ) ही करते थे। बैल पर 150 से 175 सेर माल लादा जाता था। यह टॅव्हरनियर नामक यात्री ने लिखा है-'आश्चर्य की बात है कि माल-परिवहन का काम करता व्यापारी दस-बारह हजार तक बैल रखता था।' आज हम इतनी बड़ी संख्या के बैल और उसके साथ चलते आदमियों की कल्पना भी नहीं कर सकते।

स्वराज्य में वस्तु-निर्माण कम ही होता था। भिवण्डी तब भी हाथकरघों के लिए प्रसिद्ध था। राजापुर (कोंकण) के पंचे (साफी) और चौल के रेशमी वस्त्रों के साथ नमक, आम, सुपारी, नारियल का उत्पादन होता था। नमक का व्यापार तगड़ा था, पर कभी-कभी पुर्तगाली स्पर्द्धा का इसे सामना करना पड़ता था। ऐसे में पुर्तगाली नमक पर भारी जकात लगानी पड़ती थी।

व्यापारी व्यवसायियों से राज्य में सम्पत्ति आती है, बरकत होती है, यह स्वराज्य को ज्ञात था। इसलिए साहूकार तो राज्य की शोभा हैं-ऐसा 'आज्ञापत्र' में कहा गया है। शिवाजी के आदेश से 'आज्ञापत्र' नामक ग्रन्थ लिखा गया था और शिवाजी सम्बन्धी इतिहास लिखते समय उसका विचार हर लेखक को आज करना पड़ता है।

आज्ञापत्र में लिखा है-वह छत्रपति शिवाजी का आदेश ही था कि साहूकार से संकट के समय कर्ज आदि मिलता है, जिससे संकट का परिहार होता है। इस कारण साहूकार को संरक्षण देने में लाभ है। इसलिए उसपर किसी तरह का जुल्म नहीं होने देना चाहिए, उसका अपमान भी नहीं किया जाना चाहिए। बाजार में साहूकार बसाने चाहिए, विवाह आदि अवसर पर उनको बुलाना चाहिए और उनको उनकी प्रतिष्ठा के अनुसार वस्त्र-पात्र देकर उनका सम्मान करना चाहिए। प्रतिवर्ष ऐसा करना चाहिए, उनकी रक्षा कर उनको दुकान आदि का स्थान देकर उनको माल लाने-ले जाने की सुविधा भी दी जानी चाहिए।

शत्रुपक्ष के व्यापारियों से शत्रु प्रदेश पर आक्रमण के समय दण्ड वसूली की जाती थी। दण्ड की रकम वसूल होने तक उनको छोड़ा नहीं जाता था। छत्रपति शिवाजी ने अपने व्यापारी जहाज भी बनवाये, चलवाये थे और 'मस्कत' तक उनका व्यापार चलता था। यह बात एक उल्लेख के द्वारा स्पष्ट होती है। वह उल्लेख है-''मस्कत के इमाम को शिवाजी राजे का सलाम बोलना।''

व्यापार के साथ सिक्के का चलन जुड़ा है। 1664 के आसपास शिवाजी राजा ने अपने सिक्के चलाये। पहला सिक्का जिसे 'शिवराई' कहा जाता था, ताँबे का था। अपना सिक्का चलाना सार्वभौम सत्ता का प्रतीक होता था। राज्याभिषेक के समय 1674 में छत्रपति ने अपना सुवर्ण होन चलाया। सिक्के पर निम्नलिखित अक्षर छपे थे-

सिक्के के सामने	**पीछे**
श्री राजा शिव	छत्रपति

सिक्कों पर इसके सिवाय भी कुछ विशेष संकेत चिह्न होते थे। जैसे 'राजा' के बाद बेलपत्ती, चन्द्र या सूर्य, छत्र के बाद पत्र, वृक्ष, खड्ग श्री और राजा के बीच समान्तर रेखाएँ 'छ' पर बिन्दु और सात बिन्दुओं का एक समूह।

छत्रपति शिवाजी के स्वराज्य में पचासों तरह की पट्टियाँ (कर) लगती थीं, जो स्थान, अवसर, व्यवसाय के अनुसार होती थीं। सिंहासन पट्टी या सिंहस्थपट्टी जैसी पट्टियों से भी अवसर के अधीन 'कर' वसूला जाता था।

करों के अतिरिक्त दूसरे प्रदेशों की लूट, चौथाई और सरदेशमुखी से भी राजस्व प्राप्त होता था।

राज्याभिषेक के बाद से स्वराज्य के कुल राजस्व से दस प्रतिशत राजस्व - 'सरदेशमुख' - शिवाजी राजा के निजी व्यय के लिए दिया जाता था।

लगान और कर वसूली सरकारी कर्मचारी अधिकारियों से कराने के राजा शिवाजी के आदेश को लागू कराना बहुत ही कठिन काम था, क्योंकि उसके पूर्व सारी कर वसूली देशमुख, देशपाण्डे, पाटिल, कुलकर्णी आदि वतनदारों (जमींदारों) के हाथ में होती थी। राजा को यह लोग एकमुश्त पैसा और अन्न देते थे। बाकी वसूली इनके हाथ में होती थी। राजा और प्रजा का सीधा रिश्ता नहीं रहता था। प्रजा की नजर में उनका राजा तो वही वतनदार ही होता था, जो उनसे कर वसूल करता था। वही अपनी मुद्रा चलाता और राजा की तरह ही व्यवहार करता। उसी का दबदबा प्रजा को मानना पड़ता था।

ये वतनदार भी किले जैसी हवेलियों में रहते, फौज रखते थे। ऐसे में इनके हाथ से सारी कर प्रणाली छीनना और अपने कर्मचारियों से करवाना मारकाट वाला काम था। इनको हटाने का प्रयास करने पर इनके शत्रुपक्ष को जा मिलने का डर था। नये निर्मित होते स्वराज्य के लिए यह बहुत बड़ी चुनौती थी। पर, शिवाजी राजा ने अपनी मर्जी का ही काम किया।

शिवाजी ने अपनी मर्जी चलाने से पहले तो वतन ही जप्त किये। फिर उनको गाँव बाँध दिये। वतनदारों की किले जैसी हवेलियाँ गिरा दीं। वहाँ सरकारी चौकियाँ बैठायीं। प्रजापर अत्याचार करने पर हाथ-पाँव तोड़ने या सीधे मृत्युदण्ड देने जैसा क्रूर कार्य बेझिझक किया। प्रजा से सीधा सम्बन्ध बनाने के लिए सूबेदार, मामलेदार, कमावीसदार, हवालदार, मुजूमदार आदि वैतनिक कर्मचारी नियुक्त किये।

ये सब करते हुए भी परम्परा से चले आ रहे वतनदारों के मानमरताब को चलने दिया। उन्हें सेना में लेकर उनकी शूरता, स्वाभिमान को बढ़ावा दिया और इन्हीं की शक्ति से स्वराज्य निर्माण किया।

शिवाजी के चरित्र और सोच की ऊँचाई प्रदर्शित करती उनकी सर्वधर्मभाव की नीति की सराहना करने के लिए तो शब्द भी नहीं हैं। उनका समाज और वह मुसलिम अत्याचारों से पीड़ित थे। ऐसे में अपने हाथों में शक्ति आते ही बदले की भावना से काम करना एक तरह का न्याय ही होता, परन्तु शिवाजी ने वैसा नहीं किया और स्वराज्य में प्रजा को अपना-अपना धर्म पालन करने की छूट दी। केवल एक-दूसरे को किसी भी मार्ग से दबाकर, उसका धर्म-परिवर्तन का प्रयास करने की कठोर मनाही उन्होंने लागू की। राजा शिवाजी प्रजा पर प्रेम करने वाले राजा थे। इस गुण को प्रजावत्सलता कहा जाता है। शाइस्ता ख़ान के आक्रमण के समय हरकारों से उसके आक्रमण की दिशा ज्ञात हो जाने पर राजा शिवाजी का कड़ा फरमान उस दिशा के अपने अधिकारियों के लिए गया था कि शत्रु का आक्रमण होने की खबर है। ऐसे में गाँव के गाँव खाली करवाकर, स्त्रियाँ, बच्चे, घाट की तरफ जहाँ छिपने की अच्छी जगह हो, वहाँ भेजो। इस काम में जरा भी ढिलाई न की जाये। सारे गाँव घूम कर रात को दिन समझ लोगों की सुरक्षा की व्यवस्था करें।

कलाकारों, विद्वानों, कवियों आदि की ओर भी राजा शिवाजी यथोचित ध्यान देते थे। 'मता' नामक मुसलमान नर्तकी का उदाहरण तो बहुत ही उल्लेखनीय है। राजा शिवाजी के दरबार में तो नर्तकियों का कोई काम नहीं था, परन्तु नर्तकी का जीवन बिता चुकी एक मुस्लिम निराश्रित महिला का पालन-पोषण राज्य की जिम्मेदारी है, यह राजा ने माना और उसके भरण-पोषण की व्यवस्था की।

महाराष्ट्र की शाही-परम्परा का जतन करते लोगों पर स्वराज्य ने कृपा बनाये रखी। कविभूषण, कविन्द्र, परमानन्द, गागाभट्ट जैसे अनेक कलाकार, पण्डित, वेद विद्या का जतन करते लोगों के भरण-पोषण का यथाशक्ति उत्तरदायित्व स्वराज्य ने लिया था।

आज्ञापत्र में उल्लेख है-'कवियों के कारण कीर्ति फैलती है, उनके रचे गीत, काव्य से भाषा, संस्कृति समृद्ध होती है, इसलिए कवियों, शास्त्रियों जैसे ही सच्चरित्र, निर्व्यसनी लोगों को भी जोड़ना, उनको पुरस्कृत करना राज्य का दायित्व है।

हिन्दवी स्वराज्य ने स्त्री की प्रतिष्ठा को बहुत ऊँचाई दी। पूर्ववर्ती मुस्लिम शासन में स्त्री केवल भोग की वस्तु थी। कौड़ियों से उसका मोल किया जाता था। स्वराज्य में स्त्री पर अत्याचार को सबसे बड़ा अपराध माना जाता था। शिवाजी ऐसे अपराध के लिए अपराधी को हाथ-पाँव तोड़ने, आँखें निकालने का दण्ड देते थे।

स्त्री के सम्बन्ध में शिवाजी की नीति की प्रशंसा तो औरंगजेब ने भी की। शिवाजी की मृत्यु के बाद उसने कहा-'अपने हाथ आयी हुई शत्रु की स्त्री का भी आदर करने वाला एक महावीर मर गया।''

❑❑❑

31

राज्याभिषेक के बाद

जैसा कि हमने पूर्व में पढ़ा, शिवाजी का राज्याभिषेक हुआ और वे छत्रपति शिवाजी महाराज हो गये। उनके शासन और स्वराज्य को एक धार्मिक, सामाजिक, राजनीतिक दृष्टि से लोकमान्यता प्राप्त हो गयी। इस अवसर पर रायगढ़ किले पर तथा पूरे स्वराज्य में अभूतपूर्व आनन्दोत्सव हुआ।

शिवाजी का राज्याभिषेक उनकी माँ के लिए अवर्णनीय आनन्द का और संकल्पपूर्ति का अवसर था। अपनी बूढ़ी आँखों से जीजामाता ने वह उत्सव देखा, अमित आनन्द अनुभव किया। उनके रोम-रोम खिल उठे होंगे। इस उत्सव के आयोजन के बाद कदाचित् यह भाव भी जीजामाता के मन में उठे होंगे कि 'जीजाबाई' तेरा इस लोक का काम अब समाप्त हो गया है और अब परलोक चले जाना चाहिए।

उपर्युक्त बात साक्ष्य के साथ कही गयी है, क्योंकि राज्याभिषेक के मात्र 12 दिन बाद ही 17 जून 1674 के दिन जीजाबाई परलोकवासी हो गयीं। उस समय वे रायगढ़ की तलहटी में स्थित एक गाँव पाचाड़ में रहती थीं। वृद्धावस्था में किला चढ़ना कठिन हो जाने पर, इसी गाँव में वे रहा करती थीं। जीवन के कर्मठ 76 बसन्त उन्होंने पार कर दिये थे (जन्म 12.1.1598)

यह कहना पड़ता है कि राजा शिवाजी जिस प्रकार भाग्यशाली थे, वैसे ही उनकी माँ भी भाग्यशाली थीं। माँ-बेटे में अद्भुत सामंजस्य और मेल था। जीजाबाई, शिवाजी की स्नेहशील माँ, मार्गदर्शक और गुरु थीं, तो शिवाजी अपनी माँ के पट्टशिष्य भक्त थे।

जीजाबाई को शिवाजी का शिल्पकार कहा जाता है, पर यह कथन अधूरा है। शिल्पी, शिल्पकार को उसके द्वारा गढ़े जाते शिल्प के सुख, दु:ख, वेदना से कोई सरोकार नहीं रहता। शिल्प जड़ होता है। उसे भाव, भावना, शारीरिक दु:ख, वेदना नहीं होते।

शिवाजी को तो ऐसे-ऐसे प्रसंगों से गुजरना पड़ा कि उन प्रसंगों की भयावहता से किसी भी माँ की अँतड़ियों में मरोड़ पड़े। पर, वह धीरवान उन असह्य वेदनाओं को पचाती/हजम करती रहीं। उन्होंने कभी असहाय रुदन किया हो, इसका इतिहास में साक्ष्य नहीं मिलता।

ऐसी अनन्य असाधारण वीर माता ने अपने लाड़ले पुत्र के लिए 25 लाख होन (1 करोड़ रु.) का बटुआ अपने पीछे छोड़ा था। यह भी उस वीर माता के गौरव को बढ़ाने वाली बात थी।

जीजामाता ने शिवाजी राजा को भरपूर आत्मिक प्रोत्साहन देकर देश का छत्रपति बनाया ही, उन्होंने इस देशवासियों पर शताब्दियों से छायी रही मुसलमानी सत्ता की गुलामी को भी उतार फेंकने का रास्ता साफ किया।

किस्सा बहादुर ख़ान का

बहादुर ख़ान, जिसका पूरा नाम 'बहादुर ख़ान कोकलताश' था। अपने इस दूधभाई को औरंगजेब ने दक्षिण का सूबेदार बनाया। दक्षिण के सूबेदार अपना डेरा औरंगाबाद में जमाते थे, पर अहमदनगर से कोई बीस कोस दूर भीमा नदी के किनारे बसे एक गाँव 'पेडगाँव' को उसने अपना शिविर बनाया। पेडगाँव का नाम बदलकर 'बहादुरगढ़' रखा।

राज्याभिषेक के प्रकरण में बहादुर ख़ान का एक सन्दर्भ आया है। राज्याभिषेक में शहंशाह औरंगजेब से कोई संकट न खड़ा हो, इसलिए उसके सूबेदार बहादुर ख़ान को राजा शिवाजी ने एक हाथी भेंट किया। उसके दूसरे मातहतों को भी उपहार भेजे। साथ में शहंशाह औरंगजेब के लिए पत्र भी भेजा। एक दूसरा पत्र स्वयं बहादुर ख़ान को लिखा। उसमें लिखा था-'आप बादशाह से मेरे सब अपराध माफ करवायें। माफीनामे का पत्र आते ही मैं आपको जो सत्रह किले मेरे पास हैं, शहंशाह को लौटा दूँगा और अपने पुत्र सम्भाजी राजे को भी आपके पास भेज दूँगा।'

बहादुर ख़ान ने बहुत खुशी-खुशी शिवाजी राजा का शहंशाह को लिखा पत्र भेज दिया। शहंशाह इस समय रावलपिण्डी-पेशावर के पास डेरा डाले हुए था।

राज्याभिषेक में बहुत खर्च हुआ, उसकी पूर्ति करने के लिए पहले तो शिवाजी ने स्वराज्य के वतनदारों पर सिंहासन-पट्टी लगायी। फिर बड़ी सेना को लूट के लिए भेजा। बहादुर ख़ान की पेडगाव छावनी पर भी हल्ला किया। इस हल्ले में एक नयी युक्ति से काम लिया गया।

2000 घुड़सवारों ने बहादुर ख़ान पर हमला किया। बहादुर ख़ान फौज बन्द होकर उनको खदेड़ने निकला और 30 कोस तक चला गया। उसके छावनी से दूर जाते ही दूसरी टोली के घुड़सवारों ने उसकी छावनी लूटी। शहंशाह को भेजने के लिए रखे एक करोड़ रुपये और 200 उम्दा घोड़े वे लूटकर ले गये। लगता है, इस लूटपाट को ख़ान चुप सहन कर गया।

राज्याभिषेक के पूर्व बहादुर ख़ान के मार्फत जो पत्र राजा शिवाजी ने शहंशाह को भेजा था, उस पत्र के उत्तर में शहंशाह ने बहादुर ख़ान को लिखा कि 'शिवाजी के झाँसे में मत आना। पहले अपने ख़ास आदमी उसकी ओर भेजकर उसके द्वारा प्रस्तुत पत्र पर उसके हस्ताक्षर करवा लेना।'

बहादुर ख़ान ने अपने ख़ास आदमियों को छत्रपति शिवाजी के पास भेजा। छत्रपति ने उनका बड़ा आदर-सत्कार किया। पर, कागज पर हस्ताक्षर करने से मना कर सबको भगा दिया।

बहादुर ख़ान के लोगों को भगा देने के बाद छत्रपति ने एक नयी सन्धि का प्रस्ताव बहादुर ख़ान के पास भेजा। इस नयी सन्धि प्रस्ताव में सत्रह किले लौटाने की बात के साथ साल्हेर-मुल्हेर किलों पर छत्रपति का अधिकार मान्य करने की और दक्षिण का सरदेसाई पद शिवाजी को देने की नयी बातें लिखीं। अपने पुत्र को भेजने की शर्त हटा दी।

इस सन्धि-प्रस्ताव पर छत्रपति के वकील ने बहादुर ख़ान के हस्ताक्षर लिये। अर्थात् अपनी सहमति पहले ही जता दी।

बहादुरखान के लिए यह बहुत ही खुशी का समाचार था। उसने शहंशाह को वह समाचार भिजवाया। शहंशाह भी बहुत प्रसन्न हुआ। उसने बहादुर ख़ान का ओहदा बढ़ाया। उसे सात हजारी मनसबदार बनाया। एक हाथी भी उसे उपहार में दिया। उसके भाई और लड़कों को भी उपहार भेजे।

बहादुर ख़ान ने बड़ा जलसा किया। अपने मातहतों को खाना दिया। खूब हाथी, घोड़े, कपड़े व शस्त्र उन्हें भर तबीयत बाँटे।

इसके बाद सत्रह किलों का कब्जा देने की बात उसने छत्रपति शिवाजी के सामने रखी, तो छत्रपति उस सन्धि-प्रस्ताव से साफ मुकर गये।

बाद में बहादुर ख़ान को बताया गया कि सन्धि का नया प्रस्ताव तो आदिलशाही मुल्क पर हमला करने का रास्ता साफ करने के लिए भेजा गया था। वह तो शिवाजी का एक झाँसा मात्र था।

स्वराज्य-विस्तार

राज्याभिषेक हो जाने और सीमित इच्छापूर्ति हो जाने के बाद मूलत: विरागी कहे जाने वाले छत्रपति को दरबार सजाकर एक स्थान से बैठे-बैठे अपने मन्त्रियों, नायकों, सरदारों के माध्यम से शासन चलाना चाहिए था। स्वराज्य-विस्तार भी इसी तरह करना चाहिए था, परन्तु छत्रपति ने ऐसा नहीं किया। उन्होंने स्वर्ण-सिंहासन का सुख भोगते हुए जीने की अपेक्षा घोड़े की पीठपर या पालकी में बैठकर आक्रमण करते रहना पसन्द किया। वैसी उनकी अवस्था भी कोई वृद्धावस्था नहीं थी। राज्याभिषेक के समय मात्र 44 वर्ष की अवस्था के थे वे। स्वराज्यक्षेत्र भी छोटा ही था। अभी तक पूरा मराठीभाषी क्षेत्र पर भी उनका कब्जा नहीं था। अत: स्वर्ण सिंहासन का सुख लेते बैठे रहना उनको उचित लगना ही नहीं था।

स्वराज्य की सीमा से लगे स्थानों पर इसीलिए उनकी नजर थी। स्वराज्य के कोंकण प्रदेश के दक्षिण की किनार-पटटी 'बीजापुरी कोंकण' कहलाती थी। इस क्षेत्र पर आदिलशाह का शासन था। यही 'फोण्डा' नामक किला था, जिसे स्वराज्य में लाने का विचार कर उन्होंने मन्त्री अन्नाजी पन्त को अगस्त 1674 में उस काम के लिए भेजा। परन्तु फोण्डा किले के अधिकारी ने उनकी एक चलने नहीं दी।

इधर-उधर से फुरसत पाने पर छत्रपति स्वयं फोण्डा आये। एक प्रयास असफल हो जाने के कारण फोण्डा चुनौती हो गया था। किले पर सीधे ही चढ़ जाने के लिए उसके चारों ओर एक दीवार छत्रपति ने बनवायी। पर उससे कुछ लाभ न हुआ।

फिर छत्रपति ने 500 मजबूत सीढ़ियाँ बनवायीं। सीढ़ीपर चढ़कर किले की दीवार पर जाने वाले सैनिकों को आधा सेर वजन का सोने का कड़ा देने की राजे शिवाजी ने घोषणा की और उसके लिए पाँच सौ कड़े बनवाये। मराठा सेना की जिद्द बढ़ी।

तभी एक संकट खड़ा हो गया। फोण्डा के किलेदार मुहम्मदशाह की सेना को मदद देने के लिए बीजापुर का एक उमराव बहलोल ख़ान 8000 घुड़सेना और 7000 पैदल सेना लेकर फोण्डा की ओर बढ़ने का समाचार आया। उसको रोकने के लिए रास्तों पर पेड़ काट-काट कर डाले गये और बहलोल ख़ान जहाँ का तहाँ रुक गया। अँग्रेजों की खबर थी कि छत्रपति ने पचास हजार होन बहलोल ख़ान तक पहुँचाये और यह भी वचन दिया कि उनके प्रदेश की ओर नहीं आयेंगे।

छत्रपति की योजना सफल रही। मराठा सैनिक सीढ़ियों से होकर ऊपर से होती अग्निवर्षा की परवाह न करते हुए किले की दीवार पर चढ़ गये और फोण्डा जो आजकल गोवा में है, 17 अप्रैल 1675 के दिन स्वराज्य में आ गया।

किलेदार मुहम्मद ख़ान को बेड़ियों से जकड़ा गया। उसकी सहायता से आसपास के कुछ और आदिलशाही किले स्वराज्य में मिलाये गये, फिर उसे जीवनदान देकर छोड़ा गया।

फोण्डा से लगा क्षेत्र 'कारवार' कहलाता था। उस क्षेत्र को भी छत्रपति ने अपने स्वराज्य में मिला लिया। कारवार तक का बीजापुरी कोंकण जीतकर 11 जून 1675 को छत्रपति राजापुर के रास्ते रायगढ़ वापस आये।

आज के महाराष्ट्र का 'सातारा' जो बाद में शिवाजी के वंशजों की राजधानी बना, छत्रपति के स्वराज्य में अभी तक नहीं आ पाया था। इसकी बड़ी टीस थी। अतः छत्रपति ने 'सातारा' को स्वराज्य में लाने के लिए सेना भेजी। नवम्बर 1675 में 'सातारा' स्वराज्य में आ गया।

'सातारा' स्वराज्य में आने के बाद छत्रपति का सातारा में आगमन हुआ। यहाँ आकर वे बीमार पड़े। बीमारी की गम्भीरता इतनी थी कि उनके मृत हो जाने की अफवाहों ने जोर पकड़ा। तरह-तरह की बातें कही जाने लगीं।

सन्तपुरुष समर्थ रामदास स्वामी को भी छत्रपति की गम्भीर बीमारी का समाचार मिला। बड़ी चिन्ता हुई। उन्होंने अपने पट्ट शिष्य कल्याण स्वामी को प्रसाद देकर भेजा। प्रसाद प्राप्त होने के पूर्व ही छत्रपति स्वस्थ हो गये थे, परन्तु स्वामी के प्रसाद को उन्होंने बहुत श्रद्धा से ग्रहण किया। छत्रपति शिवाजी को अपनी बीमारी में शान्त चिन्तन करने का अवसर मिला। उनके चिन्तन का विषय तो स्वराज्य-विस्तार ही था।

दक्षिण की राजनीति में उनकी रुचि थी। समझ और पकड़ भी थी। दक्षिण की राजनीति का केन्द्र हमेशा आदिलशाही सल्तनत ही रही थी। वहाँ पठानों और दक्षिणी मुसलमानों के बीच सत्ता हथियाने को लेकर प्रबल संघर्ष चल रहा था। इस सत्ता-संघर्ष में जब सत्ता पठानों के हाथ आ गयी, तब दक्षिणी मुसलमान और हिन्दू चिन्तित हो गये।

आदिलशाही के बाहर मद्रास क्षेत्र में एक पठान का बहुत बोलबाला हो गया। इस मारामारी में एक आशा की किरण ने कुतुबशाही में जन्म लिया। कुतुबशाह ने भी मुसलमान वजीरों से तंग आकर दो हिन्दू वजीर भाइयों को अपना पेशकार (सचिव) नियुक्त किया। ये दोनों भाई 'मादण्णा' और 'आकण्णा' ने जल्दी ही कुतुबशाही में अपनी पैठ बनायी।

शाहजी राजे का द्वितीय पत्नी से उत्पन्न एक पुत्र व्यंकोजी था। शाहजी राजे की मृत्यु के बाद आदिलशाह ने शाहजी राजे की जागीर उसे सौंप दी थी। व्यंकोजी

उस जागीर को सँभाले था। पर, वह किसी शासन द्वारा मेहरबानी से दिया हुआ राज्य था, इसलिए व्यंकोजी उससे सन्तुष्ट नहीं था। उसने देखा था कि उसके बड़े भाई ने अपना स्वराज्य-निर्माण किया और वह छत्रपति बन गये। इससे व्यंकोजी को भी छत्रपति बनने की प्रबल इच्छा हुई और उसने सुदूर दक्षिण के तंजावर पर युक्ति से कब्जा कर अपना राज्याभिषेक करवा लिया। व्यंकोजी भी इस तरह छत्रपति बन गया, पर उसने दूरदृष्टि से आदिलशाही से अपनी डोर बनाये रखी।

अपने भाई (सौतेला ही सही) के इस पराक्रम से छत्रपति शिवाजी का हौसला बढ़ा और एक विराट चित्र छत्रपति शिवाजी के मन में बीमारी में ही उपजा। स्वराज्य की सीमा जो अभी तक पश्चिमी समुद्र से लगी थी-पूर्वी समुद्री तट तक फैलाकर कुतुबशाही और आदिलशाही का तात्कालिक साथ लेकर दक्षिणी भारत से मुगलिया सत्ता को समाप्त करने का एक बहुत आशावादी चित्र अपने मन में सँजोये ही छत्रपति सातारा से रायगढ़ लौटे।

उपर्युक्त चित्र का साक्ष्य शिवाजी राजे द्वारा व्यंकोजी राजे को भेजे गये पत्र में मिलता है। यह पत्र 1675 के अन्त में ही लिखा हुआ है। पर, बहुत मन से आग्रह के साथ लिखी बात व्यंकोजी के गले नहीं उतरी। वह कोई शिवाजी जैसा साहस के साथ खेलने वाला खिलाड़ी नहीं था। तंजावर का महाराजा वह पराक्रम से नहीं कुछ राजनीतिक संयोग से बन गया था।

स्वास्थ्य-लाभ कर जब छत्रपति शिवाजी रायगढ़ आये, तब एक और शुभ समाचार उन्हें मिला। कभी शाहजी राजे के मातहती में काम करते दो भाई रघुनाथ पन्त और जनार्दन पन्त रायगढ़ में पधारे हुए थे। शाहजी राजे की मृत्यु के बाद वे दोनों व्यंकोजी राजे की सेवा में थे, यह छत्रपति को ज्ञात था। फिर वे अचानक रायगढ़ क्यों आये, यह प्रश्न था। छत्रपति को इसका उत्तर उन दो भाइयों ने दिया। व्यंकोजी से बार-बार किट-किट हो जाने से उनका मन उचटा और उन्होंने रायगढ़ में आकर अपनी सेवाएँ देने का निश्चय किया।

इन दोनों भाइयों को राजनीति की कितनी समझ थी, यह शायद प्रमाणित करने के लिए ही वे कुतुबशाह के नये हिन्दू वजीर बन्धुओं मादण्णा और आकण्णा से मिल उस समय की राजनीति पर चर्चा कर आये थे। ये दोनों दक्षिण के अच्छे जानकार थे। छत्रपति को उनके आने से शक्ति मिली, बहुत प्रसन्नता भी हुई। शिवाजी ने उनका स्वागत-सत्कार कर अपने पास रायगढ़ में रख लिया। शिवाजी के नव चिन्तन को व्यवहार में उतारने का पक्का आधार प्राप्त हुआ।

छत्रपति शिवाजी ने इन्हीं अनुकूल परिस्थिति पर विचार कर 'गोलकोण्डा' जाने का निश्चय किया। गोलकोण्डा पर आक्रमण नहीं करना था, मिलने और मित्रता बढ़ाने के लिए जाना था। शिवाजी अब सिंहासनाधीश्वर थे, अतः कुतुबशाह से निमन्त्रण प्राप्त करना जरूरी था। कुतुबशाह के दरबार में स्थायीरूप से नियुक्त वकील ने निमन्त्रण की व्यवस्था की।

स्वराज्य की सारी व्यवस्था विभाजित कर अपने अनुभवी मन्त्रियों के सुपुर्द कर बहुत ही भव्यता के साथ छत्रपति गोलकोण्डा की ओर बढ़े। साथ में बड़ा खजाना, बड़ी भारी संख्या में घुड़सेना और पैदल सेना ली। बड़ी संख्या में बेलदार, मजूर, कारीगर भी साथ लिये। इतिहास के पन्नों पर बीस से पच्चीस हजार घुड़सेना और चालीस हजार पैदल उस समय उनके साथ होने की बात लिखी है। इसके सिवाय बड़े अधिकारियों की भी बड़ी संख्या उनके साथ थी। अपनी सवारी को छत्रपति ने बाहर से एक बारात की तरह, सैनिकों और वाहनों को पोशाक और झण्डों आदि से सजाया था। पर, अन्दर से वही पुरानी सादगी थी। शिवाजी का तम्बू छोटा और मोटे कपड़े का था।

कुतुबशाही की सीमा में आते ही छत्रपति ने अपनी सेना को आदेश दिया कि रास्ते के गाँवों की प्रजा के एक तिनके को भी कोई हाथ न लगाये। आवश्यक वस्तुएँ मोल ली जायें, लूटी न जायें। इस आदेश की अवहेलना पर सीधे शिरच्छेद का दण्ड दिया जाना था। छत्रपति के स्वागत में कुतुबशाह अपने महल से नीचे उतरकर आने का कष्ट न करें-यह निवेदन छत्रपति ने पहले ही किया था। जिस स्थान पर दोनों राजाओं की भेंट होनी थी, वहाँ 360 सीढ़ियाँ चढ़कर ही जाया जा सकता था। शिवाजी को रायगढ़ की सीधी और कठिन चढ़ाई चढ़ने की आदत थी।

भारत के पूर्वी समुद्री किनारे - मद्रास, पाण्डिचेरी तक स्वराज्य की सीमा ले जाने के विराट स्वप्न की आधारशिला भामानगर (बाद का हैदराबाद गोलकोण्डा) की यात्रा द्वारा रखी गयी, ऐसा कहा जा सकता है। इसी यात्रा में अपने सौतेले भाई से उनकी सेना को प्रत्यक्ष युद्ध भी करना पड़ा, परन्तु फिर दोनों में मेल हो गया और बना रहा।

कर्नाटक की यात्रा में दक्षिण के प्रसिद्ध तीर्थों, श्रीशैलम, मल्लिकार्जुन आदि के दर्शन छत्रपति ने किये। शेर ख़ान पठान उस प्रदेश का एक प्रमुख दुश्मन था, उसे भी छत्रपति ने ठिकाने लगाया। 15-16 माह इस तरह दक्षिण यात्रा करके मई 1678 को छत्रपति शिवाजी रायगढ़ लौट आये।

❑❑❑

32

छत्रपति शिवाजी का महाप्रयाण

छत्रपति शिवाजी का देहावसान हुआ, स्वराज्य की राजधानी रायगढ़ किले में दिनांक 3 अप्रैल 1680 को। उस दिन पूर्णिमा थी। शनिवार दोपहर 12 बजे यह घटना घटित हुई। पचास की आयु पार किये केवल 45 दिन ही हुए थे। (जन्म 19 फरवरी 1630)। स्वराज्य पर यह बहुत बड़ा आघात हुआ, यह आज भी अनुभव होता है। तब क्या हुआ होगा, इसकी कल्पना करना भी कठिन है। जानते समझते लोगों का मन आज भी खिन्न व दुःखी हो जाता है। वे दस-पाँच वर्ष और जीवित रहते, तो भारत का इतिहास और अधिक उज्ज्वल हो जाता, ऐसे विचार बार-बार मन में आते हैं।

शिवाजी के देहावसान के समय उनके सारे पराक्रमी अष्टप्रधान स्वराज्य विस्तार और शासन-व्यवस्था को मजबूत करने के कार्यों पर छत्रपति के आदेशानुसार अलग-अलग क्षेत्रों में कार्यरत थे। रायगढ़ किले पर उस दिन निश्चित ही वैद्य हकीमों की भीड़ थी। उनके सिवाय महारानी सोयराबाई, छोटे पुत्र रामराजा, रायगढ़ के प्रबन्धक शाहुजी सोमनाथ, प्रह्लाद निराजी। इतने प्रमुख और व्यवस्था से जुड़े अन्य कनिष्ठ लोग थे।

छत्रपति की मृत्यु बारह दिन की बीमारी से हुई। उनकी मृत्यु के सन्दर्भ में अनेक बेसिर-पैर की कथाएँ प्रचलित हैं। उन सबको खारिज करते हुए इतिहासकार विजय देशमुख ने मृत्यु कारण का अध्ययन कर यह स्थापित किया कि उनकी मृत्यु रक्त के दस्त लगने से हुई। अब वही कारण सर्वमान्य है। एक मजेदार बात यह कि शिवाजी की मृत्यु के कारणों का विश्वसनीय साक्ष्य एक विदेशी पत्र में श्री देशमुख को मिली, जिसमें लिखा था We have certain news that Shivajee Raja is dead. It is now 23 days since he deceased. It is said of a bloody flux being sick 12 days. यह उस पत्र में कहा गया था जो अँग्रेजों ने मुम्बई से सूरत भेजा था।

चूँकि मृत्युपूर्व की केवल बारह दिन की बीमारी स्वयं छत्रपति एवं रायगढ़ पर उपस्थित पत्नी, पुत्र, मन्त्रियों, वैद्यों, हकीमों को विशेष गम्भीर नहीं लगी होगी, इसलिए अपनी मृत्यु के बाद गद्दी का वारिस कौन होगा, इस सम्बन्ध में कोई निर्णय छत्रपति नहीं कर पाये थे।

छत्रपति शिवाजी इसके पूर्व भी दो बार बीमार हुए थे। तब वे शारीरिक और मानसिक रूप से अत्यधिक थक जाने से बीमार हुए थे। चार वर्ष पूर्व ही वे गम्भीर बीमार हुए थे। इसके पूर्व आगरा से छूट आने के बाद भी वे काफी बीमार हुए थे। निश्चित ही तब भी बीमारी का कारण शारीरिक, मानसिक रूप से अत्यधिक थकान ही था। इस पूर्वानुभव के कारण फिर वे भले चंगे हो जायेंगे, यह विश्वास स्वयं छत्रपति को और उनके लोगों में होगा ही। औषधि-उपचार के साथ ही धार्मिक-उपचार दान, धर्म, जप-जाप भी चल ही रहे थे। चूँकि शिवाजी वैदिक विधि-विधान से छत्रपति राजा हुए थे, इसलिए उनकी मृत्यु के बाद सिहांसन को खाली छोड़, उनका दाह-संस्कार नहीं किया जा सकता था। परन्तु फिर ग्रन्थों को उलट-पुलटने से एक रास्ता मिला और शिवाजी के शव का दाहसंस्कार पूरे सम्मान के साथ उनके छोटे पुत्र राजाराम से करवाया गया। छः दिन बाद फिर छत्रपति के छोटे पुत्र राजाराम को गद्दी पर बैठाया गया। इस निर्णय में कुछ आपाधापी भी हुई।

छत्रपति शिवाजी राजे के ज्येष्ठ पुत्र सम्भाजी राजे के रायगढ़ आगमन के बाद 16 जनवरी 1681 को धार्मिक विधि-विधान से उन्हें 'छत्रपति' घोषित किया गया अर्थात् शिवाजी की मृत्यु के 9 माह 13 दिन बाद स्वराज्य को पुनः छत्रधारी मिला।

इस विलम्ब की खोज करें, तो हम पाते हैं कि पिता के देहावसान की वार्ता उनके ज्येष्ठ पुत्र सम्भाजी राजे से काफी समय तक छिपायी गयी। शिवाजी के धुरन्धर मन्त्रियों ने ऐसा क्यों किया या उनको करना पड़ा? इसकी खोज करने पर एक अति करुण कहानी खुलती है। इस कहानी ने शिवाजी जैसे मन, संकल्प और शरीर से मजबूत व्यक्ति पर भयानक आघात किया। यही आघात शिवाजी की अल्प बीमारी के कारण हुई मृत्यु का कारक बना होगा, ऐसा कहा जा सकता है।

शिवाजी का बड़ा पुत्र था सम्भाजी। (शिवाजी के बड़े भाई का नाम भी सम्भाजी था)। इसकी माँ सईबाई बीमार रहती थी। इस कारण से उसे दूध नहीं था। शिशु सम्भाजी को दूध पिलाने के लिए एक दूध-माँ की योजना की गयी थी।

सम्भाजी जब सवा दो वर्ष का था, तब उसकी माँ सईबाई की मृत्यु हो गयी। उसके लालन-पालन का कार्य फिर दादी माँ जीजाबाई ने सँभाला। उसकी दूसरी माताएँ और पिता शिवाजी भी स्वयं उसकी देखभाल करते थे।

हमने देखा है शिवाजी ने राजकाज में अपने इस लाडले को जब भी सम्भव हुआ, तब साथ रखा। आगरा वे उसे ले गये थे। बाद के राजनीतिक शतरंज में उन्होंने उसे आगे रखा। इतना सब होते हुए भी मानव प्रकृति कैसा रंग दिखाती है, यह सम्भाजी का उदाहरण स्पष्ट करता है। यह लड़का विवाहित हो जाने के बाद एक लड़की के पीछे दीवाना हो गया, उससे बदकर्म किया। निश्चित ही शिवाजी को इससे गहरी चोट लगी। किसी दूसरे को वे मृत्युदण्ड देते, पर अष्ट प्रधानों ने उन्हें दूसरा ही राजधर्म सिखाया।

फिर भी उसे रास्ते पर लाने के लिए शिवाजी के प्रयास चलते रहे। पर वे उसे अब अपनी अनुपस्थिति में रायगढ़ नहीं रख सकते थे। शिवाजी के व्यक्तिगत जीवन और चरित्र की खुली पराजय होने लगी।

और, एक दिन युवराज सम्भाजी मुगलों से जा मिला। छत्रपति के अस्तित्व पर यह बहुत बड़ा प्रहार था। एक वर्ष मुगलों के साथ रहकर उनके स्वराज्य का एक किला शत्रु को दिलवाकर, वह वापस आया। शिवाजी की उसकी भेंट हुई, बातचीत हुई, पर बात बनी नहीं, बिगड़ती गयी और छत्रपति की मानसिकता पर लगातार आघात करती गयी। उन्हें निश्चित ही पुत्र के कारण जीवन से मोह छूट गया।

शिवाजी ऐसी मानसिक स्थिति में स्वामी रामदास से मिलने गये। उनके सामने वैराग्य की बातें की, उन्होंने बहुतेरा समझाया। मन की हार ने उनके शरीर क्षमता पर इतना आघात किया कि वे महाप्रयाण ही कर गये।

❑❑❑

सन्दर्भ ग्रन्थ सूची

1. शककर्ते शिवराय	विजय देशमुख प्रथम खण्ड
2. शककर्ते शिवराय	विजय देशमुख-दूसरा खण्ड दोनों ही खण्डों के प्रकाशक-छत्रपति सेवा प्रतिष्ठान, नागपुर
3. औरंगनामा	औरंगजेबनामा-रायमुंशी देवी प्रसाद कृत हिन्दी अनुवाद-हेमराज श्रीकृष्णदास प्रकाशन (1909)
4. भारत का इतिहास	डॉ. आशीर्वादीलाल श्रीवास्तव (1965)
5. Rise of Maratha Power	M.G. Pande
6. मराठा स्वराज्य संस्थापक	शिवाजी महाराज-चि.वि. नैद्य (1932)
7. पुष्पश्लोक शिवाजी खंड-1 से 4 तक	बालशास्त्री हरदास (1964)
8. शिवाजी और उनका युग	जदुनाथ सरकार
9. History of Aurangjeb	(4 vol.) Jadunath Sarkar
10. भोसलों की उत्पत्ति	प्रयागदत्त शुक्ल (1926)
11. भारत इतिहास संशोधक मण्डल, पुणे के द्वारा प्रकाशित रिपोर्ट	
12. मराठचांच्या इतिहासाची साधने	खण्ड 1 से 26 संम्पादक- वि.का. राजवाड़े
13. मिर्झाराजा के पत्र	भोगल मराठा संघर्ष सम्पादक- सेतु माधव पगडी
14. शिवाजी की आगरा यात्रा	राजस्थान के पत्र सम्पादक- जदुनाथ सरकार- रघुवीर सिंह
15. श्री शिवराज्याभिषेक	सम्पादक- वा.सी. बेन्द्रे
16. तारिखे दिलकुशा	भीमसेन सक्सेना
17. अँबे कैरे की डायरी	